Berners-Lee

Der Web-Report

W0217194

Tim Berners-Lee
mit Mark Fischetti

DER WEB-REPORT

Der Schöpfer des World Wide Webs über das grenzenlose Potential des Internets

Aus dem Amerikanischen von Beate Majetschak

Econ

*Die amerikanische Originalausgabe erschien 1999 im Verlag Harper SanFrancisco, A Division of HarperCollins*Publishers, *unter dem Titel* Weaving the Web.

Der Econ Verlag ist ein Unternehmen der Verlagshaus Goethestraße GmbH & Co. KG

© 1999 by Tim Berners-Lee
© für die deutsche Ausgabe
1999 by Verlagshaus Goethestraße GmbH & Co. KG, München
Alle Rechte vorbehalten. Printed in Germany
Lektorat: Dunja Reulein, Dr. Enrik Lauer
Gesetzt aus der Sabon/Avant Garde bei
Franzis print & media GmbH, München
Druck und Bindung: Ebner, Ulm
ISBN: 3-430-11468-3

Inhalt

Vorwort

Von Michael L. Dertouzos

Der Web-Report ist eine einzigartige Geschichte über eine einzigartige Erfindung von einem einmaligen Erfinder. Inmitten des Informationshagels über das World Wide Web ragt eine Geschichte heraus – die der Erfindung und der fortwährenden Evolution jener unglaublichen Neuheit, die dabei ist, die ganze Welt zu erobern und ein wichtiger und permanenter Bestandteil unserer Geschichte zu werden. Diese Geschichte ist einzigartig, weil sie von Tim Berners-Lee geschrieben wurde, der das Web erfunden hat und es gegenwärtig in seine aufregende Zukunft steuert. Niemand anderes kann dies für sich beanspruchen. Und niemand anderes kann sie schreiben – die wahre Geschichte des Webs. Tims Innovation ist einzigartig. Sie bietet uns bereits heute einen gigantischen Informationsmarkt, auf dem Individuen und Organisationen Informationen und Informationsdienste kaufen, verkaufen und sich frei austau-

---

Michael L. Dertouzos ist Direktor des *Laboratory for Computer Science* am Massachussetts Institute of Technology (MIT) und Autor des Buches *What Will Be*.

schen können. Die Presse, das Radio und das Fernsehen konnten das nie erreichen. Diese Medien streuen dieselben Informationen von einer Quelle aus in viele Richtungen. Weder der Brief noch das Telefon können die Leistungsfähigkeit des Webs erreichen, weil diese Medien zwar den Austausch zwischen zwei Personen ermöglichen, jedoch langsam sind und nicht über die Fähigkeit des Computers verfügen, Informationen anzuzeigen, nach Informationen zu suchen, Vorgänge zu automatisieren und zu vermitteln. Bemerkenswerterweise lange – im Vergleich zu Gutenbergs Presse, Bells Telefon und Marconis Radio –, bevor es seine endgültige Form erreicht hat, hat Berners-Lees Web bereits seine Einzigartigkeit unter Beweis gestellt.

Tausende von Informatikern haben zwei Jahrzehnte lang auf dieselben zwei Dinge gestarrt – Hypertext und Computernetzwerke. Aber nur Tim Berners-Lee hatte die Idee, wie diese beiden Elemente zusammengefügt werden könnten, um das Web zu bilden. Welche Art des Denkens führte ihn dazu? Es handelt sich zweifellos um dieselbe Art zu denken, die ich auch heute noch beobachte, wenn er und das von ihm geleitete Team des *World Wide Web Consortium* sich bemühen, das Web von morgen zu definieren.

Während der Rest der Welt zufrieden das Mantra vom E-Commerce vor sich hin summt, sieht er das Web als Medium, das durch seine gigantischen Informationsverknüpfungen menschliches Wissen und Verstehen kodifizieren könnte.

Als ich Tim zum ersten Mal traf, war ich von einem weiteren einzigartigen Wesenszug überrascht. Während Technologen und Unternehmer Firmen gründeten oder fusionierten, um das Web zu nutzen, schienen sie auf eine Frage fixiert zu sein: »Wie kann ich das Web zu einer Goldmine machen?« Währenddessen stellte Tim sich die Frage: »Wie kann ich das Web der Allgemeinheit verfügbar machen?« Als er und ich seinen Einstieg beim Institut für Computerwissenschaft des MIT und die Bildung des *World Wide Web Consortium* zu planen begannen, war es sein beständiges Ziel, sicherzustellen, daß das Web vorwärts gebracht wird, blüht und als Einheit bestehen bleibt – trotz aller Vorstöße jener Unternehmen, die das Web partout kontrollieren wollten. Sechs Jahre später zeigt Tims Kompaß in genau die gleiche Richtung. Er hat wiederholt nein zu allen möglichen verführerischen Möglichkeiten gesagt, wenn diese nur im Geringsten die Unabhängigkeit und Einheit des Webs bedrohten. Und er bleibt altruistisch und unerschütterlich bei seinem Traum. Ich bin überzeugt davon, daß er das nicht nur aus dem Wunsch heraus tut, die Zukunft des Webs sicherzustellen, sondern auch aus menschlichem Anstand, den ich sogar für beeindruckender halte als sein technisches Können.

Als ich Tim vorschlug, dieses Buch zu schreiben und gerade selbst eines fertiggestellt hatte, hatte ich die Vision einer Serie von Büchern des MIT-Labors für Computerwissenschaft (LCS), in der die Innovationen des LCS und deren Auswirkungen auf die Gesellschaft allgemeinverständlich dargestellt werden sollten. Viele glauben, daß Technologie uns entmenschlicht. Am LCS glauben wir, daß Technologie mit der Menschheit unzertrennlich verbunden ist und daß, um echten Fortschritt zu ermöglichen, beide Hand in Hand gehen müssen, ohne daß einer den anderen versklavt.

Es wäre sehr wichtig und interessant für die Welt, etwas von denjenigen zu hören, die unsere Zukunft kreieren, und nicht von Hobbyfuturologen – insbesondere, wenn diese Innovatoren gewillt sind, die technischen Kräfte und gesellschaftlichen Träume offenzulegen, die sie in ihrem Schaffen angetrieben haben. Tim hat sich dieser Herausforderung in bewundernswerter Weise gestellt und seine tiefen Überzeugungen offengelegt, wie das Web unsere Gesellschaft in einer Weise weiterentwickeln und formen könnte. Überzeugungen, die neu sind und sich merklich von der allgemeinen Überzeugung unterscheiden.

In *Der Web-Report* tut Tim Berners-Lee weit mehr, als nur die bezwingende Geschichte des Webs darzulegen: Er bietet die seltene Gelegenheit, einen Blick auf die Art und Weise zu werfen, in der eine einzigartige Person einen einmaligen Ansatz erfindet und fördert, der den Verlauf der Menschheitsgeschichte verändert.

Michael L. Dertouzos

Kapitel 1

Untersuchungen über alles und jedes

Als ich begann, an einer Software herumzubasteln, die vielleicht so etwas wie die Keimzelle der Idee des World Wide Web war, nannte ich sie *»Enquire«* – eine Kurzform für *Enquire Within upon Everything*. Diesen verstaubten alten Ratgeber aus viktorianischer Zeit hatte ich als Kind im Haus meiner Eltern in einem Vorort von London entdeckt. Das Buch mit seinem magisch klingenden Titel bildete das Tor zu einer Welt der Information, in der von der Fleckentfernung bis zur Geldanlage alle möglichen Fragen beantwortet wurden. Nicht gerade eine perfekte Analogie für das Web, aber ein primitiver Ausgangspunkt.

Dieses erste Bit Programmcode von *Enquire* führte mich zu etwas viel größerem: zu einer Vision, die einen dezentralisierten und organischen Fortschritt von Ideen, Technologien, ja der Gesellschaft einschließt. Meine Vision für das Web ist, daß potentiell alles mit allem verknüpft ist. Es ist eine Vision, die neue Freiheiten eröffnet und schnelleren Fortschritt erlaubt, als es durch die Fesseln jener hierarchischen Klassifikationssysteme möglich wäre, an die wir uns selbst gebunden haben. In dieser Vision überdauern alle bisherigen Arten zu arbeiten – als eine Vorgehensweise unter vielen. Unsere Zukunftsängste von heute bleiben bestehen – als mögliche Einstellungen neben vielen anderen. Und die Funktionsweise der Gesellschaft nähert sich der Funktionsweise unseres Gehirns an.

Anders als das Buch *Enquire Within upon Everything* ist das Web, so wie ich versucht habe, es weiterzuentwickeln, nicht nur eine Informationsader, nicht nur ein Nachschlagewerk oder ein Werkzeug für die Wissenschaft. Obwohl die heute allgegenwärtigen Bezeichnungen *www* und *.com* den E-Commerce und die Aktienmärkte in der ganzen Welt anheizen, ist dies zwar ein großer, aber doch nur ein Teil des Webs. Der Kauf eines Buches bei *Amazon* oder von Aktien bei *E-Trade* ist nicht alles, was es im Web gibt. Doch das Web ist auch kein idealer Ort, an dessen Eingang wir unsere Schuhe ausziehen, an dem uns die gebratenen Tauben in den Mund fliegen und an dem wir jegliche Kommerzialisierung scheuen müssen.

Die Ironie ist, daß das Web in all diesen verschiedenen Formen – Kommerz, Wissenschaft und »Surfing« – bereits so sehr Bestandteil unseres Lebens geworden ist, daß unsere Vertrautheit mit ihm die Wahrnehmung des Webs selbst vernebelt hat. Um das Web in seinem weitesten und tiefsten Sinn zu verstehen und um an meiner Vision und der all meiner Kollegen teilhaben zu können, müssen Sie wissen, wie das Web entstanden ist.

Die Entstehungsgeschichte des Webs wurde bereits in verschiedenen Büchern und Zeitschriftenartikeln beschrieben. Viele der Ansätze, die ich gelesen habe, waren verzerrt oder einfach falsch. Das Web entstand aus zahlreichen Einflüssen auf mein Denken, halbfertigen Gedanken, einzelnen Gesprächen und scheinbar zusammenhanglosen Experimenten. Ich habe sie im Verlauf meiner normalen Arbeit und meines Privatlebens zusammengefügt. Ich habe die Vision artikuliert, die ersten Web-Programme geschrieben und die heute allgegenwärtigen Akronyme URL (früher URI), HTTP, HTML und natürlich »World Wide Web« erfunden. Aber viele Menschen, die meisten unbekannterweise, haben wesentliche Teile beigetragen, und zwar auf dieselbe zufällige Weise, mit der ich vorgegangen bin. Eine Gruppe von Individualisten, die an einem gemeinsamen Traum festhielt und über große Distanzen zusammenarbeitete, hat einen bedeutenden Wandel bewerkstelligt.

Meine Darstellung der wahren Geschichte wird zeigen, wie die Entstehung des Webs und sein Wesen unlösbar miteinander verbunden sind. Nur wenn die Menschen das Web auf einer grundlegenderen Ebene verstehen, werden sie wirklich begreifen, welches Potential sich dahinter verbirgt.

Journalisten fragen mich immer, was die entscheidende Idee war oder das Schlüsselereignis, das die Entstehung des Webs von einem Tag auf den anderen möglich gemacht hat. Sie sind frustriert, wenn ich ihnen sage, daß es keinen »Heureka!«-Moment gab. Es war nicht wie beim legendären Apfel, der auf Newtons Kopf fiel, um das Konzept der Schwerkraft zu demonstrieren. Die Erfindung des World Wide Web war die Folge meiner über lange Zeit herangereiften Erkenntnis, daß eine Kraft darin liegt, Ideen in einer unbegrenzten und netzartigen Struktur anzuordnen. Und dieses Bewußtsein erwachte in mir auf genau diese Art und Weise. Das Web erwuchs als Antwort auf neue Herausforderungen, durch das Zusammentreffen von Einflüssen, Ideen und Erkenntnissen von vielen Seiten, bis sich durch die wunderlicher Tätigkeit des menschlichen Geistes ein neues Konzept herausbildete. Es handelte sich um einen Anlagerungsprozeß, nicht um die lineare Lösung wohldefinierter Probleme – eines schön nach dem anderen.

Ich bin der Sohn eines Mathematikers. Meine Eltern waren Mitglieder des Teams, das den weltweit ersten kommerziellen Computer entwickelte, der durch gespeicherte Programme gesteuert wurde: den »Mark I« der Manchester University, der Anfang der 50er Jahre von der Firma *Ferranti* vertrieben wurde. Sie waren fasziniert von der Idee, daß es im Prinzip möglich war, einen Computer so zu programmieren, daß er die meisten Dinge für einen erledigte. Sie wußten jedoch auch, daß Computer ziemlich gut in logischer Organisation und Verarbeitung waren, nicht aber in zufälliger Assoziation. Ein Computer speichert Informationen normalerweise in festen Hierarchien und Matrizen, wohingegen der menschliche Geist die spezielle Fähigkeit besitzt, zufällige Daten miteinander zu verknüpfen. Wenn ich starken, abgestandenen Kaffee rieche, finde ich mich in einem kleinen Raum eines Eckhauscafés in Oxford wieder. Mein Gehirn stellt diese Verknüpfung her und versetzt mich in Gedanken sofort dorthin.

Als ich eines Tages von der Schule nach Hause kam, arbeitete mein Vater gerade eine Rede für den Präsidenten von *Ferranti* aus. Er las ein Buch über Gehirnforschung und suchte nach Hinweisen, wie einem Computer Intuition beigebracht werden könnte, so daß er in der Lage wäre, in gleicher Weise zu assoziieren wie das menschliche Gehirn. Wir diskutierten über dieses Thema. Dann wandte sich mein Vater wieder seiner Rede zu, und ich machte mich an meine Hausaufgaben. Aber die Idee ließ mich nicht mehr los, daß Computer wesentlich leistungsfähiger werden könnten, wenn sie sich so programmieren ließen, daß sie ansonsten unverbundene Informationen miteinander verknüpfen.

Diese Herausforderung trug ich während meines gesamten Studiums am Queen's College der Universität Oxford mit mir herum, an dem ich 1976 einen Abschluß in Physik machte. Sie blieb auch im Hinterkopf, als ich aus einem der frühen Mikroprozessoren und einem alten Fernseher meinen ersten eigenen Computer zusammenlötete, ebenso während jener Jahre, die ich als Software-Ingenieur bei *Plessey Telecommunications* und bei *D.G. Nash Ltd.* verbrachte.

1980 nahm ich kurzzeitig einen Auftrag für Software-Consulting am CERN* an, dem berühmten europäischen Institut für Teilchenphysik in Genf. Dort schrieb ich *Enquire*, mein erstes webartiges Programm. Ich schrieb es in meiner Freizeit, zum persönlichen Gebrauch, und aus keinem höheren Beweggrund, als um mir die Beziehungen zwischen den verschiedenen Men-

* Der Ursprung der Bezeichnung CERN ist die Abkürzung für den internationalen Rat Conseil Européen pour la Recherche Nucléaire, der das Labor ins Leben rief. Dieser Rat existiert nicht mehr.

schen, Computern und Projekten am CERN besser merken zu können. Nach wie vor hatte die größere Vision feste Wurzeln in meinem Bewußtsein geschlagen.

Angenommen, alle Informationen, die auf Computern in der ganzen Welt gespeichert sind, würden miteinander verknüpft, dachte ich mir. *Angenommen, ich könnte meinen Computer so programmieren, daß er einen Raum bildet, in dem alles miteinander verknüpft werden kann.* Alle Informationen auf allen Computer am CERN und auf dem ganzen Planeten stünden mir und allen anderen zur Verfügung. Es gäbe einen einzigen, globalen Informationsraum.

Sobald ein Bit Information in diesem Raum mit einer Adresse versehen würde, könnte ich meinen Computer anweisen, die Information abzurufen. Wenn es möglich wäre, ebenso einfach auf alle Dinge zu verweisen, könnte ein Computer Verknüpfungen zwischen Dingen repräsentieren, die scheinbar zusammenhanglos sind und doch eine Beziehung zueinander haben. Es würde sich ein Netz aus Informationen bilden.

Computer würden vielleicht nicht die Lösungen für unsere Probleme finden, aber sie wären in der Lage, den Großteil der erforderlichen »Lauferei« zu erledigen, und sie könnten unser menschliches Denken dabei unterstützen, intuitiv Wege durch das Gewirr zu finden. Ein zusätzlicher Reiz bestand darin, daß Computer auch jenen unverbindlichen Beziehungen folgen und sie analysieren könnten, die einen Großteil der Arbeitsweise unserer Gesellschaft ausmachen. Und so könnten sie eine neue Sichtweise der Welt ermöglichen. Ein System, das dies zu leisten imstande ist, wäre für Manager, Sozialwissenschaftler und letztlich für jeden eine fantastische Sache.

Ohne daß ich es in diesem frühen Stadium meines Denkens wußte, verfolgten verschiedene Leute ähnliche Konzepte, die nie umgesetzt wurden. Vannevar Bush, einst Dekan für Ingenieurwissenschaften, konzipierte einen der ersten Computer. Während des Zweiten Weltkriegs wurde er Leiter des *US Office of Scientific Research and Development* und überwachte die Entwicklung der ersten Atombombe. In einem Artikel mit dem Titel *As We May Think*, der 1945 in der Zeitschrift *Atlantic Monthly* erschien, beschrieb er eine fotoelektromechanische Maschine namens *Memex*, die durch einen Prozeß binärer Kodierung von Fotozellen und von Sofortbildern Verknüpfungen zwischen Mikrofilmdokumenten herstellen und verfolgen konnte.

Ted Nelson, eine Art professioneller Visionär, schrieb 1965 über »Literarische Maschinen«: Computer, die Menschen in die Lage versetzen würden, in einem neuen, nicht linearen Format zu schreiben und zu publizieren, das er als »Hypertext« bezeichnete. Hypertext war »nicht aufeinanderfolgender« Text, bei dem der Leser nicht in einer bestimmten Reihenfolge lesen mußte, sondern Verknüpfungen folgen und von einem kurzen Zitat in das zugehörige Originaldokument eintauchen konnte. Ted Nelson beschrieb ein futuristisches Projekt namens *Xanadu*, in dem alle auf der Welt verfügbaren Informationen in Hypertext publiziert werden könnten. Würden Sie z.B. dieses Buch in Hypertext lesen, dann könnten Sie ausgehend von meinem Verweis auf *Xanadu* zu weiteren Detailinformationen über dieses Projekt gelangen. In Teds Vision gäbe es für jedes Zitat eine Verknüpfung zu dessen Quelle, was den Originalautoren bei jeder Zitierung eine kleine Entschädigung bieten würde. Er hegte den Traum einer utopischen Gesellschaft, in der Information von Menschen, die von gleich zu gleich kommunizieren, gemeinsam genutzt werden könnte. Er kämpfte jahrelang um Mittel für sein Projekt, aber der Erfolg blieb aus. Doug Engelbart, ein Wissenschaftler an der Stanford-Universität, demonstrierte in den 60er Jahren das Modell eines virtuellen Arbeitsplatzes namens *NLS (oN Line System)*. In Dougs Vision sollten die Mitarbeiter Hypertext als Werkzeug für die Gruppenarbeit nutzen. Er erfand einen Holzklotz mit Sensoren, dem ein Ball unterlegt war und den er »Maus« nannte. Das Gerät sollte ihm helfen, den Computercursor über den Bildschirm zu bewegen und auf einfache Weise Hypertextverknüpfungen anzuwählen. In einem mittlerweile berühmten Video, das ich erst 1994 sah, demonstriert Doug die Verwendung von E-Mail und von Hypertextverknüpfungen mit großer Geschicklichkeit, wobei er seine selbstgebastelte Maus in seiner rechten Hand und eine Art Klaviertastatur mit fünf Tasten in seiner linken Hand hielt. Die Idee dahinter war, daß die Interaktion zwischen Mensch und Maschine so unmittelbar und natürlich wie möglich sein sollte. Leider war Doug ebenso wie Bush und Nelson seiner Zeit weit voraus. Die Revolution des Personal Computers, die Engelbarts »Maus« so vertraut wie einen Stift machen würde, brach erst fünfzehn Jahre später aus. Mit dieser Revolution sollte die Idee des Hypertextes in das

Softwaredesign durchsickern. Selbstverständlich war die nächste große Entwicklung auf der Suche nach globaler Vernetzung das Internet, eine bewußt allgemein gehaltene Kommunikations-Infrastruktur, die Computer miteinander verbindet, und auf der das Web aufsetzt. Diese Entwicklungen von Donald Davis, Paul Barron, Vint Cerf, Bob Kahn und ihren Kollegen entstanden bereits in den 70er Jahren, doch erst heute breiten sie sich allgemein aus.

Ich kam zufällig zur rechten Zeit und mit den passenden Interessen und Neigungen, nachdem der Hypertext und das Internet ihre Volljährigkeit erreicht hatten. Die einzige Aufgabe, die mir blieb, war es, die beiden miteinander zu verheiraten.

Kapitel 2

Gewirr, Verknüpfungen und Netze

Das Forschungszentrum für Teilchenphysik namens CERN überspannt die Grenze zwischen der Schweiz und Frankreich in der Nähe von Genf. Eingebettet zwischen Kalksteinhängen des Jura, zehn Minuten von den Skipisten entfernt, mit dem Genfer See zu seinen Füßen und dem oberhalb gelegenen Mont Blanc bietet es einzigartige Forschungsmöglichkeiten, und es war angenehm für mich, dort zu leben.

Ingenieure und Wissenschaftler aus der ganzen Welt kommen zum CERN, um fundamentale Dinge zu erforschen. Mit enormen Maschinen beschleunigen sie kleine Nuklearteilchen durch eine Folge von Röhren, die sich, obwohl sie nur einige Zentimeter breit sind, über mehrere Kilometer in einem gigantischen kreisförmigen Tunnel unter der Erde erstrecken. Wissenschaftler beschleunigen die Teilchen auf ein extrem hohes Energieniveau und lassen sie dann kollidieren. In einem unvorstellbar kurzen Augenblick könnten vielleicht neue Teilchen entstehen und sofort wieder verlorengehen. Der Trick dabei ist, die hochenergetischen

Trümmer dieser Verwandlung aufzuzeichnen, wenn sie einen der beiden Detektoren im Tunnel passieren, von denen jeder die Größe eines Hauses hat und mit Elektronik vollgestopft ist.

Wissenschaft in dieser Größenordnung ist so teuer, daß die Zusammenarbeit mehrerer Nationen erforderlich ist. Gastwissenschaftler führen ihre Experimente am CERN durch und kehren anschließend zu ihren Heimatinstitutionen zurück, um ihre Daten auszuwerten. Obwohl es sich um eine zentrale Einrichtung handelt, ist das CERN eigentlich eine große Gemeinschaft von Leuten, die relativ geringe allgemeine Befugnis haben. Die Wissenschaftler bringen verschiedene Computer, unterschiedlichste Software und Projekte mit, und obwohl sie aus verschiedenen Kulturen stammen und unterschiedliche Sprachen sprechen, schaffen sie es, einen Weg zur Zusammenarbeit zu finden, weil sie ein gemeinsames Interesse für Teilchenphysik und den gemeinsamen Wunsch haben, daß ein enormes Projekt Erfolg hat. Es war und ist eine extrem kreative Umgebung.

1980 ersetzte man am CERN gerade das Steuerungssystem eines der Teilchenbeschleuniger. Die Arbeit war etwas im Rückstand, und das CERN benötigte Hilfe. Ich arbeitete zufällig als Berater an einem anderen Ort in der Schweiz, als mich mein Freund und Kollege Kevin Rogers aus England anrief und mir vorschlug, uns zu bewerben.

Als wir zum Interview eintrafen, erhielten Kevin und ich eine Führung, und wir fanden uns sehr bald auf einem Steg wieder, von dem aus wir auf etwas blickten, das wie eine riesige, chaotische Fabrik wirkte. Diese riesige Experimentierhalle war mit kleinen Experimenten vollgestellt, die durch hastig errichtete Trennwände verdeckt waren, um die Strahlung zu verringern. Kurz darauf erreichten wir den Kontrollraum, in dem sich zahllose Regale mit Hardware befanden und in dem es außer dem Schein der zahlreichen Anzeigelampen und der Reglerskalen keine Beleuchtung gab. Es war ein Paradies für Elektroingenieure, mit ganzen Regalen von Oszilloskopen, Stromaggregaten und Ausrüstung für Reihenschaltungen, von denen die meisten Spezialanfertigungen für das CERN waren.

Zu dieser Zeit war ein Computer noch immer eine Art Schrein, zu dem Wissenschaftler und Ingenieure pilgerten. Die meisten Leute am CERN hatten keine Computerterminals in ihren Büros. Sie mußten eine zentrale Einrichtung wie den Terminalraum neben dem Kontrollraum aufsuchen, um ein Computersystem zu programmieren. Kevin und ich sollten Mitarbeiter in einem Team von Leuten werden, die letztendlich das Ende dieses Kontrollraums herbeiführen würden. Die Regale mit leuchtender Elektronik würden langsam demontiert und durch langweilige Computerkonsolen ersetzt werden, die durch erheblich leistungsfähigere Software betrieben werden sollten.

Die große Herausforderung für Vertragsprogrammierer bestand in dem Versuch, die Systeme – sowohl die menschlichen als auch die Computersysteme – zu verstehen, die diese fantastische Spielwiese betrieben. Ein Großteil der entscheidenden Informationen existierte nur in den Köpfen der Leute. Am meisten erfuhren wir bei der Konversation an jenen Kaffeetischen, die strategisch günstig an der Verbindung zwischen zwei Korridoren plaziert waren. Ich würde Leuten vorgestellt werden, die aus dem Strom unbekannter Gesichter herausgepickt wurden, und ich würde mich daran erinnern müssen, wer sie waren und welche Geräte oder welche Software von ihnen stammten. Die netzartige Struktur des CERN erschwerte die Arbeit zusätzlich. Von den zehntausend Leuten, die damals im Telefonverzeichnis des CERN aufgeführt waren, waren immer nur ungefähr fünftausend anwesend, und nur etwa dreitausend waren tatsächlich bezahlte Mitarbeiter. Viele andere hatten dort bloß einen Schreibtisch und besuchten das CERN nur hin und wieder von ihren Heimatinstitutionen aus.

Um Vertragskräfte wie uns zu beherbergen, die plötzlich in Panikphasen eintrafen, um beim Fortschritt eines Projekts behilflich zu sein, hatte die Verwaltung mobile Container auf einem Grashügel des CERN-Geländes aufgestellt. Wir würden unsere Ideen beim Mittagessen mit Blick auf die Schweizer Weinberge diskutieren oder beim Hinabsteigen über die lange Flucht von Stufen, die vom Hügel zur Experimentierhalle und zum Terminalraum führten, in dem wir programmierten. Ich füllte die öden Momente, während derer ich nicht offiziell am sogenannten »Proton Synchrotron Booster« arbeitete, damit aus, an meinem Softwarespielzeug herumzubasteln, das ich *Enquire* nannte. Meine erste Rohversion setzte ich anfangs ein, um aufzuzeichnen, wer welches Programm geschrieben hatte, welche Programme auf welchen Computern ausgeführt wurden und wer an welchem Projekt mitarbeitete. Informelle Diskussionen am CERN waren unzertrennlich mit Diagrammen aus Kreisen und Pfeilen verbunden, die auf Servietten und Briefumschläge gekritzelt wurden – eine sehr natürliche Weise, um Beziehungen zwischen Personen und dem Equipment aufzuzeigen. Ich schrieb ein vierseitiges Handbuch über *Enquire*, in dem von Kreisen und Pfeilen die Rede war und davon, wie nützlich es sei, entsprechende Symbole in einem Computerprogramm zu nutzen.

In *Enquire* konnte ich eine Seite mit Informationen über eine Person, ein Gerät oder ein Programm eingeben. Jede Seite repräsentierte einen »Knoten« im Programm, der in etwa einer Karteikarte entsprach. Die einzige Möglichkeit, einen neuen Knoten anzulegen, bestand darin, eine Verknüpfung ausgehend von einem alten Knoten zu erstellen. Die Verknüpfungen zwischen den Knoten wurden in einer numerierten Liste am unteren Rand jeder Seite angezeigt, ähnlich den Fußnoten am Ende einer akademischen Publikation. Die einzige Möglichkeit, Informationen zu finden, bestand darin, sie ausgehend von der Startseite zu suchen. Mir gefiel *Enquire* sehr, und ich nutzte das Programm ausgiebig, weil es unstrukturierte Informationen wie Matrizen oder Bäume speicherte. Das menschliche Gehirn verwendet diese Art von Organisationsstrukturen ständig, kann jedoch auch aus ihnen ausbrechen und intuitive Sprünge über Grenzen hinweg machen – jene begehrten Zufallsassoziationen. Nachdem ich solche Verknüpfungen entdeckt hatte, konnte *Enquire* sie zumindest speichern. Während ich *Enquire* erweiterte, achtete ich sehr darauf, die bestehenden Verknüpfungen zu erhalten. Das Programm war so angelegt, daß ich eine neue Information nur eingeben konnte, wenn ich sie mit bestehenden Informationen verknüpfte. Für jede Verknüpfung mußte ich beschreiben, um welche Art von Beziehung es sich handelte. Wenn eine Seite über Joe z. B. mit einer Seite über ein bestimmtes Programm verknüpft war, mußte ich angeben, ob Joe das Programm erstellt hatte, es benutzte oder sonst etwas damit zu tun hatte. Nachdem ich *Enquire* einmal mitgeteilt hatte, daß Joe ein Programm benutzte, wußte meine Software bei der Anzeige von Informationen über das Programm zugleich immer, daß es unter anderem von Joe benutzt wurde. Die Verknüpfungen funktionierten in beide Richtungen.

Enquire lief auf dem Softwareentwicklungscomputer der Gruppe. Es lief nicht in einem Netzwerk, geschweige denn im Internet, das am CERN noch einige Jahre nicht benutzt werden sollte. *Enquire* verfügte über zwei Arten von Verknüpfungsmöglichkeiten: einer »internen« Verknüpfung von einer Seite – oder einem Knoten – zu einer anderen Seite innerhalb einer Datei und einer »externen« Verknüpfung, mittels derer man zwischen Dateien hin- und herspringen konnte. Dieser Unterschied war entscheidend. Eine interne Verknüpfung würde an beiden Knoten angezeigt werden, eine externe verlief nur in eine Richtung. Könnten zu viele Leute, die solch eine Verknüpfung zu einer Seite aufbauten, eine Rückverknüpfung erzwingen, dann wäre diese eine Seite im Nu mit Tausenden von Verweisen belegt, um deren Verwaltung sich der Besitzer der Seite vielleicht nicht würde kümmern wollen. Wenn eine externe Verknüpfung in beide Richtungen verlief, würde eine Änderung beider Dateien außerdem zur Speicherung derselben Informationen an zwei Stellen führen, was fast immer Probleme mit sich bringt: Die Übereinstimmung der Dateien würde unausweichlich verlorengehen.

Schließlich kompilierte ich eine Datenbank mit personenbezogenen Informationen und eine mit Infos über Softwaremodule, aber dann lief mein Beratervertrag aus. Als ich das CERN verließ, nahm ich den Quellcode von *Enquire* nicht mit. Ich hatte ihn in der Programmiersprache *Pascal* geschrieben, die zu dieser Zeit recht verbreitet war, aber die gesamte Entwicklungsumgebung lief auf dem proprietären Betriebssystem SYNTRAN-III der Firma *Norsk Data*, das ziemlich obskur war. Ich gab die Acht-Zoll-Diskette einem Systemmanager und erklärte ihm, daß es sich um ein Programm handle, mit dem Informationen aufgezeichnet werden könnten. Wenn er wolle, dürfe er das Programm gerne benutzen. Später wurde es an einen Studenten weitergegeben. Er bekundete, daß ihm die Art und Weise gefalle, in der es programmiert war – genau so solle ein *Pascal*-Programm aussehen. Die wenigen Leute, die das Programm sahen, fanden die Idee gut, aber niemand benutzte es. Schließlich ging die Diskette verloren und damit auch das ursprüngliche *Enquire*.

Als ich das CERN verließ, tat ich mich mit einem ehemaligen Kollegen, John Poole, zusammen. Zwei Jahre zuvor hatten Kevin und ich mit John zusammengearbeitet und versucht, die schon damals langweiligen Matrixdrucker mit seinerzeit revolutionären Mikroprozessoren auszustatten, damit die Drucker hübsche Graphiken ausgeben konnten. Wir saßen im vorderen Raum von Johns Haus, sein goldfarbener Labrador döste unter einem Stuhl, und wir versuchten, das Design zu perfektionieren. Wir waren in wenigen Monaten erfolgreich gewesen, aber John hatte nicht das Geld, um uns weiter ein Gehalt zu zahlen – und das hätte sich auch nicht geändert, bis er das Produkt verkauft hätte. Zu diesem Zeitpunkt begannen wir nach Auftraggebern zu suchen und landeten schließlich am CERN. Nachdem ich sechs Monate am CERN verbracht hatte, rief John an. »Warum kommt Ihr nicht zurück?« fragte er. »Ich habe unser Produkt verkauft, und wir haben einen unterschriebenen Vertrag. Jetzt brauchen wir Software, die unsere Hardware auch unterstützt.« John hatte die Firma *Image Computer Systems* gegründet, und Kevin und ich kehrten zurück, um ihm zu helfen. Wir programmierten alle Steuerelemente für den Motor neu, um die Schnelligkeit der Bewegung des Druckkopfes zu optimieren. Unser Drucker beherrschte zudem den arabischen Zeichensatz, konnte dreidimensionale Bilder zeichnen und den Effekt hochwertigen gedruckten Briefpapiers vermitteln, während er preisgünstigeres Normalpapier verbrauchte. Wir schrieben unsere eigene Markierungssprache, mittels derer Dokumente für den Druck ausgezeichnet wurden, und der Drucker konnte auch die Eingabecodes erheblich teurerer Satzsysteme verarbeiten. Wir konnten nicht nur die Schriftarten wechseln, sondern fast jeden Aspekt des Druckerverhaltens kontrollieren.

Das Geschäft lief gut, aber unsere Technologie war auf die Hardware beschränkt, die wir in die Drucker einbauen konnten. Aus persönlichen Gründen brauchte ich einen Tapetenwechsel und wollte aus Großbritannien weg. Und ich erinnerte mich, daß das CERN ein Fellowship-Programm anbot. Im Frühjahr 1983 beschloß ich mich zu bewerben, und im September 1984 traf ich schließlich dort ein. John schenkte mir bei meinem Weggang von *Image* einen *Compaq*-PC. Er wurde als einer der ersten »tragbaren« Computer gehandelt, sah aber eher wie eine Nähmaschine aus, mehr »schleppbar« als tragbar. Mit meinem neuen PC und der Frische, die ein Wechsel mit sich bringt, schrieb ich in meiner Freizeit ein weiteres Software-Spielzeug namens *Tangle* (»Gewirr«). Ich wollte meine Forschungen über die Idee der Verknüpfungen, die sich in meinem Kopf entwickelte, fortsetzen.

In einer radikalen Sichtweise könnte die Welt so betrachtet werden, als würde sie aus nichts als Verknüpfungen bestehen. Wir betrachten ein Wörterbuch als Quelle für Bedeutungen, aber es definiert Wörter nur mittels anderer Wörter. Mir gefiel die Vorstellung, daß Information eigentlich nur dadurch definiert ist, daß und wie sie mit anderen Informationen verknüpft ist. Bedeutung ist in der Tat unwichtig. Die Struktur ist alles. In unserem Gehirn gibt es Millionen von Neuronen, aber was sind Neuronen? Einfach nur Zellen. Das Gehirn weiß nichts, wenn keine Verbindungen zwischen den Neuronen bestehen. Alles, was wir wissen, und alles, was wir sind, resultiert aus der Art, in der Neuronen miteinander verbunden sind.

Computer speichern Informationen als Zeichenfolgen, deshalb liegt Bedeutung für sie in den Verbindungen zwischen Zeichen. Wenn eine Zeichenfolge wiederkehrte, sollte *Tangle* einen Knoten erzeugen, der diese Zeichenfolge repräsentierte. Immer wenn dieselbe Zeichenfolge wieder auftrat, setzte *Tangle* einfach einen Verweis auf den ursprünglichen Knoten, anstatt die Zeichenfolge zu wiederholen. Wenn mehr und mehr Phrasen in Form solcher Knoten gespeichert sein würden und zunehmend viele Zeiger auf solche Knoten wiesen, würde sich eine Folge von Verknüpfungen bilden.

Die Philosophie war folgende: Was zählt, basiert auf Verknüpfungen. Es sind nicht die Buchstaben, es ist die Art, in der die Buchstaben zu Wörtern zusammengefügt sind. Es sind nicht die Wörter, es ist die Art, in der die Wörter zu Sätzen zusammengefügt sind. Es sind nicht die Sätze, es ist die Art, in der die Sätze zu einem Dokument zusammengefügt sind. Ich stellte mir vor, auf diese Weise eine Enzyklopädie einzugeben und *Tangle* anschließend eine Frage zu stellen. Die Frage würde in Knoten aufgesplittert werden, die dann auf jede beliebige Stelle in der Enzyklopädie verweisen würden, an der dieselben Knoten auftreten. Das resultierende Gewirr würde dann alle relevanten Antworten enthalten.

Ich testete *Tangle*, indem ich den Satz »How much wood would a woodchuck chuck?« eingab. Der Computer dachte eine Weile nach und kodierte meinen Satz in einer ziemlich komplexen, verhedderten Datenstruktur. Aber als ich ihn aufforderte, das wiederzugeben, was er kodiert hatte, folgte er allen Knoten und gab erneut den Satz »How much wood would a woodchuck chuck?« aus. Ich war ziemlich zufrieden. Deshalb probierte ich es mit »How much wood would a woodchuck chuck if a woochuck could chuck wood?« Der Computer dachte eine Weile nach, kodierte den Satz, und als ich ihn aufforderte, in zu dekodieren, antwortete er wie folgt: »How much wood would a woodchuck chuck if a woochuck chuck wood chuck chuck chuck wood wood chuck chuck chuck …« Eine klassische Endlosschleife. Das Durcheinander, das ich angerichtet hatte, war so enorm schwierig zu debuggen, daß ich das Programm nie wieder anfaßte. Das war das Ende von *Tangle* – aber nicht das Ende meines Wunsches, den Verknüpfungsaspekt von Information zu repräsentieren.

Ich hatte mich immer entlang der Grenze zwischen Hard- und Software bewegt, ein wichtiger und aufregender Ort, insbesondere, da Software zunehmend Hardwarefunktionen übernahm. Als ich mich für das Fellowship-Programm am CERN bewarb, gab ich an, eine Stelle haben zu wollen, auf der ich an beidem arbeiten konnte, und ich schlug drei vor, auf denen dies möglich war. Ich wurde schließlich für die Gruppe »Datenakquise und -kontrolle« eingestellt, jene Gruppe, die für die Aufzeichnung und Verarbeitung der Ergebnisse der Experimente verantwortlich war. Peggie Rimmer, die mich einstellte, sollte mir, wie sich herausstellte, sehr viel über die Formulierung von Standards beibringen. Dieses Wissen würde sich später als nützlich erweisen. Diesmal hatte ich die Möglichkeit, mehr vom

CERN zu sehen und mehr von seiner Komplexität zu begreifen. Obwohl ich zu einer zentralen Computerabteilung gehörte, arbeitete meine Gruppe mit individuellen Forschungsgruppen, jede eine bunte Mischung von Wissenschaftlern aus der ganzen Welt.

1984 war das CERN stark gewachsen. Ein neuer Beschleuniger, der »Large Electron Positron Accelerator« sollte gebaut werden. Sein Tunnel hatte eine Länge von siebenundzwanzig Kilometern, verlief ausgehend von einer Tiefe von 100 Metern unter dem CERN und erreichte an seiner entferntesten Stelle am Fuße des Jura eine Tiefe von 300 Metern. Damit stellte er alle anderen Beschleuniger in den Schatten. Die Computerabteilung mußte ebenfalls vergrößert werden. Eine neue Generation von Computern, Betriebssystemen und Programmiersprachen wurde eingesetzt, ebenso eine Vielzahl von Netzwerkprotokollen, um die zahlreichen Computer zu verbinden, die das große Experiment unterhielten. Die Computer stammten von *IBM*, *Digital Equipment* und *Control Data*. Wir hatten alles – auch die neue Wahl zwischen PCs und Macs und zwischen verschiedenen Textverarbeitungen.

Die Leute brachten ihre Geräte und ihre Gewohnheiten mit, und alle anderen hatten ihr Bestes zu geben, um sie unterzubringen. Dann gingen die Teams nach Hause zurück und mußten weiterhin zusammenarbeiten, wobei sie in unterschiedlichen Zeitzonen lebten und verschiedene Sprachen sprachen. In dieser ganzen vernetzten Verschiedenheit war das CERN ein Mikrokosmos der übrigen Welt, jedoch der Zeit mehrere Jahre voraus.

Ich schrieb ein allgemeines »Remote Procedure Call«-Programm (RPC), um die Kommunikation zwischen allen Computern und Netzwerken zu erleichtern. Mit RPC konnte ein Operator ein Programm auf einem Computer eines bestimmten Typs schreiben, das dennoch in der Lage war, Prozeduren auf anderen Computern aufzurufen, auch wenn diese unter verschiedenen Betriebssystemen und Computersprachen liefen. Die RPC-Tools würden über ein beliebiges Netzwerk oder Kabel funktionieren, das in einem vorgegebenen Fall verfügbar sein würde.

Ich begann, *Enquire* auf meinem *Compaq* neu zu erstellen. Ich schrieb das Programm so, daß es sowohl auf meinem schleppbaren *Compaq* als auch auf dem VAX-Minicomputer von *Digital Equipment* (DEC) laufen würde, den ich am CERN benutzte. Beim zweiten Mal erfüllte es seinen Zweck allerdings nicht so gut: Ich programmierte nur die internen Verknüpfungen, kam aber nie dazu, den Code für die externen Verknüpfungen zu schreiben. Das bedeutete, daß das Netz auf die Knoten beschränkt war, die in eine Datei paßten – es war unmöglich, diese abgeschlossenen Welten zu verbinden.

Mir war klar, daß es am CERN einen Bedarf für ein Programm wie *Enquire* gab. Neben der Aufzeichnung aller Beziehungen zwischen Personen, Experimenten und Geräten wollte ich auch auf verschiedene Arten von Informationen zugreifen, wie z. B. die technischen Aufzeichnungen eines Wissenschaftlers, die Handbücher für verschiedene Softwaremodule, Sitzungsprotokolle, hastig aufgezeichnete Notizen usw. Außerdem beantwortete ich immer dieselben Fragen, die mir von unterschiedlichen Personen regelmäßig gestellt wurden. Alles wäre viel einfach gewesen, wenn jeder schlicht meine Datenbank hätte lesen können.

Das, wonach ich suchte, fiel unter die allgemeine Kategorie der *Dokumentationssysteme* – Software, die die Speicherung und den späteren Abruf von Dokumenten ermöglicht. Dies war jedoch eine dubiose Arena. Ich hatte am CERN zahlreiche Programmierer kommen und gehen sehen, die Systeme anpriesen, die Leuten bei der Organisation von Informationen »helfen« sollten. Sie pflegten zu sagen: »Um dieses System zu nutzen, müssen Sie nur alle Ihre Dokumente in vier Kategorien aufteilen« oder »Sie müssen Ihre Daten lediglich als Blablabla-Dokumente speichern« oder so ähnlich. Ich erlebte, wie ein Protagonist nach dem anderen von entrüsteten Wissenschaftlern zur Schnecke gemacht wurde, die ihrerseits von den Programmierern gezwungen werden sollten, ihre Arbeit so umzustrukturieren, daß sie in deren System paßte. Ich würde ein System mit allgemeinen Regeln erstellen müssen, das für jeden akzeptabel wäre. Das bedeutete, so weit wie irgend möglich auf Regeln zu verzichten.

Diese Vorstellung erschien utopisch, bis ich feststellte, daß die Verschiedenheit unterschiedlicher Computersysteme und Netzwerke ein sprudelnder Quell sein konnte – etwas, das angemessen repräsentiert und kein Problem, das eliminiert werden muß. Das Modell, das ich für mein minimalistisches System wählte, war Hypertext.

Meine Vision war es, die externen Verknüpfungen von *Enquire* irgendwie mit Hypertext und dem Verknüpfungsschemata zu kombinieren, die ich für RPC entwickelt hatte. Eine Vision von *Enquire*, die externe Hypertextverknüpfungen liefern konnte, würde den Unterschied zwischen Gefängnis und Freiheit, Hell und Dunkel ausmachen. Neue Netze könnten aufgebaut werden, um verschiedene Computer miteinander zu verbinden, und alle neuen Systeme wären in der Lage, ihre Grenzen zu überwinden und aufeinander zu verweisen. Zusätzlich könnte jeder, der etwas suchte, sofort einen neuen Knoten hinzufügen – eine neue Verknüpfung.

Das System mußte eine weitere fundamentale Eigenschaft besitzen: Es mußte komplett dezentralisiert sein. Das wäre die einzige Möglichkeit, bei der eine neue Person irgendwo beginnen könnte, das System zu benutzen, ohne jemand anderen um Zugriffserlaubnis bitten zu müssen. Und das wäre die einzige Möglichkeit, wie das System skaliert werden könnte, ohne daß es bei der Nutzung durch viele Leute zusammenbrechen würde. Dies war gute Technik im Stile des Internets, aber die meisten Systeme hingen noch immer von einem zentralen Knoten ab, mit dem alles verbunden sein mußte – und dessen Kapazität möglicherweise das Wachstum des Systems als Ganzes behinderte. Ich wollte den Akt der Hinzufügung eines neuen Knotens möglichst trivial gestalten. Wenn er trivial war, konnte sich das Netz der Verknüpfungen gleichmäßig über den Globus verteilen.

Solange ich keine zentrale Verknüpfungsdatenbank einführte, würde sich das ganze System gut skalieren lassen. Es gäbe keine Spezialknoten und keine Spezialverknüpfungen. Jeder Knoten wäre in der Lage, eine Verknüpfung zu jedem anderen Knoten anzulegen. Dies würde dem System die erforderliche Flexibilität verleihen, und es wäre der Schlüssel zu einem Universalsystem. Der abstrakte Raum von Dokumenten, den es beinhalten würde, könnte jede einzelne Information enthalten, die über Netzwerke zugänglich ist – und die gesamte Struktur und alle Verknüpfungen zwischen den Informationen.

Hypertext wäre am leistungsfähigsten, wenn er auf absolut alles verweisen könnte. Jeder Knoten, jedes Dokument – egal, was aufgerufen würde – würde grundlegend irgendwie gleich sein. Jeder Knoten und jedes Dokument würde eine Adresse haben, über die auf das Element verwiesen werden könnte. Alle Knoten und Dokumente würden im selben Raum existieren – dem Informationsraum.

Ende 1988 versuchte ich, irgendwie ein Hypertextsystem zum Laufen zu bringen. Ich sprach mit meinem Boß, Mike Sendall. Er sagte, die Idee klänge vernünftig, aber ich solle einen Antrag schreiben. Einen Antrag? Ich hatte keine Vorstellung davon, was in einem »Antrag« am CERN enthalten sein mußte. Ich vermutete jedoch, daß ich es nie schaffen würde, ein Hypertext-Dokumentationssystem zu entwickeln, solange dieses nicht formell als Projekt gebilligt worden wäre. Ich dachte angestrengt darüber nach, wie ich meine Begeisterung für diese Idee in eine Form bringen könnte, welche die Leute am CERN überzeugen würde.

Enquire bot zwar eine Möglichkeit, Dokumente mit

Datenbanken zu verknüpfen, und Hypertext stellte ein allgemeines Format zur Verfügung, in dem die Dokumente angezeigt werden konnten. Aber es blieb noch immer das Problem, daß unterschiedliche Computer mit verschiedenen Betriebssystemen miteinander kommunizieren müßten. Ben Segal, einer meiner Mentoren im RPC-Projekt, hatte in den Vereinigten Staaten gearbeitet und das Internet gesehen. Er war seither zu einem Prediger für dessen Einsatz am CERN geworden. Er zog umher und wies darauf hin, wie das Betriebssystem *Unix* und das Internet Universitäten und Institute überall in den USA miteinander verbanden, aber er stieß auf großen Widerstand. Das Internet war in Europa so gut wie überhaupt nicht verbreitet, weil die meisten Leute das Projekt eines separaten Satzes von Netzwerkprotokollen verfolgten, der von der *International Standards Organization* (ISO) entwickelt und gefördert wurde. Ob es nun am Gefühl lag, das Ganze sei nicht hier erfunden worden, oder an begründeten technischen Einwänden – die Europäer versuchten über ein Komitee, ihr eigenes internationales Netzwerk zu entwickeln.

Ich war jedoch vom Internet fasziniert. Das Internet ist eine sehr allgemeine Kommunikationsinfrastruktur, die Computer miteinander vernetzt. Bevor es das Internet gab, wurden Computer direkt miteinander verkabelt. Eine Software auf einem Computer konnte über das Kabel mit einer Software auf dem anderen Computer kommunizieren und Informationen wie eine Datei oder ein Programm senden. Dies wurde ursprünglich gemacht, damit die extrem teuren frühen Computer in einem Institut oder einem Unternehmen von unterschiedlichen Standorten aus genutzt werden konnten. Es war jedoch klar, daß ein Computer nur mit wenigen anderen verbunden werden konnte, weil ansonsten Hunderte von Kabeln von ihm ausgehen müßten.

Die Lösung bestand darin, indirekt über ein Netzwerk zu kommunizieren. Das Internet ist ein Netzwerk der Netzwerke. Sein Kern ist jedoch ein Satz von standardisierten *Protokollen* – Konventionen, mittels derer Computer einander Daten senden. Die Daten werden über verschiedene Träger übermittelt, wie z. B. Telefonleitungen, Kabelfernsehleitungen und Satellitenkanäle. Bei den Daten kann es sich um Text, eine E-Mail-Nachricht, eine Sounddatei, eine Bilddatei oder Software handeln. Wenn ein Computer bereit ist, seine Daten zu senden, verwendet er eine spezielle Software, um die Daten in »Pakete« aufzuteilen, die sich nach zwei Internetprotokollen richten. Diese Protokolle bestimmen, wie die Pakete übermittelt werden: IP *(Internet Protocol)* und TCP *(Transmission Control Protocol)*. Die Software »beschriftet« jedes Paket mit einer eindeutigen Nummer. Sie sendet die Pakete über eine Telefonleitung oder ein sonstiges Kabel, und der empfangende Computer verwendet seine eigene Internetsoftware, um die Pakete entsprechend den Nummern wieder zusammenzusetzen.

Das Internet war 1970 bereits im Einsatz, aber die Übertragung von Informationen war für Nicht-Computerexperten zu mühselig. Man mußte ein Programm ausführen, um eine Verbindung zu einem anderen Computer herzustellen, und dann ein anderes Programm (in einer anderen Programmiersprache) zur Kommunikation mit dem anderen Computer, d. h. um auf die Informationen zuzugreifen. Selbst wenn die Daten auf den eigenen Computer übertragen werden konnten, konnte es passieren, daß sie sich nicht dekodieren ließen.

Dann wurde E-Mail erfunden. E-Mail erlaubte den Versand von Nachrichten zwischen Personen, aber die Nachrichten bildeten keinen Raum, in dem Informationen permanent existieren und aus dem sie abgerufen werden konnten. Die Nachrichten waren flüchtig. (Als das World Wide Web, das auf das Internet aufsetzt, einmal erfunden war, bot es einen Platz für Informationen, an dem sie permanent abrufbar waren.)

Die Verspätung des CERN bei der Akzeptanz des Internets war insofern überraschend, als das Institut in den Bereichen Netzwerktechnologie und Telekommunikation eine führende Rolle innehatte. Es hatte das CERN-net hervorgebracht, ein selbstgebasteltes Netzwerk, da es damals keine kommerziellen Netzwerksysteme gab. Es verfügte über seine eigenen E-Mail-Systeme. Und es lag an der Spitze bei der Bildung von Gateways zwischen verschiedenen proprietären Mail- und Dateisystemen.

Das CERN war am Internet interessiert, weil die Hoffnung bestand, daß es eine Brücke zwischen den verschiedenen Betriebssystemen und Netzwerken bilden könnte. Das CERN war ein technologischer Schmelztiegel. Viele Physiker waren es gewohnt, mit dem Betriebssystem VAX/VMS der Firma *Digital Equipment* und den DECnet-Kommunikationsprotokollen zu arbeiten. Andere bevorzugten das rivalisierende Betriebssystem *Unix*, das die Internetprotokolle verwendete. Jedesmal, wenn ein neues Experiment gestartet wurde, gab es einen Kampf darum, ob VAX/VMS und DECnet oder *Unix* und TCP/IP verwendet werden sollten. Ich selbst begann, TCP/IP zu favorisieren, weil diese Protokolle mittlerweile auch für VMS verfügbar gemacht worden waren. Diese Weiterentwicklung stammte ursprünglich nicht von *Digital*, sondern von der Wollongong-Universität in Australien.

Der Einsatz von TCP/IP bedeutete, daß die *Unix*-Welt, die bereits TCP/IP nutzte, zufriedengestellt werden konnte und daß zugleich die Nutzer in der VAX-Welt Zugang zur *Unix*-Welt bekommen konnten. Schließlich gab es für beide Kandidaten eine Möglichkeit, miteinander zu kommunizieren, indem jeder ein Stück der TCP/IP-Software der Wollongong-Universität integrierte. Ich war von der Bedeutung des TCP/IP schließlich dermaßen überzeugt, daß ich Code zum RPC-System hinzufügte, damit dieses via TCP/IP kommunizieren konnte. Zudem erstellte ich ein Adressierungssystem, für das ich jeden Dienst im RPC-System identifizierte. Zu diesem Zeitpunkt trat das Internet in mein Leben.

Für die Formulierung des Antrags mußte ich mir überlegen, was erforderlich war, um *Enquire* als globales System zu etablieren. Ich würde dieses Projekt als Dokumentationssystem verkaufen müssen – ein anerkannter Bedarf am CERN – und nicht als Hypertextsystem, was einfach zu preziös klang. Aber wenn das System eine Möglichkeit bieten sollte, auf Informationen über ein Netzwerk zuzugreifen, würde es mit anderen Dokumentationssystemen am CERN konkurrieren. Nachdem ich bei anderen Systemen gesehen hatte, wie sie abgeschossen wurden, wußte ich, daß der Schlüssel darin bestünde hervorzuheben, daß das System es allen erlauben würde, ihren eigenen Organisationsstil und ihre bisherige Software auf den jeweiligen Computern beizubehalten. Das System mußte eine einfache Möglichkeit bieten, mit der die Nutzer Verknüpfungen mit ihren Dokumenten repräsentieren und mittels derer sie wiederum navigieren konnten. Ein entsprechendes Modell existierte in Onlinehilfe-Programmen: Wenn Instruktionen oder Tools am Bildschirm zu sehen waren, die ein Benutzer nicht verstand, klickte er einfach darauf, und es wurden weitere Informationen angezeigt. Dieser Ansatz wurde als »Hot Buttons« bezeichnet, eine Ableitung aus Ted Nelsons Hypertext-Konzept, das bei *Apple* unter dem Namen »Hypercard« eingesetzt wurde und auf eine etwas andere Weise später auch bei *Microsoft*. Ich beschloß, daß mein System folgendermaßen gestaltet sein sollte: Wenn jemand eine Hypertextverknüpfung in einen Text einfügen wollte, sollten die entsprechenden Wörter in irgendeiner Weise am Bildschirm hervorgehoben werden. Wenn ein Betrachter auf das hervorgehobene Wort klickte, würde das System ihn zu der Verknüpfung führen.

Die einzelnen Teile des Puzzles ordneten sich allmählich. TCP/IP würde das Netzwerkprotokoll meiner Wahl sein. Aus Gründen des »Marketing« würde ich das System als eines vorstellen, das über DECnet arbeitete, mit dem zusätzlichen Vorteil, daß bei Bedarf auch eine Kommunikation über das Internet möglich sei. Ein einziger Schwachpunkt blieb übrig: Damit Leute kommunizieren und Dokumente gemeinsam nutzen könnten, benötigten sie ein einfaches, aber verbreitetes Adressierungsschema. Jeder mußte wissen, wie er seine Dateien adressieren sollte und wie er umgekehrt Dateien anfordern könnte. Ich übernahm das einfache RPC-Adressierungsschema.

Bei der Präsentation meiner Argumentation vor einer Forschungsgruppe sollte ich feststellen, daß sie normalerweise über unterschiedliche Arten von dokumentierter Information verfügen – ein Hilfeprogramm, ein Telefonbuch, ein Konferenzinformationssystem, ein entferntes Bibliothekssystem – und daß sie nach einer Möglichkeit suchen würden, ein konsistentes Mastersystem zu erstellen. Dabei gäbe es drei Wahlmöglichkeiten: (1) ein anderes Dokumentationsschema zu entwickeln, das angeblich besser wäre als diejenigen, die zuvor ausprobiert wurden; (2) eines der bestehenden Schemata zu nutzen und mit dessen Beschränkungen klarzukommen oder (3) festzustellen, daß all diese Systeme etwas gemeinsam haben. Ich würde ihnen sagen: »Wir können eine gemeinsame Basis für die Kommunikation schaffen, während jedes System seine Eigenheiten behalten kann. Genau darum geht es in meinem Konzept, und globaler Hypertext wird dies ermöglichen. Sie müssen einzig und allein jedem Dokument im System eine Adresse zuweisen. Der Rest ist einfach.«

Im März 1989 nahm ich die Hürde, den Antrag zu schreiben. Ich wollte erklären, daß Allgemeingültigkeit der Kern eines Informationsnetzes sei. Auf der anderen

Seite beschlich mich das Gefühl, das System als etwas darstellen zu müssen, das nur am CERN entstehen könne. Ich fand es unglaublich spannend, der Zwangsjacke eines hierarchischen Dokumentationssystems zu entkommen, aber ich wollte natürlich verhindern, daß mich die Verantwortlichen für hierarchische Systeme steinigen. Ich mußte also beweisen, wie sich dieses System in ganz verschiedene Zusammenhänge integrieren ließ. Deshalb führte ich als Beispiele eine Nachricht aus einer Internet-Newsgroup und eine Seite aus meinem alten Programm *Enquire* an.

Ich war dreist genug, mich an der Aussicht auf ein Netz von Daten zu erfreuen, das von einem Computer verarbeitet werden könnte und erklärte folgendes:

> Eine faszinierende Möglichkeit, die eine große Hypertextdatenbank mit Verknüpfungen bieten kann, besteht darin, daß sie einen gewissen Grad an automatischer Analyse zuläßt. [...] Stellen Sie sich vor, daß Sie ein riesiges dreidimensionales Modell erstellen, in dem Personen durch kleine Kugeln repräsentiert würden und Fäden zwischen denjenigen Personen gespannt wären, deren Arbeit irgend etwas miteinander zu tun hat.
>
> Stellen Sie sich nun vor, wie Sie die Struktur in die Hand nehmen und durchschütteln, bis sich aus dem Gewirr ein Sinn ergibt: Vielleicht sehen sie an manchen Stellen eng miteinander verwobene Gruppen und an anderen Stellen Bereiche schwach ausgeprägter Kommunikation, die nur zwischen ein paar Leuten Verbindungen aufweisen. Vielleicht erlaubt uns ein verknüpftes Informationssystem, die tatsäch-

> liche Struktur der Organisation zu erkennen, in der wir arbeiten.

Damals ahnte ich noch nicht, daß später Doktorarbeiten über solche Themen verfaßt werden würden.

Aufgrund der vielen Entscheidungen darüber, welche technischen Punkte in den Antrag eingefügt oder weggelassen werden sollten und welche sozialen Vorteile des Systems ich betonen sollte, berücksichtigte ich kaum Details zum Projektmanagement:

> Ich gehe davon aus, daß in dieser Phase des Projekts, die sich über sechs bis zwölf Monate erstreckt, zwei Personen ausreichen würden. Eine zweite Phase würde ziemlich sicher Programmierarbeiten beinhalten, um das System am CERN auf vielen Computern einzurichten. Ein wichtiger Teil, der weiter unten ausgeführt wird, ist die Integration eines Hypertextsystems auf Basis bestehender Daten, um ein Universalsystem zu bieten und möglichst früh die kritische Schwelle der Anwendbarkeit zu erreichen.

Ende März 1989 hatte ich das Konzept Mike Sendall, seinem Boss, David Williams, und ein paar anderen vorgelegt. Ebenso den Mitgliedern eines zentralen Komitees, das die Koordination der Computer am CERN überwachte. Aber es gab kein Forum, von dem ich eine Antwort erwarten konnte. Nichts geschah.

Während ich auf irgendeine Form von Rückmeldung wartete, testete ich die Idee in Gesprächen, und die Reaktionen waren unterschiedlich. Die Mitarbeiter des CERN lavierten durch ein Gestrüpp zahlreicher sich überlappender Loyalitäten: eine vielleicht gegenüber dem CERN, eine gegenüber einem Experiment, einer

Idee, einem Arbeitsstil, gegenüber ihrem ursprünglichen Institut ... ganz zu schweigen von den Clans der Macintosh-Nutzer und der IBM/PC-Nutzer. Ein weiterer Grund für die glanzlose Reaktion war, daß das CERN ein Physikinstitut war. Es gab Komitees, die über die passenden Experimente entschieden, weil dies so üblich war, aber die Informationstechnologie war eher ein Mittel zum Zweck, mit weniger Strukturen, die berücksichtigt werden mußten. Für sehr allgemeine Ideen wie ein globales Hypertextsystem war die Situation sogar noch schlimmer. Selbst das RPC-Projekt, ebenfalls eine Übung in Generalistentum, hatte wenig formelle Unterstützung am CERN, aber es gab wenigstens genug Unterstützung aus den verschiedenen Gruppen, so daß ich weiterarbeiten konnte.

In der Zwischenzeit befaßte ich mich noch stärker mit dem Internet und las etwas über Hypertext. Zu diesem Zeitpunkt war ich überzeugter denn je, daß ich auf dem richtigen Weg war. Anfang 1990 hatte ich noch immer keine Reaktion auf meinen Antrag erhalten. Ich versuchte, ein wenig Interesse zu stimulieren, indem ich das Papier noch einmal herumreichte. Ich formatierte es neu und versah es mit einem neuen Datum: Mai 1990. Erneut gab ich es David Williams, und erneut verschwand es in der Schublade.

Während dieser Zeit sprach ich mit Mike Sendall darüber, eine neue Art von Personal Computer namens *NeXT Inc.* zu kaufen. Die Firma *NeXT* war kurz zuvor von Steve Jobs gestartet worden, der *Apple Computer* gegründet und dem Computer die erste intuitive graphische Benutzeroberfläche beschert hatte. Ben Segal, unser *Unix*- und Internet-Prediger, hatte beiläufig berichtet, daß der *NeXT*-Computer zahlreiche faszinierende Funktionen zu bieten habe, die uns weiterhelfen könnten. Ich bat Mike, einen kaufen zu dürfen (und brachte Ben zu meiner Unterstützung mit), und er stimmte zu. Und er fügte hinzu: »Wenn Du den Rechner hast, warum versuchst Du dann nicht mal, dein Hypertext-Dingsbums darauf zu programmieren?« Ich glaubte ein Zwinkern in seinen Augen bemerkt zu haben.

Durch den Kauf eines *NeXT* konnten wir meine Arbeit an dem lange aufgeschobenen Hypertextprojekt als Experimente mit dessen Betriebssystem und Entwicklungsumgebung rechtfertigen. Ich begann sofort, über einen Namen für mein im Entstehen begriffenes Projekt nachzudenken. Ich suchte nach Begriffen, die seine neue Art von Struktur verdeutlichen würden. »Mesh« (Geflecht) oder »Information Mesh« (Informationsgeflecht) war eine Idee (ich hatte die Begriffe in meinem Antrag verwendet), aber es klang zu sehr nach »Mess« (Durcheinander). Ich dachte an »Mine of Information« (Fundgrube an Informationen), kurz »MOI«, aber »moi« bedeutet auf Französisch »ich«, und das war zu egozentrisch. Eine Alternative war »The Information Mine« (Die Informations-Fundgrube), aber das Akronym »TIM« war ja noch egozentrischer! Außerdem war die Metapher einer Fundgrube auch nicht ganz korrekt, weil sie nicht den globalen Aspekt des Konzeptes beinhaltete, ebensowenig die Idee des Hypertextes – und sie repräsentierte nur den Erhalt von Informationen, nicht deren Bereitstellung.

Ich suchte nach einem charakteristischen Akronym. Ich beschloß, jedes Programm, das in diesem System involviert war, mit »HT« für »Hypertext« zu beginnen. Dann tauchte ein anderer Name auf, ebenfalls eine einfache Möglichkeit globalen Hypertext zu repräsentieren. Dieser Name wurde in der Mathematik benutzt, um eine Sammlung von Knoten und Verknüpfungen zu bezeichnen, in der jeder Knoten mit allen anderen verknüpft werden kann. Der Name spiegelte den Grundzug verteilter Anwender und Computer wider, die das System verknüpfen konnte. Er drückte die Hoffnung auf ein möglicherweise globales System aus, und er legte auch einige interessante Symbole nahe.

Freunde am CERN rieten mir jedoch davon ab und gaben zu bedenken, daß er nie Erfolg haben würde – insbesondere deshalb, weil er ein Akronym bildete, das ausgesprochen neun Silben lang war*. Trotzdem beschloß ich, diesen Weg weiter zu beschreiten. Ich würde mein System »World Wide Web« nennen.

* in der englischen Aussprache des Akronyms »WWW« (A. d. Ü.)

Kapitel 3

info.cern.ch

Während es scheinbar eine Sysiphos-Arbeit war, jemanden am CERN davon zu überzeugen, daß globaler Hypertext eine aufregende Sache sei, war eine Person sofort zum rechten Glauben bekehrt: Robert Cailliau. Jetzt gehörte er zwar zur Abteilung Elektronik und Datenverarbeitung, aber zufällig war er 1980 in der gleichen Protron-Synchotron-Abteilung wie ich gewesen, und er hatte das Textverarbeitungsprogramm geschrieben, das ich für den Ausdruck des Handbuches zu *Enquire* verwendet hatte. Als flämisch sprechender Belgier litt Robert zeit seines Lebens an der Frustration, daß alle Leute darauf bestanden, ihn auf französisch anzusprechen. Nachdem er ein Diplom in Ingenieurwesen an der Universität von Gent erworben hatte, machte er seinen Master an der Universität von Michigan, ein Lebensabschnitt, der bei ihm einen schwerlich zuzuordnenden englischen Akzent hinterließ. Es war ein beliebtes Gesellschaftsspiel für Neuankömmlinge am CERN, sich an der Bestimmung von Roberts genauer Herkunft zu versuchen.

Als gepflegt gekleideter Gentleman, der seine Friseurtermine streng methodisch nach den Daten der Sonnenwenden einplant, ist Robert in allen Dingen pingelig. Er gehört zu der Sorte von Ingenieuren, die bei der Inkompatibilität von Stromsteckern durchdrehen können. Kein Wunder, daß er von einer Lösung für Inkompatibilitätsprobleme magisch angezogen wurde, insbesondere dann, wenn sie über eine einfache Benutzeroberfläche verfügte. Für die Vereinigung von Hypertext mit dem Internet war Robert der beste Mann, den man kriegen konnte.

Roberts wirkliche Begabung war sein Enthusiasmus, verbunden mit einem Genie für die Verbreitung des Evangeliums. Während ich damit begann, den Code für mein Web-Programm zu schreiben, steckte Robert, dessen Büro nur einige Minuten Fußweg von meinem entfernt lag, seine ganze Energie darein, das WWW-Projekt am CERN offiziell ins Leben zu rufen. Er schrieb einen neuen Antrag in Begriffen, die er für erfolgversprechender hielt. Als Veteran, der seit 1973 am CERN arbeitete, verfügte er über ein weit gespanntes Netz von Freunden in der ganzen Organisation. Er kümmerte sich um studentische Hilfskräfte, um Geld, um Computer und um Büroraum.

Als Mike Sendall den Erwerb des *NeXT*-Computers bewilligte, hatte ich mich bereits bei einschlägigen Herstellern nach Hypertextprodukten umgesehen, die wir auf das Web aufsetzen könnten. Oberstes Credo am CERN war es, unnötige Arbeit zu vermeiden. Bezüglich des Erwerbs neuer Technologie hieß das: »Kaufen, nicht selbst entwickeln«. Es gab verschiedene kommerzielle Hypertexteditoren, und wir stellten uns vor, daß wir einfach ein bißchen Internetprogrammierung hinzufügen, damit sich Hypertextdokumente über das Netz verbreiten ließen. Ich nahm an, daß Firmen, die im Bereich von Hypertextprodukten tätig waren, die Möglichkeiten des Webs sofort begeistert aufgreifen würden. Leider fiel ihre Reaktion völlig gegensätzlich aus: »Nein«, sagten sie, »zu kompliziert.«

Im September 1990 besuchten Robert und ich ganz unerschrocken die *European Conference on Hypertext Technology* (ECHT) in Versailles, um unsere Idee zu verbreiten. Die begleitende Ausstellung war klein, aber es wurden einige Produkte gezeigt, wie z. B. ein multimediales Lernprogramm für die Reparatur von Autos. Ich trat an Ian Ritchie und die Mitarbeiter von *Owl Ltd.* heran, die über ein Produkt namens *Guide* verfügten. In Peter Browns Originalversion von *Guide*, das an der Universität von Southampton entstanden war, wurde das neue Dokument direkt an der betreffenden Stelle eingefügt, wenn ein Benutzer auf eine Hypertextverknüpfung klickte. Die kommerzialisierte Version der Firma *Owl* kam meiner Vorstellung von einem Webbrowser erstaunlich nahe – das Programm öffnete und zeigte Dokumente an, und Benutzer konnten diese sogar bearbeiten. Alles, was fehlte, war das Internet. *Sie haben den schwierigsten Teil bereits erledigt!* dachte ich und versuchte deshalb die Leute zu überzeugen, eine Verbindungsmöglichkeit zum Internet in ihr Produkt zu integrieren. Sie waren zwar sehr freundlich, ließen sich aber ebenfalls nicht überzeugen.

Dieselbe Antwort erhielt ich auf der Konferenz auch von

anderen. Scheinbar war es ohne einen Webbrowser in der Hand äußerst schwierig, den Leuten die Vision eines Web zu erklären. Sie mußten das Web als Ganzes begreifen, sich also gewissermaßen die ganze Welt bevölkert mit Websites und -browsern vorstellen. Sie mußten den abstrakten Informationsraum fühlen, den das Web kreieren könnte. Es gab so viele Fragen ...

Vielleicht war die Hypertextgemeinde auch ein wenig demoralisiert. Ihre kleine Konferenz wurde nicht größer, und keiner war sicher, wo die Reise hingegen würde. Der Mangel an kommerziellem Erfolg resultierte möglicherweise in einem gewissen Zynismus bezüglich brillanter Ideen, die die Welt verändern könnten.

Eine mögliche Alternative, die ich entdeckt hatte, nannte sich *Dynatext* und stammt von *Electronic Book Technology*, einem Unternehmen aus Rhode Island, das von Andy Van Dam gegründet worden war, jenem Wissenschaftler an der Brown-Universität, der den Begriff »Electronic Book« geprägt hatte. Ich nahm an, die Software dieses Unternehmens ließe sich sehr leicht in einen Webbrowser bzw. Webeditor umwandeln. Wie viele Hypertextprodukte jener Zeit war die Software jedoch im Hinblick auf die Idee entwickelt worden, daß ein Buch (genau wie ein Computerprogramm) »kompiliert« werden müsse, um einen geschriebenen Text in eine Form zu bringen, die sich effizient am Bildschirm darstellen ließe. Da die Mitarbeiter von EBT an diesen seltsamen mehrstufigen Prozeß gewöhnt waren, konnten sie meinen Vorschlag kaum ernst nehmen, kodierten Originaltext über das Web zu senden und diesen sofort am Bildschirm darzustellen.

Sie bestanden auch auf einer zentralen Datenbank für alle Verknüpfungen, um sicherzustellen, daß keine Links ins Leere führten. Ihre Vision war auf den Versand von Text beschränkt, der unveränderlich und konsistent war – in diesem Fall ein ganzes Buch. Ich suchte nach einer lebendigen Hypertextwelt, in der sich alle Seiten konstant ändern würden. Es handelte sich um eine riesige philosophische Kluft. Dieses Verlangen nach Konsistenz aufzugeben, war genau jener kritische Designschritt, der es erlauben würde, das Web zu skalieren. Aber so machte man das eben schlicht nicht.

Trotz des Credos »Kaufen, nicht selbst entwickeln« kam ich zu dem Schluß, daß ich das Web selbst entwickeln mußte. Im Oktober 1990 begann ich damit, Code für das Web auf meinem neuen Computer zu schreiben. Die Oberfläche des *NeXT* war wunderschön, konsistent und funktionierte reibungslos. Zudem war sie sehr flexibel und bot eine Reihe von Merkmalen, die auf dem PC erst sehr viel später zu sehen waren, wie z. B. Voice-E-Mail und einen eingebauten Synthesizer. Es gab sogar Software, um ein Hypertextprogramm zu erstellen. Daß der *NeXT* trotz all seiner Vorteile daran scheiterte, die Führung in der Computerindustrie zu übernehmen, wurde für mich ein warnendes Beispiel. *NeXT* forderte von seinen Benutzern, daß sie diese ganzen Innovationen auf einen Schlag akzeptierten – das war einfach zuviel.

Mein erstes Ziel war es, den Web*client* zu schreiben – das Programm, das die Erstellung, Betrachtung und Bearbeitung von Hypertextseiten erlauben würde. Es würde im wesentlichen wie eine Textverarbeitung aussehen, und die Tools des *NeXT*-Systems namens *NeXTStep* waren für diese Aufgabe ideal. Die Anwendung mit allen Menüs und Fenstern ließ sich einfach per Drag-and-Drop erstellen. Am schwierigsten war das eigentliche Hypertextfenster zu entwickeln. Hierfür mußte ich etwas programmieren, aber ich hatte einen Ausgangspunkt und schon bald darauf eine voll funktionsfähige Textverarbeitung mit mehreren Schriftarten, Absatz- und Zeichenformatierungen und sogar einer Rechtschreibprüfung! Doch bloß keine Verzögerungen durch lange Belobigungen. Ich konnte bereits erkennen, wie das System aussehen würde.

Ich mußte jedoch noch immer einen Weg finden, um Text in Hypertext umzuwandeln. Dazu mußte sich der Text, der eine Verknüpfung bildete, von normalem Text unterscheiden lassen. Ich tauchte in die Systemdatei meines Computers ein und fand im Speicher einen Bereich von 32 Bit, den die Entwickler von *NeXT* liebenswürdigerweise für die zukünftige Verwendung durch Bastler wie mich ungenutzt gelassen hatten. Diesen Freiraum konnte ich zur Adressierung einer beliebigen Textpassage an eine entsprechende Hypertextverknüpfung nutzen. Damit war Hypertext kein Problem mehr. Anschließend gelang es mir dann sehr schnell, den Code für das »Hypertext Transfer Protocol« (HTTP) zu schreiben, die Sprache, die Computer benutzen würden, um über das Internet zu kommunizieren. Und den Universal Resource Identifier (URI), das Schema, nach dem Dokumentadressen erstellt und aufgefunden werden könnten.

Mitte November verfügte ich über ein Client-Programm – eine Kombination aus Browser und Editor –, das ich *WorldWideWeb* nannte. Im Dezember arbeitete ich an meiner »Hypertext Markup Language« (HTML), die beschreibt, wie Seiten mit Hypertextverknüpfungen formatiert werden. Der Browser würde URIs dekodieren, und ich wäre in der Lage, Webseiten in HTML zu lesen, zu schreiben oder zu bearbeiten. Der Browser konnte das Web mittels HTTP durchsuchen, er konnte Dokumente jedoch nur auf dem lokalen Computersystem und nicht über das Internet speichern.

Ich programmierte auch den ersten Web*server* – die Software, die Webseiten auf einem Computer speichert und anderen den Zugriff darauf erlaubt. Wie der erste Client lief auch der Server auf meinem *NeXT*-Computer. Obwohl der Server formell unter dem Namen *nxocO1.cern.ch* (NeXT, Online Controls, 1) firmierte, registrierte ich bei den Betreuern der Computersysteme des CERN einen Aliasnamen – »info.cern.ch«. Auf diese Weise würde der Server mit seiner Adresse nicht an meinen *NeXT*-Computer gebunden sein. Wenn ich seinen Inhalt jemals auf einen anderen Computer verlagern würde, wäre er weiter über alle Hypertextverknüpfungen zu finden, die auf ihn verwiesen. Ich startete die erste globale Hypertext-Webseite auf dem Server *info.cern.ch* mit meinen eigenen Unterlagen: den Spezifikationen von HTTP, URI und HTML und allen projektbezogenen Informationen.

Zu diesem Zeitpunkt brachte Robert seinen eigenen *NeXT*-Computer mit, und wir genossen es in vollen Zügen, unsere Idee nun in die Praxis umsetzen zu können: die Kommunikation über gemeinsam genutzten

Hypertext. Endlich konnte ich demonstrieren, wie das Web aussehen würde. Aber es funktionierte nur auf einer Plattform und dazu noch auf einer nicht sehr verbreiteten – der *NeXT*-Plattform. Der HTTP-Server befand sich auch noch im Rohzustand. Für den weiten Weg, der noch vor uns lag, würden wir Hilfe benötigen. Ben Segal hatte den Dreh raus, wie man geräuschlos den Personalstand an seine Bedürfnisse anpaßt. Er entdeckte eine junge Mitarbeiterin namens Nicola Pellow, eine Mathematikstudentin von der Brunel-Universität nahe London, die für einen Kollegen in einem Nachbargebäude arbeitete und dort nicht ausgelastet war.

Ein großer Anreiz, ein Dokument ins Web zu stellen, bestand darin, daß jeder auf der ganzen Welt es finden könnte. Aber wer würde einen Client installieren, wenn es im Web nicht bereits aufregende Informationen gäbe? Vor uns lag die Aufgabe, diesem Teufelskreis zu entrinnen. Unsere Botschaft sollte lauten: Wenn es im Web etwas zu sehen gibt, dann kann jeder darauf zugreifen – nicht nur jemand mit einem *NeXT*-Computer.

Während meiner Vorträge zeigte ich Diagramme all jenen Arten von Computern, die über das Internet verbunden waren – von Mainframes mit einfachen zeichenorientierten Terminals über PCs und Macs bis hin zu allem möglichen anderen Zeug. Um die Kommunikation zwischen ihnen allen zu ermöglichen, beauftragte ich Nicola, dem Web den bestmöglichen Browser zu verpassen, aber dabei so wenige Voraussetzungen wie möglich zu machen, damit diese Schnittstelle auf jeder Art von Computer laufen würde. Der kleinste gemeinsame Nenner, von dem wir bei den verschiedenen Computertypen ausgehen konnten, war, daß sie alle mit irgendeiner Form von Tastatur als Eingabegerät ausgestattet waren und daß sie alle ASCII-Zeichen (Nur-Text) erzeugen konnten. Der Browser mußte so einfach sein, daß er sogar auf einem Fernschreiberterminal eingesetzt werden könnte. Wir bezeichneten ihn als *Zeilenmodus-browser*, weil Fernschreiber und frühe Computerterminals Text nur zeilenweise ausgaben.

In der Zwischenzeit machte ich einen Schritt, der das Konzept des Webs als universellem, alles umfassenden Raum schlagartig demonstrieren würde. Ich programmierte den Browser dergestalt, daß er Verknüpfungen nicht nur zu Dateien auf HTTP-Servern verfolgen könnte, sondern auch zu den Artikeln und Diskussionsbeiträgen in den Internet-Newsgroups. Diese wurden nicht mittels des HTTP-Protokolls des Webs übertragen, sondern mittels eines Internetprotokolls namens FTP (*File Transfer Protocol*). Damit standen Internet-Newsgroups ab sofort als Hypertextseiten zur Verfügung. Auf einen Schlag wäre eine riesige Menge der Informationen im Internet auch im Web verfügbar.

Am Weihnachtstag 1990 lief der Browser und Editor namens *WorldWideWeb* auf meinem und auf Roberts Computer. Wir kommunizierten über das Internet mit dem Server *info.cern.ch*. So bedeutend dieses Ereignis auch war, ich war nicht sonderlich fixiert darauf. Denn meine Frau und ich erwarteten am Heiligabend unser erstes Kind. Wie das Schicksal so will, mußten wir ein paar Tage länger warten. Sie fuhr am Neujahrsabend ins Krankenhaus, und unsere Tochter wurde am nächsten Tag geboren. So faszinierend es auch sein würde, die Entwicklung des Webs zu verfolgen, im Vergleich mit dem Heranwachsen unseres Kindes war das nichts. Zu Jahresbeginn ermutigten Robert und ich etliche Mitarbeiter in den Abteilungen Computer und Netzwerk, das System auszuprobieren. Sie schienen nicht zu erkennen, wozu es nützlich sein könnte. Dies führte zu gewissen Spannungen zwischen uns, wie wir unsere beschränkten Ressourcen einsetzen sollten. Sollten wir das Web predigen? Sollten wir es auf dem *NeXT* weiterentwickeln? Es für den Mac, den PC oder *Unix* neu programmieren? Denn der *NeXT* war zwar ein effizienter Computer, jedoch verfügten nur wenige Leute über ihn. Wofür wäre schließlich ein »weltweites« Netz gut, wenn es nur eine Handvoll Benutzer gab? Sollten wir das Web auf die Gemeinde der Teilchenphysiker zuschneiden? Damit bekämen sie immerhin ein höchsteigenes Tool. Das würden sie doch wohl unterstützen. Und schließlich zahlte das CERN unsere Gehälter. Oder sollten wir das Web allgemein zugänglich machen und wirklich die globale Gemeinde ansprechen? Es bestand das Risiko, daß das CERN uns dann vor die Tür setzte.

Den *NeXT* durch einen normalen Computer zu ersetzen wäre dasselbe, als müsse man seinen geliebten Sportflitzer gegen einen Lastwagen eintauschen. Und was noch wichtiger war, für diese Plattform »stand« das Web bereits. Würden wir zur Entwicklung des Webs auf den viel stärker verbreiteten PC übergehen, dann würde es sich wahrscheinlich schneller durchsetzen. Aber zunächst sollten wir wohl besser ein paar Leute dazu bewegen, das Web auszuprobieren, das wir bereits hatten. Wenn wir unsere Bemühungen stoppen und dazu übergehen würden, alles für den PC neu zu entwickeln, würden wir wahrscheinlich niemals fertig werden. Ich beschloß, beim *NeXT* zu bleiben.

Mein Bauch sagte mir, daß ich meine umfassendere Vision, ein globales System zu entwickeln, verfolgen mußte. Mein Kopf erinnerte mich jedoch daran, daß ich, um Ressourcen zu erhalten, auch einen überzeugenden Grund benötigte, um dies am CERN zu tun. Ich war nicht am CERN angestellt, um das Web zu erfinden. Jeden Augenblick konnte einer von weiter oben fragen, warum ich meine Zeit damit verschwendete. Und obwohl es am CERN unüblich war, Leute an der Verfolgung ihrer eigenen Ideen zu hindern, hätte mein Projekt jederzeit gestoppt werden können. Für den Versuch, das Web als Dokumentationssystem zu verkaufen, das die Verknüpfung und den Zugriff auf alle Dokumente am CERN, sowohl innerhalb als auch zwischen den Projekten, ermöglichen würde, war es jedoch zu früh. Vor allem wenn man bedachte, daß so viele Dokumentationssysteme versagt hatten. Unser erstes Ziel, immerhin ein bescheidener Anfang, würde das Telefonverzeichnis des CERN sein.

Das Telefonverzeichnis existierte in Form einer Datenbank auf dem betagten Mainframe-System des CERN. Bernd Pollermann, der es zusammen mit allen anderen zentralen Informationen wartete, hatte den Auftrag, dieses ganze Material irgendwie allen Benutzern auf ihren bevorzugten Systemen zur Verfügung zu stellen.

Ich versuchte Bernd davon zu überzeugen, daß das Web genau das richtige für ihn war, um sich das Leben sehr viel leichter zu machen. Wenn er einen Server aufbauen würde, erklärte ich ihm, würden wir für die Installation der Browser auf jedem Desktop sorgen. Bernd legte los.

Ich brachte meinen einfachen Server auf dem Mainframe zum Laufen und teilte ihn dann in zwei Teile auf: die essentiellen HTTP-bezogenen Internetfunktionen konnten so von meinem Code verwaltet werden (der in C geschrieben war), und Bernd konnte den restlichen Server in seiner bevorzugten Sprache »REXX« programmieren. Um alle Dokumente verfügbar zu machen, mußte er lernen, Dokumente in HTML zu schreiben, was ihn nur ein paar Nachmittage kostete. Sehr bald stand die ganze Welt seiner Suchmaschinen, Datenbanken und Kataloge als Hypertext zur Verfügung.

Das führte uns zur Ausschau nach einem geeigneten Browser zurück. Wir begannen damit, Nicolas Zeilenmodus-Client auf alle Arten von Computer zu portieren, von Mainframes über *Unix*-Workstations bis hin zu DOS-PCs. Es gab keine großen Designstudien für das künftige Aussehen des Webs, aber wir stellten eine einfache Grundregel auf: Egal mit welchem Computer jemand arbeitete, er würde Zugriff auf das Web haben. Dies war ein entscheidender Schritt, aber wir brachten dafür auch ein gewisses Opfer: Wir beschlossen, auf die Weiterentwicklung des Zeilenmodus-Browsers zum Editor vorerst zu verzichten. Um den Prozeß voranzutreiben reichte es aus, Dokumente einfach lesen zu können. Und das allein rechtfertigte die Zeit, die Bernd für die Einrichtung seines Servers benötigte. Auf der anderen Seite würden die Leute das Web natürlich weiterhin als Medium betrachten, in dem ein paar Leute etwas veröffentlichten und die meisten nur nach Informationen suchten. Meine Vision war ein System, in dem es ebenso leicht sein sollte, sein eigenes Wissen und seine Ideen mitzuteilen wie von den Informationen und Gedanken anderer zu erfahren.

So nüchtern diese erste Präsentation des Webs auch war, auf wunderliche Weise entpuppte sie sich als Killer-Applikation. Auf den Workstations vieler Leute war ein Fenster permanent beim Mainframe-Computer eingeloggt, um nach Telefonnummern suchen zu können. Wir zeigten unser System am CERN herum, und die Leute akzeptierten es, obwohl die meisten nicht einsahen, warum es ein einfaches Ad-hoc-Programm für den Abruf von Telefonnummern nicht genauso getan hätte. Selbstverständlich wollten wir diese Frucht unseres Geistes mit ihrem enormen Potential nicht auf einem derart profanen Niveau belassen. Um den Horizont des Webs zu erweitern, begann ich Vorträge und Demonstrationen abzuhalten. Die Leute sollten »draußen im Web« etwas anderes als nur das Telefonverzeichnis sehen können. Und um unseren gepredigten Glauben auch zu praktizieren, fuhren Robert und ich fort, das Projekt auf *info.cern.ch* in Hypertext zu dokumentieren.

Was wir bisher erreicht hatten, basierte auf ein paar Kernprinzipien, die wir durch harte Erfahrung erlernt hatten. Die Idee der Universalität war der Schlüssel: In unserer grundlegenden Offenbarung konnte ein Informationsraum alles und jeden umfassen. Dieser abstrakte Raum würde immense Leistungen erbringen und besäße große Konsistenz. Die meisten technischen Entscheidungen leiteten sich daraus ab. Der Bedarf, den Namen oder die Adresse jedes Informationsobjekts in einer URI-Zeichenfolge zu kodieren, war offensichtlich. Der Bedarf, alle Dokumente auf bestimmte Weise »gleich« zu behandeln, war ebenfalls wesentlich. Das System sollte den Benutzer nicht einschränken. Eine Person sollte in der Lage sein, alle Dokumente einfach miteinander zu verknüpfen, egal wo sie gespeichert waren.

Dies war eine größere Entdeckung als es schien, denn Hyptertextsysteme waren bis dahin sehr beschränkt. Sie existierten als Datenbanken auf Disketten oder CD-ROMs und kannten nur interne Verknüpfungen zwischen isolierten Dateien. Einzig und allein externe Verknüpfungen könnten das Web zu einem »weltweiten« System machen. Das entscheidende Designelement wäre folgendes: Wenn zwei Gruppen in verschiedenen Institutionen beginnen würden, das Web vollständig unabhängig voneinander zu nutzen, dann müßte sichergestellt sein, daß eine Person in der einen Gruppe eine Verknüpfung zu einem Dokument im anderen Web mit wenig Mühe anlegen könnte – ohne die beiden Dokumentdatenbanken zusammenzuführen oder überhaupt auf das andere System zuzugreifen. Wenn jeder im Web das tun könnte, würde schon eine einzige Hypertextverknüpfung in eine unfaßbare und grenzenlose Welt führen.

Kapitel 4

Protokolle: Einfache Regeln für globale Systeme

Inkompatibilität zwischen Computern war für alle Beteiligten am CERN immer ein großes Problem, ebenso an allen anderen Orten, an denen verschiedene Computertypen eingesetzt wurden. Das CERN verfügte über alle möglichen Großcomputer unterschiedlicher Hersteller und ebenso verschiedene PCs. Die wirkliche Welt der Hochenergiephysik bestand aus inkompatiblen Netzwerken, Diskettenformaten, Datenformaten und Zeichenkodierungsschemata, die jeden Versuch, Informationen zwischen Computern zu übertragen, im allgemeinen unmöglich machten. Die Computer konnten einfach nicht miteinander kommunizieren. Die Existenz des Webs würde dieser Ära der Frustration ein Ende bereiten. Als würde dieser Vorteil noch nicht ausreichen, könnte das Web auch ein leistungsfähiges Verwaltungstool bieten. Wenn die Ideen der Leute, daß ihre Interaktionen und Arbeitsweisen mittels des Webs aufgezeichnet werden könnten, dann könnte eine Computeranalyse dabei helfen, bestimmte Muster in unserer Arbeit zu sehen und unsere Zusammenarbeit erleichtern.

Das Schönste an der Physik ist der fortwährende Versuch, einfache Regeln zu finden, die das Verhalten von sehr kleinen, einfachen Objekten beschreiben. Sind diese einmal gefunden, können die Regeln skaliert werden, um das Verhalten von monumentalen Systemen in der echten Welt zu beschreiben. Durch das Verständnis der Interaktion von Gasmolekülen in einem Becher können Wissenschaftler mittels geeigneter mathematischer Methoden ableiten, wie sich Milliarden von Gasmolekülen – sagen wir, die Atmosphäre der Erde – verhalten werden. Dies erlaubt die Analyse globaler Wettermuster und somit die Vorhersage des Wetters. Wenn die Regeln für Hypertextverknüpfungen zwischen Servern und Browsern einfach gehalten würden, dann könnte unser Web ausgehend von ein paar Computern zu einem globalen Netzwerk anwachsen.
Die Kunst bestand darin, die wenigen Grundlagen zu definieren, allgemeine Regeln des »Protokolls«, die es einem Computer erlauben würden, mit anderen Computern in einer Weise zu kommunizieren, daß, wenn alle Computer sich gleich verhalten, das System florieren und nicht zusammenbrechen würde. Für das Web wären diese Elemente in absteigender Reihenfolge Universal Resource Identifiers (URIs), das Hypertext Transfer Protocol (HTTP) und die Hypertext Markup Language (HTML).
Häufig war es für die Leute schwer zu verstehen, daß sich bei dem ganzen Design »hinter« den URIs, HTTP und HTML schlicht nichts verbarg. Es gab keinen Computer, der das Web »kontrollierte«, kein separates Netzwerk, auf dem diese Protokolle liefen, ja nicht ein-

mal irgendeine Organisation, die das Web »betrieb«. Das Web war überhaupt kein physisches »Ding«, das an irgendeinem »Ort« existierte. Es war lediglich ein »Raum«, in dem Information existieren konnte.

Ich erklärte den Leuten, das Web sei mit der Marktwirtschaft vergleichbar. In einer Marktwirtschaft kann jeder mit jedem Handel treiben, und die Beteiligten müssen dazu nicht unbedingt auf einen zentralen Marktplatz gehen. Nötig sind nur einige wenigen Praktiken, denen alle zustimmen müssen: so etwa eine allgemein gültige Handelswährung und Regeln für den fairen Handel. Das Äquivalent dieser Regeln im Web sind die Regeln der Adressierung – die URI – und die Sprache, die Computer benutzen – HTTP. HTTP regelt etwa, wer zuerst spricht und wie man korrekt antwortet. Wenn zwei Computer feststellen, daß sie miteinander kommunizieren können und wollen, dann müssen sie ein Verfahren zur Repräsentation ihrer Daten finden, um gemeinsam auf sie zugreifen zu können. Wenn sie die gleiche Textverarbeitung oder Graphiksoftware nutzen, können sie beide direkt auf die Daten zugreifen, ansonsten müssen beide die Daten in HTML »übersetzen«.

Das fundamentale Prinzip hinter dem Web war, daß jemand irgendwo ein Dokument, eine Datenbank, eine Graphik, Sound, ein Video oder ein Programm in einem interaktiven Dialog verfügbar machen würde. Jeder (der die Befugnis hat, natürlich) könnte von jedem beliebigen Computertyp in jedem Land darauf zugreifen. Und es sollte möglich sein, einen Verweis – eine Verknüpfung – auf diese Sache zu legen, so daß andere sie finden könnten. Dies war eine neue Philosophie, verglichen mit dem Ansatz bisheriger Computersysteme. Die Leute waren es gewohnt, Informationen zu finden, sie legten aber selten Verweise zu anderen Computern an, und wenn sie dies taten, mußte sie normalerweise eine lange, komplexe Folge von Instruktionen ausführen, um sie zu erhalten. Außerdem mußten die Leute für globalen Hypertext von einer Denkweise in Anweisungen zu einer Denkweise in Begriffen einfacher referentieller Zeichenfolgen – eines URI – denken, der alle wesentlichen Details in kompakter Form beinhaltete.

Die Leute dazu zu bewegen, ihre Daten ins Web zu stellen, war häufig eine Frage des Perspektivenwechsels: weg von der Vorstellung eines Benutzerzugriffs als Interaktion mit beispielsweise einem Onlinesystem und hin zu einer Vorstellung von Navigation durch einen Satz virtueller Seiten in einem abstrakten Raum. In diesem Konzept konnten Benutzer an jeder Stelle ein Lesezeichen setzen und zu diesem zurückkehren, und sie konnten Verknüpfungen zu beliebigen Stellen in anderen Dokumenten herstellen. Dies würde ein Gefühl der Beständigkeit vermitteln, einer stabilen Existenz jeder Seite. Es würde Menschen auch erlauben, jene mentale Anlage zu benutzen, die für die Erinnerung an Plätze und Routen angeboren ist. Wenn die Möglichkeit bestünde, auf alles gleich leicht zu verweisen, könnte das Web auch Assoziationen zwischen Dingen repräsentieren, die scheinbar ohne Beziehung sind, aber aus irgendeinem Grund trotzdem eine Beziehung zueinander haben. Dies ist eine Leistung, die das Gehirn leicht und spontan zu vollbringen vermag. Wenn ein Besucher in mein Büro am CERN kam und ich einen frischen Strauß mit Flieder in der Ecke stehen hatte, der seinen wundervollen, kräftigen Duft verströmte, würde sich im Denken des Besuchers eine starke Assoziation zwischen dem Büro und dem Flieder bilden. Der Besucher würde vielleicht einen Tag später an einem Fliederbusch in einem Park vorübergehen und sich plötzlich an mein Büro erinnern. Ein einfacher Klick: Flieder ... Tims Büro.

Die Wissenschaftsgemeinde hat Verknüpfungen zwischen Papierdokumenten seit jeher benutzt: Inhaltsverzeichnisse, Indizes, Bibliographien und Abschnitte mit Verweisen sind Hypertextverknüpfungen. Im Web ließen sich Forschungsideen, die in Hypertext abgefaßt wären, jedoch in wenigen Sekunden verfolgen, anstatt daß über mehrere Wochen rumtelefoniert und auf die Zustellung per Post gewartet werden müßte. Und plötzlich könnten Wissenschaftler der sequentiellen Organisation jeder Veröffentlichung und jeder Bibliographie entkommen und eine Vorgehensweise wählen, die ihren eigenen Interessen diente.

Aber das Web würde mehr sein müssen als nur ein Instrument für Wissenschaftler. Damit sich ein internationales Hypertextsystem lohnte, müßten selbstverständlich viele Leute Informationen hineinstellen. Ein Physiker würde nicht viel über Quarks und ein Kunststudent nichts über van Gogh finden, wenn nicht viele Leute und Organisationen ihre Informationen verfügbar machen würden. Und nicht nur das: Sehr viele Informationen – von Telefonnummern über aktuelle Thesen bis hin zu Speiseplänen – ändern sich konstant und sind nur von Nutzen, wenn sie immer aktuell sind. Das bedeutete, daß im Prinzip jeder, sofern er dazu berechtigt ist, in der Lage sein sollte, Informationen zu publizieren und zu korrigieren, und jeder sollte sie abrufen können. Es könnte keine zentrale Kontrolle geben. Um Informationen zu veröffentlichen, würden sie auf einem Server abgelegt werden, einem Computer, der seine Ressourcen für andere Computer freigibt, und die Person, die den Server betreibt, würde definieren, wer etwas beitragen, verändern und auf das Material auf dem Server zugreifen darf. Informationen würden von einem Client gelesen, geschrieben oder bearbeitet, einem Computerprogramm bzw. einem Browser, das den Zugriff auf einen Server anfordert.

Es gab bereits verschiedene Protokolle für die Übertragung von Daten über das Internet, vor allem NNTP für Netzwerknachrichten und FTP für Dateien. Aber diese konnten unter anderem nicht die erforderlichen Zugriffsberechtigungen anfordern. Deshalb definierte ich HTTP, ein Protokoll, das einfach genug ist, um für das Hypertextbrowsing schnell genug auf eine Webseite zugreifen zu können. Das Ziel war der Zugriff in einer Zehntelsekunde. Somit gab es keine Zeit für lange Anfragen. Alles mußte in der Form verlaufen: »Besorge dieses Dokument!« und »Hier ist es!«

Wenn ich jedoch darauf bestanden hätte, daß jeder HTTP benutzen müsse, hätte dies gegen das Prinzip minimaler Beschränkung verstoßen. Wenn das Web universell sein sollte, sollten sowenig Beschränkungen wie möglich existieren. Anders als der NeXT-Computer würde das Web ein Set von Ideen sein, das individuell an bestehende oder zukünftige Teile angepaßt oder mit ihnen kombiniert werden könnte. HTTP würde zwar schneller sein, doch wer war ich, um zu bestimmen, daß die Leute ihre riesigen Archive mit Daten aufgeben sollten, auf die über FTP-Server zugegriffen werden konnte?

Der Schlüssel, um dies Dilemma zu lösen, bestand im Design der URI. Dies ist die fundamentalste Innovation des Webs, weil es sich um jene Spezifikation handelt, die jedes Webprogramm, Client oder Server, stets verwendet, wenn eine Verknüpfung verfolgt wird. Wenn ein Dokument einmal eine URI hätte, könnte es auf einem Server abgelegt und von einem Browser gefunden werden.

Hinter einem hervorgehobenen Wort verborgen, das eine Hypertextverbindung bezeichnet, befindet sich die URI eines Dokuments, die dem Browser mitteilt, wohin er gehen muß, um das Dokument zu finden. Eine URI-Adresse hat verschiedene Teile, die ein bißchen der fünfstelligen Postleitzahl ähneln, die vom US-amerikanischen Postsystem verwendet wird. Die ersten drei Ziffern bezeichnen eine bestimmte geographische Region – eine Stadt, den Teil einer Großstadt oder eines Landkreises. Die nächsten beiden Ziffern definieren einen sehr speziellen Teil dieser Region, z. B. ein paar Häuserblocks in einer Großstadt. Dadurch gelangt der Brief zum Postamt. Briefträger verwenden von dort aus den Straßennamen oder die Nummer des Postfachs, um den Versand abzuschließen.

In einer URI-Adresse werden Schrägstriche verwendet, um die Teile zu kennzeichnen. Die ersten Buchstaben in der URI teilen dem Browser mit, welches Protokoll benutzt werden soll, um nach dem Dokument zu suchen, entweder HTTP oder FTP oder eines der wenigen anderen Protokolle. In der Adresse http://www.foobar.com/doc1 identifiziert die Angabe *www.foobar.com* den eigentlichen Computerserver, auf dem die Dokumente abgelegt sind. Die Angabe doc1 ist ein spezifisches Dokument auf dem Server *www.foobar.com* (es könnte Hunderte davon geben, die nach dem Schrägstrich allesamt andere Namen tragen). Die Buchstaben vor dem doppelten Schrägstrich kennzeichnen das Kommunikationsprotokoll, das dieser Server verwendet.

Der große Unterschied zwischen der URI und einer Postleitzahl ist jedoch folgender: Während es irgendwo eine große Tabelle mit allen Postleitzahlen gibt, bedeutet der letzte Teil der URI irgend etwas, das der Server festlegt. Es muß sich dabei nicht um einen Dateinamen handeln. Es kann auch der Name einer Tabelle oder eines Kontos sein, die Koordinaten einer Landkarte oder sonstiges. Der Client versucht niemals herauszufinden, was es bedeutet: Er fordert es einfach an. Diese wichtige Tatsache erlaubt die Existenz einer Vielzahl unterschiedlicher Informationssysteme im Web. Und er macht es möglich, sofort den gesamten NNTP- und FTP-Inhalt des Internet ins Web zu integrieren.

Zur gleichen Zeit, als ich das Web entwickelte, tauchten auch verschiedene andere internetbasierte Informationssysteme auf. Brewster Kahle bei *Thinking Machines* hatte den neuesten leistungsfähigen Parallelprozessor entwickelt. Nun sah er für die riesigen Computer einen Markt als Suchmaschinen und entwickelte für den Zugriff auf sie das Protokoll *Wide Area Information Server* (WAIS), so daß sie ein System gleich einem Web ohne Verknüpfungen bildeten – Suchmaschinen pur.

Clifford Newman am *Information Sciences Institute* schlug sein verteiltes Dateisystem *Prospero* als internetbasiertes Informationssystem vor, und Mark McCahill und seine Kollegen an der Universität von Minnesota entwickelten ein den Campus übergreifendes Informationssystem namens *Gopher* (»Taschenratte«), das nach dem Maskottchen der Universität benannt war.

Um zu betonen, daß alle Informationssysteme in das Web integriert werden konnten, definierte ich zwei neue URI-Präfixe, die vor dem doppelten Schrägstrich erscheinen konnten – »gopher:« und »wais:« – und die Zugriff auf diese Bereiche bieten würden. Beide Systeme hatten wesentlich schneller Erfolg als das Web, und ich war damals sehr besorgt, daß sie es ersticken würden.

HTTP verfügte über eine Funktion namens *Formataushandlung*, mit der ein Client angeben konnte, welche Art von Datenformaten er behandeln konnte, und die es dem Server erlaubte, ein Dokument in einem der vom Client angegebenen Datenformate zurückzuliefern. Ich ging davon aus, daß im Web alle Arten von Daten existieren würden. Ich fühlte aber auch, daß es eine Lingua Franca geben müsse, die jeder Computer versteht: eine einfache Hypertextsprache, die in der Lage wäre, Basismenüs für die Hypertextnavigation und einfache Dokumente zur Verfügung zu stellen, wie Hilfedateien, das Protokoll eines Meetings und Mailnachrichten – kurz gesagt, 95 Prozent des Alltags für die meisten Leute. Deshalb HTML, die *Hypertext Markup Language*. Ich dachte, daß HTML der Kettfaden des Webs sein würde und Dokumente aller Art – Video, Computergraphiken, Sound, Animation und ausführbare Programme – die farbigen Schußfäden, die einen großen Teil des Inhalts ausmachen würden. Es würde sich herausstellen, daß HTML auch für den Inhalt erstaunlich populär werden würde.

HTML ist eine einfache Art, Hypertext zu repräsentieren. Wenn die URI eines Dokuments einem Browser einmal mitteilt, mit dem Server in HTTP kommunizieren zu müssen, müssen sich Client und Server über das Datenformat einigen, das sie gemeinsam nutzen werden. Dann kann es in Pakete aufgeteilt werden, die beide »verstehen«. Wenn beide z. B. WordPerfect-Dateien lesen können, könnten sie direkt WordPerfect-Dokumente austauschen. Falls das nicht der Fall ist, könnten beide versuchen, Dokumente in den HTML-Standard umzuwandeln und die Dokumente auf diese Weise senden. Es gab einige grundlegende Designregeln für HTML, einige pragmatische, und sogar einige politische Entscheidungen. Eine philosophische Regel besagte, daß HTML die Struktur eines Hypertextdokuments übermitteln sollte, aber keine Details von dessen Darstellung. Dies war die einzige Möglichkeit, um eine vernünftige Darstellung auf einem der vielen verschiedenen Bildschirme und Papiergrößen zu erzielen. Da ich wußte, wie schwierig es sein würde, die ganze Welt zur Nutzung eines komplett neuen globalen Informationssystems zu bewegen, wollte ich so viele Gruppen wie möglich an Bord bringen. Es gab eine Familie der Markierungssprachen, die *Standard Generalized Markup Language* (SGML), die bereits von einigen Dokumentationsgemeinschaften auf der Welt benutzt wurde und die zu dieser Zeit in der Hypertextgemeinde als der einzige potentielle Dokumentenstandard betrachtet wurde. Ich entwickelte HTML so, daß es wie ein Mitglied dieser Familie aussah.

Der Versuch, HTML auf der Basis von SGML zu gestalten, wirft ein Licht auf einen Grundzug bei der Entwicklung des Webs: das konstante Wechselspiel zwischen einer diplomatisch geschickten und technisch einwandfreien Entscheidung. SGML verwendete ein einfaches System, um Anweisungen, oder »Tags«, zu formulieren, das darin bestand, ein Wort zwischen spitze Klammern zu setzen (wie z. B. H1, um die Hauptüberschrift auf einer Seite zu bezeichnen); SGML kannte jedoch auch viele obskure und seltsame Funktionen, die nicht wirklich verständlich waren. Trotzdem benötigte das Web zu dieser Zeit Unterstützung und Verständnis von jeder Seite, die einbezogen werden konnte, und die SGML-Gemeinde bot in vielerlei Hinsicht wertvollen Input.

SGML war am CERN auch eine diplomatische Wahl. SGML wurde auf den *IBM*-Computern am CERN mit einem besonderen Satz von Tags verwendet, die in spitze Klammern gesetzt waren, und so verwendete ich für HTML dieselben Tags, wo immer das möglich war. Ich bereinigte die Sprache bis zu einem gewissen Grad, aber sie war noch immer zu erkennen. Ich wählte diese Richtung, damit ein CERN-Mitarbeiter, der die spitzen Klammern von HTML sah, denken würde: »Ja, das kann ich.« Tatsächlich war HTML sogar einfacher zu benutzen als die CERN-Version von SGML. Die Leute, die das SGML-System am CERN förderten, konnten möglicherweise mächtige Figuren bei der Entscheidung über die zukünftige Richtung sein, und ich wollte, daß sie sich beim Gedanken an das Web wohl fühlten.

Ich beabsichtigte niemals, daß der HTML-Quellcode (der Text mit den spitzen Klammern) für Benutzer sichtbar sein sollte. Ein Browser/Editor würde einem Benutzer einfach die Möglichkeit bieten, die Sprache einer Hypertextseite so zu betrachten oder zu bearbeiten wie bei einer Textverarbeitung. Die Vorstellung, Leute aufzufordern, die spitzen Klammern manuell einzugeben, war für mich, und, wie ich annahm, auch für viele andere, genau so inakzeptabel wie die Aufforderung, ein *Microsoft Word*-Dokument zu formatieren, indem es in seinem Binärcodeformat geschrieben wurde. Aber die unmittelbare Lesbarkeit von HTML erwies sich als unerwarteter Segen. Die Leute wurden schnell mit den Tags vertraut und begannen damit, ihre eigenen HTML-Dokumente direkt zu erstellen.

Nachdem wir die technischen Bestandteile beisammen hatten, hatten Robert und ich noch immer mit mehreren politischen Themen zu kämpfen, die uns keineswegs geringe Sorgen bereiteten. Zuallererst war das Web noch immer kein formelles Projekt. Jeden Moment hätte ein Manager der Abteilung Computer und Netzwerke mich auffordern können, meine Arbeit einzustellen, weil sie nicht Bestandteil eines Projektes war und sie als ungeeignet für das CERN hätte betrachtet werden können.

Acht Monate lang verfeinerten Robert, Nicola und ich die Grundbestandteile des Webs und versuchten Werbung für unser Produkt zu machen. Wir entwarfen einen Arbeitsplan für die Abteilung *Electronics and Computing for Physics*, in der Robert arbeitete, in der Hoffnung, Mittel von ihnen zu erhalten. Doch niemand reagierte. Entsprechend mußten wir uns, während wir die Technologie entwickelten und versuchten, bei unseren Kollegen dafür zu werben, in Zurückhaltung üben.

Das andere Problem, dem wir uns gegenübersahen, war einfach das Klima am CERN. Es gab andauernd Leute, die für die Idee eines neuen Softwaresystems warben. Es gab einen Konkurrenzkampf zwischen Systemen, die innerhalb der Forschergruppen selbst entwickelt wurden – Software für die Durchführung physikalischer Experimente –, aber auch für alles mögliche: von der Verarbeitung von E-Mail und der Organisation von Dokumenten bis zum Betrieb des Coca-Cola-Automaten. Es gab einen Konkurrenzkampf um das zu verwendende Netzwerk, wobei zu den Rivalen DECnet, das Internet und auch Eigenentwicklungen gehörten. Mit so vielen kreativen Ingenieuren und Physikern auf einem Fleck gab es ständig Innovationen. Gleichzeitig konnte das CERN ganz offensichtlich nicht tolerieren, daß jeder für jede Funktion eine eigene Software entwickelte.

Robert und ich mußten unsere Idee als neuartig und als förderlich für das CERN darstellen. Anstatt unser neues System als System für den kosmischen Informationsaustausch zur Schau zu stellen, beschlossen wir, die Leute davon zu überzeugen, daß wir ihnen eine Möglichkeit boten, ihr bestehendes Dokumentationssystem auszuweiten. Dies war ein konkretes und vielversprechendes Konzept. Später würden wir sie immer noch bewegen können, sich dem Traum vom globalen Hypertext zu verschreiben. Unser Argument war, daß jeder weiterhin seine Daten im gewünschten Format speichern und auf die bevorzugte Weise verwalten konnte. Das Web würde den Leuten einfach helfen, Informationen an andere zu versenden und auf Informationen anderer Personen zuzugreifen, unabhängig vom Betriebssystem oder den Formaten, die ihre Computer benutzen konnten. Das einzige, was sie befolgen mußten, war dasselbe einfache URI-Adressierungsschema. Niemand war gezwungen, HTTP oder HTML zu benutzen, aber diese Tools waren verfügbar, sobald man auf ein Inkompatibilitätsproblem stieß.

In diesem Zusammenhang hoben wir auch hervor, daß die Verwendung von HTML einfach war, weil sie SGML so stark ähnelte. Möglicherweise war ich darauf jedoch zu sehr aus. Obwohl SGML von der ISO als Standard akzeptiert worden war, war es als Computersprache nicht wohldefiniert. Zahlreiche Leute lehnten HTML auch deshalb ab, weil sie überzeugt waren, daß es zu langsam sein würde. Ich mußte erklären, daß der einzige Grund, warum SGML langsam war, in der Art und Weise seiner bisherigen Implementierung lag. Noch immer mußte ich demonstrieren, wie das World-Wide, Web-Programm eine HTML-Datei las und in einem Bruchteil einer Sekunde auf dem Bildschirm ausgab, bevor die Leute überzeugt waren.

Einige Leute waren fasziniert, aber viele akzeptierten meine Argumente nie. Anstatt sinnlose Debatten zu starten, kämpfte ich mich mit HTML einfach weiter voran und zeigte das Web so häufig wie möglich. Robert und ich hielten in unseren Abteilungen ein paar Kolloquien, die für jedermann offen waren. Wir erzählten den Leuten auch beim Kaffee davon. Gelegentlich rief uns eine Gruppe von Leuten an, die gerade kurz davor standen, ein Experiment durchzuführen. Es hieß dann, sie würden gerade ihr Dokumentationssystem diskutieren und ich könnte herüberkommen und meine Meinung dazu sagen. Traf ich dann auf eine Gruppe von vielleicht zwanzig Personen und zeigte ihnen das Web, dann würden sie es vielleicht nicht benutzen. Aber wenn sie das nächste Mal darauf stießen, würden sie Bescheid wissen, und stillschweigend würde ein neuer Server entstehen.

In der Zwischenzeit veröffentlichten Robert und ich weiterhin unsere Informationen auf dem Server *info.cern.ch* und aktualisierten beständig unseren Online-Webguide für die Neulinge am CERN, inklusive der neuesten Spezifikationen und Verweise auf verfügbare Software.

Außerdem versuchte ich andere Organisationen zu bewegen, ihre Hypertextsysteme in Webclients umzuwandeln. Dabei stieß ich auf ein leistungsfähiges SGML-Tool namens *Grif* das von einer Forschungsgruppe in einem französischen Labor namens INRIA entwickelt worden war und auf *Unix*-Computern und PCs lief. Unter dem Namen *Grif* bestand zudem als Ausgründung eine Firma in der Nähe von Grenoble, und ich hoffte, daß deren Geschäftsführer sich mit der Idee anfreunden würde, einen Webbrowser zu entwickeln, der auch als Editor fungieren könnte. Sie verfügten über einen schönen und fortgeschrittenen Hypertexteditor. Er konnte Graphiken und Text mit mehreren Schriften darstellen und zudem die SGML-Struktur und das formatierte Dokument in zwei separaten Fenstern darstellen, wobei in jedem Fenster Änderungen vorgenommen werden konnten. Der Browser paßte perfekt. Der einzige Nachteil war, daß er nicht im Internet lief. Immer dieselbe Geschichte. Ich versuchte die Mitarbeiter von *Grif* zu überzeugen, die nötige Software in ihren Editor zu integrieren, um Dateien über das Internet senden und empfangen zu können, so daß der Editor somit zugleich ein Webbrowser wäre. Ich bot ihnen auf der Stelle meine Software an. Aber sie machten die Zusage davon abhängig, daß die EU die Entwicklung finanzieren würde. Ich war ziemlich frustriert. Eine wachsende Gruppe von Leuten war von den Möglichkeiten des World Wide Web fasziniert, hier war die Technologie für einen echten Hypertextbrowser und -editor weitgehend entwickelt, und die Brücke ließ sich nicht schlagen. Die Finanzierung durch die EU hätte einen Aufschub von achtzehn Monaten bedeutet. Diese Einstellung war enttäuschend und unterschied sich in meinen Augen sehr von der amerikanischer Unternehmer, die in ihrer Garage aus Spaß etwas entwickelten und sich über die Finanzierung Gedanken machten, wenn es funktionierte!

Im März 1991 verteilte ich das Programm *WorldWideWeb* an eine begrenzte Anzahl von CERN-Mitarbeitern, die *NeXT*-Computer besaßen. Dies würde ihnen zumindest die Möglichkeit geben, ihre eigenen Hypertextdokumente zu schreiben und jene Informationen im Web zu nutzen, die Bernd und ich auf dem Server *info.cern.ch* verfügbar machten.

Die Botschaft verbreitete sich in der Gemeinde der Teilchenphysiker und profitierte zudem von den Segnungen des Reisens. Im Mai 1991 traf Paul Kunz vom *Stanford Linear Accelerator* (SLAC) in Palo Alto zu einem Besuch ein. Wie ich war er ein früher *NeXT*-Enthusiast, und er kam ans CERN, um an einigen vorbereiteten *NeXT*-Programmen zu arbeiten. Da er über den passenden Computer verfügte, war er in der Lage, das Web direkt zu nutzen, und es gefiel ihm sehr.

Als Paul zum SLAC zurückkehrte, nutzte er das Web gemeinsam mit Louise Addis, der Bibliothekarin des Instituts, die alle Unterlagen systematisierte, die am SLAC produziert wurden. Sie betrachtete es als Gottesgeschenk für ihr ziemlich fortschrittliches, aber an Mainframe-Computer gebundenes Bibliothekssystem und als eine Möglichkeit, um den beträchtlichen internen Katalog von Onlinedokumenten am SLAC Physikern auf der ganzen Welt zur Verfügung zu stellen. Louise überzeugte einen Kollegen, der Tools für sie entwickelte, ein passendes Programm zu schreiben, und durch Louises Unterstützung startete SLAC den ersten Webserver außerhalb des CERN.

Als wir sahen, daß die Physiker am SLAC das Web so enthusiastisch adaptierten, wurden wir mit unserer Werbung am CERN aggressiver. Im Mai organisierte Mike Sendall für uns einen öffentlichen Auftritt vor dem C5-Komitee, das kontinuierlich nach neuen Entwicklungen in den Bereichen Computer und Kommunikation Ausschau hielt. Wir wollten ihnen erklären, wie nützlich das Web sein konnte, damit das Management unsere Arbeit weiterhin unterstützte. Robert und ich veröffentlichten zudem einen Text mit dem Titel »Hypertext am CERN«, mit dem wir versuchten, die Wichtigkeit unseres Tuns zu unterstreichen.

Wir hofften, daß jemand sagen würde: »Wow! Dies wird der Eckpfeiler bei der Kommunikation unter Hochenergiephysikern sein. Es wird im Lauf der nächsten zehn Jahren die gesamte Gemeinde vernetzen. Hier sind vier Programmierer für Ihr Projekt, und hier ist Ihre Verbindung zu den Managementinformationssystemen. Wenn Sie sonst noch etwas brauchen, sagen Sie Bescheid.« Wir hofften vergeblich.

Im Juni hielten wir Vorträge am CERN und führten das Web vor. Außerdem schrieben wir im Newsletter des CERN über das Web. Weil ich noch immer keine Mitarbeiter hatte, dauerte es länger als erwartet, die Funktionalität der *NeXT*-Version auf PCs, Macs und *Unix*-Computer zu portieren. Ich hoffte noch immer, daß wir die Aufmerksamkeit von mehr Programmierern auf uns ziehen würden, wenn wir unser Projekt öffentlich propagierten. Weil diese Programmierer sehr wahrscheinlich keine Teilchenphysiker sein würden, stellte ich im August drei Dinge im Internet frei zur Verfügung: das Programm *WorldWideWeb* für den *NeXT*-Computer, den Zeilenmodus-Browser und den Basisserver für beliebige Computer. Ich legte eine Nachricht in verschiedenen Internet-Newsgroups ab, von denen die wichtigste die Newsgroup *alt.hypertext* für Hypertextenthusiasten war. Leider gab es, außer für die Besitzer von *NeXT*-Computern, noch immer nicht viel zu sehen. Das Web-Projekt in der Newsgroup *alt.hypertext* öffentlich zu machen, stellte einen Wendepunkt dar. Ich präsentierte es dadurch einer sehr kritischen akademischen Gemeinde. Bald kamen die ersten E-Mails von Leuten, die versucht hatten, die Software zu installieren. Sie schickten mir Fehlerberichte und Anregungen nach dem Motto »wäre es nicht nett, wenn ...« Und hin und wieder gab es auch E-Mails in der Art »Hey, ich habe gerade einen Server eingerichtet, und er ist total cool. Hier ist die Adresse.«

Mit jeder neuen Nachricht legte ich auf dem Server *info.cern.ch* eine Hypertextverknüpfung zu allen neuen Webadressen an, so daß andere Besucher der Site des CERN auch eine Verbindung zu diesen Adressen aufnehmen konnten. Von da an lieferten Interessierte im Internet Rückmeldungen, Anregungen, Ideen, Beiträge zum Quellcode und moralische Unterstützung, die ich lokal kaum gefunden hätte. Die Leute im Internet bauten das Web in echter Basisarbeit auf. Über mehrere Monate nahmen sich nun hauptsächlich die Hypertextgemeinde und die *NeXT*-Gemeinde des Webs an, weil deren Mitglieder an Software interessiert waren, die auf ihrer Plattform lief. Im Lauf der Zeit stimmten genug Leute zu, daß es eine Newsgroup geben sollte, um Informationen über das Web auszutauschen. Und so starteten wir eine namens *comp.infosystems.www*. Anders als der Expertenzirkel *alt.hypertext* war dies eine Mainstream-Newsgroup, die aufgrund globaler Zustimmung eingerichtet wurde.

Ein weiterer kleiner, aber effektiver Schritt, um die Akzeptanz des Webs zu erhöhen, war die Einrichtung eines öffentlichen Telnet-Servers auf dem Server *info.cern.ch* Telnet war ein bereits etabliertes Protokoll, das auch über das Internet lief und das einem Computer die Eröffnung einer interaktiven Befehlszeilensitzung auf einem anderen Computer erlaubte. Jeder, der sich mit einem Telnet-Programm bei *info.cern.ch.* einloggte, würde direkt mit dem Zeilenmodus-Browser verbunden. Dieser Ansatz hatte den Nachteil, daß der Benutzer das Web als schreibgeschütztes reines Textsystem betrachtete. Aber es öffnete das Web für Millionen von Leuten, die keine Webbrowser auf ihren Computern installieren konnten. Mein Ziel war, daß jemand, der einen Webserver einrichtete, sagen konnte »Logge dich über Telnet bei *info.cern.ch* ein und gib dann ›go www.foobar.com‹ ein«, was erheblich leichter war, als die Installation eines Webbrowsers zu verlangen. Naturgemäß mußte jedoch die Startseite aus einer Vielzahl von Verknüpfungen zu Sites bestehen, auf denen Nutzer ihren eigenen Browser herunterladen konnten. Jahre später würden wir diesen Dienst wegen Überlastung schließen müssen, aber bis dahin sollte er seinen Zweck erfüllt haben.

Das beste war, daß Leute, die das Web und seine unbegrenzten Möglichkeiten entdeckten, nun selbst unseren Webserver installierten und anfingen Informationen abzulegen. Dann fügten sie Verknüpfungen zu verwandten Sites hinzu, die sie als Ergänzung zu ihren eigenen oder einfach nur als interessant empfanden. Allmählich wurde das Web von Leuten auf der ganzen

Welt angenommen. Immer häufiger trafen Nachrichten von Systemmanagern ein. »Hey, ich dachte, Ihr würdet daran interessiert sein. Ich habe gerade einen Webserver eingerichtet.«

Nicola verließ uns im August 1991, weil ihr Praktikum endete und sie an ihr College zurückkehren mußte. Ben Segal fand jedoch Ersatz. Jean-François Groff war voller Enthusiasmus für die gesamte Idee des Webs und ein großer Fan des *NeXT*-Computers. Er kam über ein Kooperationsprojekt aus Frankreich ans CERN, in dem die begabtesten jungen Leute für 18 Monate in einer ausländischen Organisation als Volontär arbeiten durften, anstatt ein Jahr beim Militär zu verbringen.

Zu dieser Zeit standen wir gerade vor einer weiteren unangenehmen Entscheidung bezüglich der Programmiersprache. Ein Großteil des Codes auf dem *NeXT* war in der Sprache Objective-C geschrieben. Ich wünschte mir eine größere Verbreitung, aber Objective-C-Compiler wurden selten benutzt. Die übliche Sprache für portablen Code war noch immer C. Wenn ich also mehr Leuten im Internet die Entwicklung von Websoftware ermöglichen wollte, war es sinnvoll, den Code in C zu konvertieren. Sollte ich nun im Interesse von praktischen Erwägungen meinen ganzen Objective-C-Code in weniger leistungsfähiges C konvertieren, oder sollte ich an der leistungsfähigsten Entwicklungsplattform festhalten, die mir zur Verfügung stand?

Der entscheidende Faktor war, daß Nicolas Zeilenmodusbrowser in C geschrieben war. Ich beschloß, das Opfer zu bringen und, während ich mein objektorientiertes Design beibehielt, den gesamten allgemeinen

Code downzugraden, den ich vom Programm *World-WideWeb* für *NeXT* in die weiter verbreitete Sprache C exportieren konnte.

Dies war eine Menge Arbeit, aber es eröffnete neue Möglichkeiten und erlaubte auch gewisse Aufräumarbeiten. Jean-François kam gerade rechtzeitig. Wir saßen wochenlang Rücken an Rücken in meinem Büro und spuckten Code aus, während wir die Schnittstellen unserer Module in lässigen Konversationen definierten.

»Kannst Du mir eine Methode verraten, um das letzte Element zu finden?«

»Okay. Nenn's einfach ›lastElement‹!«

»Prima. Und die Parameter?«

»Liste. Hast Du das?«

»Danke.«

Wir entwickelten den webspezifischen Code und mußten zudem einige der Tools aus der Werkzeugsammlung *NeXTStep* duplizieren. Das Ergebnis nannten wir »libwww«, weil eine Sammlung von Code für die allgemeine Verwendung als Bibliothek (für englisch *Library*) bezeichnet wird.

Leider war es CERN-Politik, daß Teilnehmer eines Kooperationsprogramms wie Jean-François ausscheiden mußten, wenn ihre Zeit um war. Das CERN sah die Gefahr, daß Mitarbeiter das Programm als Rekrutierungskanal mißbrauchen würden, und verboten eine künftige Einstellung dieser Leute. Als das Ende von Jean-François Aufenthalt herannahte, unternahmen wir alles, was in unserer Macht stand, damit er seine Arbeit am Web fortsetzen konnte, leider vergeblich. Er verließ uns und gründete in Genf eine Firma namens *infodesign.ch*, wahrscheinlich die erste Beratungsfirma für Webdesign.

In der Zwischenzeit hatte ich begonnen, Protokoll darüber zu führen, wie häufig auf die Seiten auf dem ersten Webserver namens *info.cern.ch* zugegriffen wurde. Im Juli und August 1991 gab es zwischen zehn und hundert »Hits« (Seitenzugriffe) pro Tag.

Der Fortschritt war schleichend, aber ermutigend. Ich habe die Bemühungen, das Web zu starten mit denen verglichen, die für den Start eines Rennbobs erforderlich sind: Jeder muß am Anfang schwer schieben, aber früher oder später kommt der Bob in Fahrt, und alle springen auf.

Im Oktober installierten wir »Gateways« zu zwei populären Internetdiensten. Ein Gateway war ein kleines Programm, vergleichbar jenen, das Bernds Mainframe-Server zugänglich machte: Andere Systemwelten wurden als Bestandteil des Webs verfügbar. Ein Gateway verband das Web mit dem Onlinehilfesystem für *Digitals* Betriebssystem VAX/VMS. Ein weiteres führte zu Brewster Khales WAIS für Datenbanken. Dies alles sollte den Leuten einen Anreiz bieten, Webbrowser zu installieren. VMS zielte auf die Gemeinde der Physiker ab und WAIS auf die Internetgemeinde. Ich startete auch eine Mailingliste namens *www-talk@info.cern.ch* als Forum für technische Diskussionen in der wachsenden Gemeinde.

Immer bestrebt, unsere Bemühungen um die Einbeziehung verschiedener Gruppen auszuweiten, beschlossen Robert und ich, daß wir nun das Web vor allem in der Hypertextgemeinde bewerben müßten. Im Dezember stand eine große Konferenz namens *Hypertext 91* in San Antonio bevor. Die meisten wichtigen Leute in diesem Bereich würden anwesend sein, unter ihnen auch Doug Engelbart, der Erfinder der Maus und eines der ersten Hypertextsysteme. Obwohl die Zeit knapp war, pfuschten wir einen Beitrag zusammen, der leider wenig erfolgreich war. Er wurde abgelehnt – zum Teil, weil er unfertig war und nicht genügend Verweise auf andere Arbeiten in diesem Bereich enthielt. Zumindest einige der Gutachter hatten zudem das Gefühl, daß das vorgeschlagene System die Designprinzipien verletzte, nach denen bisher Hypertextsysteme entwickelt wurden. Wir schafften es jedoch, die Planer der Konferenz von einer Vorführung zu überzeugen. Robert und ich flogen mit meinem *NeXT*-Computer und einem Modem nach San Antonio. Im Hotel gab es keinen Zugang zum Internet. In der Tat war die Hypertextgemeinde so stark von der Internetgemeinde getrennt, daß es eigentlich überhaupt keine Leitung gab. Doch wie sollten wir das Web demonstrieren, wenn wir uns nicht bei *info.cern.ch* einwählen konnten? Robert fand einen Weg. Er überzeugte den Hotelmanager, eine Telefonleitung in die Halle neben dem Konferenzraum zu verlegen. Damit könnten wir das Modem benutzen. Nun benötigten wir einen Zugang zum Internet. Während unserer Taxifahrt vom Flughafen zum Hotel hatte Robert den Taxifahrer nach der nächstgelegenen Universität gefragt und herausgefunden, daß die Universität von Texas in San Antonio residierte. Und so rief Robert dort an und fand tatsächlich Leute, die etwas vom Internet (vielleicht auch vom Web) verstanden. Sie gestatteten uns, ihren DFÜ*-Dienst zu benutzen, um darüber den Computer am CERN anzuwählen.

Die nächste Herausforderung bestand darin, unser Schweizer Modem mit dem amerikanischen Elektrizitätssystem zu betreiben. Wir kauften einen Adapter, der mit 110 Volt arbeitete (statt der 220 Volt in der Schweiz). Selbstverständlich hatte er nicht den richtigen Stecker, um mit dem Modem verbunden werden zu können. Wir mußten das Modem auseinandernehmen, einen Lötkolben vom Hotel leihen (Robert war richtig stolz auf diese Meisterleistung!) und das Modem direkt verkabeln. Robert schaffte es, eine Verbindung herzustellen, und unserer Demo stand nichts mehr im Wege.

Wir hatten keine echte Verbindung zum Internet, sondern nur eine DFÜ-Einwahlverbindung. Deshalb konnten wir nur jene graphisch orientierten Webprogramme zeigen, die mit lokalen Daten arbeiteten. Gleichwohl konnten wir unseren Zeilenmodus-Browser demonstrieren. Wir waren die einzigen Teilnehmer der Konferenz, die etwas mit einer Internetverbindung machten. An der Hauptwand des Konferenzsaales gab es ein Schwarzes Brett, auf dem die Themen der Konferenz dokumentiert waren. Die Wand war mit Beschreibungen zahlreicher Hypertextprojekte zugepflastert, und das einzige Projekt, das einen Bezug zum World Wide Web hatte, war unseres.

Zwei Jahre später würde auf derselben Konferenz jedes dort präsentierte Projekt etwas mit dem Web zu tun haben.

---

* DFÜ: Datenfernübertragung, Direktverbindung von einem Computer zum anderen via Telefonleitung

Kapitel 5

Global werden

Während sich das Web langsam weltweit ausbreitete, begann ich mir Sorgen darum zu machen, daß die Leute, die Server einrichteten, HTTP, HTML und URIs nicht in konsistenter Weise benutzen würden. Dadurch könnten sie unbeabsichtigt Blockaden einführen, die Verknüpfungen wirkungslos machen würden.

Nachdem ich aus San Antonio ans CERN zurückgekehrt war, erstellte ich weitere Webseiten über Spezifikationen für das Web. Ich würde sie mit Ideen von anderen Benutzern der Mailingliste *wwwtalk* aktualisieren. Damit war ein Anfang gemacht, aber ich wollte die Webtechnologie einer breiteren Überprüfung öffnen. Da bis jetzt alles im Internet stattgefunden hatte und vieles davon Internetprotokolle beinhaltete, war meiner Meinung nach die beste Stelle, um die Dinge zum Laufen zu bringen, die *Internet Engineering Task Force* (IETF), ein internationales Forum von Leuten, die hauptsächlich über Mailinglisten korrespondierten, sich aber auch drei Mal im Jahr trafen. Die IETF operiert nach dem großartigen Prinzip der offenen Teilnahme. Jeder, der interessiert ist, kann einen Beitrag leisten.

Als guter Softwareingenieur wollte ich jede der für das Web zentralen Spezifikationen separat standardisieren: Das Adressierungsschema URI, das HTTP-Protokoll, mit dem Computer miteinander kommunizierten, und das HTML-Format für Hypertextdokumente. Am wichtigsten war die URI-Spezifikation.

Beim nächsten Treffen der IETF im März 1992 in San Diego wollte ich herausfinden, wie die IETF funktionierte und wie sich eine Arbeitsgruppe starten ließ. Von Joyce Reynolds, die für einen Bereich in der IETF zuständig war, erfuhr ich, daß ich zuerst in einer Sitzung klären müsse, ob überhaupt eine Arbeitsgruppe gebildet werden sollte. Wurden wir uns darüber einig, konnten die Teilnehmer der Sitzung beschließen, daß die Arbeitsgruppe beim nächsten IETF-Treffen starten solle. Die Arbeitsgruppe könnte eine Spezifikation ausarbeiten und sie zu einem Standard entwickeln. Das darauffolgende Treffen würde im Juli in Boston abgehalten werden.

Bei IETF-Treffen liefen Leute in T-Shirts und Jeans, manchmal sogar ohne Schuhe, herum. Sie trafen sich in verschiedenen kleinen Räumen und diskutierten aufgeregt. Netzwerkthemen waren selbstverständlich der Hit. Nach dem kalten März in Genf machte es mir großen Spaß, im sonnigen, warmen San Diego mit den Leuten draußen zu sitzen.

Eines Tages saß ich zum Kaffee an einem weißen Metalltisch im Freien und unterhielt mich mit Larry Massinter vom *Xerox PARC* und Karen Sollins, die Studentin von Dave Clark gewesen war, dem Professor am *Laboratory for Computer Science* des MIT, der sehr stark in das Design des TCP-Protokolls involviert war, das den praktischen Einsatz des Internet möglich gemacht hatte. Karen war am MIT geblieben, um ein Projekt namens »Infomesh« zu verfolgen, durch das Computer sich gegenseitig Tips geben sollten, wo für beide interessante Dokumente zu finden seien.

Larry und Karen fragten mich, was ich als nächstes vorhatte, und ich erzählte, daß ich daran dachte, ein Forschungssemester einzulegen. Ich war nun seit sieben Jahren am CERN, und ich brauchte eine Pause und eine neue Perspektive. Ich mußte darüber nachdenken, wie es mit mir und dem Web weitergehen sollte. Nachdem ich ans CERN zurückgekehrt war, luden mich Larry und Karen unabhängig voneinander ein; zu Karen konnte ich als Gastwissenschaftler ans MIT kommen und zu Larry als Gast am *Xerox PARC*.

Beide Einladungen waren verlockend, weil beide Institutionen ein hohes Ansehen genossen und jede von ihnen mir die so wichtige Übersicht bot, was sich in den Vereinigten Staaten statt in Europa und im Bereich der Informationstechnologie statt in der Physik tat.

Ermutigt durch den Enthusiasmus von Leuten wie Larry und Karen veröffentlichten Robert und ich Aufzeichnungen über das Web in weiteren Internet-Newsgroups. Aber wir waren über die Tatsache frustriert, daß das Web am CERN intern kaum eingesetzt wurde. Wir bewegten uns auf einem schmalen Grat. Wir konnten uns darauf konzentrieren, die Benutzer am CERN zu unterstützen und damit das Risiko eingehen, die

Außenwelt zu vernachlässigen, oder wir konnten das Ziel globaler Interaktivität verfolgen und vielleicht zur Schnecke gemacht werden, weil wir unsere Aufgaben am CERN vernachlässigten.

Inzwischen bestand das Web aus einer kleinen Anzahl von Servern, wobei *info.cern.ch* am stärksten mit den anderen verbunden war. *info.cern.ch* enthielt eine Liste der Server, und bis zu einem gewissen Grad konnten die Leute koordiniert werden, die Informationen ins Web stellen wollten. Als die Liste länger wurde, mußte sie geordnet werden, deshalb teilte ich sie in zwei Listen auf, eine nach dem geographischen Standort und eine nach dem Thema. Es war aufregend, wie sich mit weiteren Servern die Themengebiete vervielfältigten.

Arthur Secret, ein weiterer Student, arbeitete eine Weile mit und erstellte aus den Listen die sogenannte »Virtual Library« mit einer Baumstruktur, die den Benutzern half, sich zurechtzufinden.

Ein Grund, weshalb das Web am CERN kaum genutzt wurde – aber sich außerhalb des CERN schneller ausbreitete –, war der Mangel eines Point-and-Click-Clients für andere Computer als den *NeXT*. Auf Konferenzen über Netzwerke, Hypertext und Software betonten Robert und ich immer wieder, daß wir Clients für den PC, den Macintosh und für *Unix* benötigten, damit das Web wachsen konnte. Am CERN stand ich unter Druck, einen Client für das System *X-WINDOWS* zu erstellen, das von den meisten *Unix*-Workstations verwendet wurde, aber ich hatte einfach nicht die notwendigen Mittel. Wir waren so damit beschäftigt, das Web am Laufen zu halten, daß die eigene Entwicklung von Browsern unmöglich war. Also warben wir überall dafür, daß doch Informatikstudenten an Universitäten ein sinnvolles Softwareprojekt darin sehen könnten. Unsere Strategie zahlte sich aus, als Robert die Technische Universität von Helsinki besuchte. Verschiedene Studenten beschlossen, als Diplomarbeit einen Webbrowser zu schreiben. Weil die Abteilung »OTH« hieß, entschieden sie, den Browser *Erwise* (OTH-Erwise = »Otherwise«) zu nennen. Als *Erwise* im April 1992 fertig wurde, war er schon ziemlich weit entwickelt. Er war für den Einsatz auf *Unix*-Computern unter *X-Windows* geschrieben. Ich fuhr nach Finnland, um die Studenten zu ermutigen, ihr Projekt nach ihrem Diplom fortzuführen und den Browser zu einem Editor zu erweitern, aber sie zeigten bemerkenswert wenig Enthusiasmus für das Web. Sie waren bereits entschlossen, mit aus ihrer Sicht verlockenderen, lukrativeren Softwareprojekten weiterzumachen. Im Institut wollte auch niemand sonst das Projekt weiterverfolgen, und ich konnte es nicht, weil der gesamte Code in Finnisch geschrieben war! Ein weiterer graphischer Point-and-Click-Browser wurde jedoch fast zur selben Zeit entwickelt. Pei Wei, ein sehr erfinderischer Student an der Universität von Berkeley hatte eine interpretative Computersprache namens *Viola* für *Unix*-Computer entwickelt. Er hatte lange daran gearbeitet, und sie bot leistungsfähige Funktionalitäten für die Anzeige am Bildschirm. Um die Leistungsfähigkeit von *Viola* zu demonstrieren, beschloß Pei Wei, einen Webbrowser namens *ViolaWWW* zu schreiben. Er war ziemlich fortschrittlich: Er konnte HTML mit Graphiken darstellen,

Animationen anzeigen und kleine, eingebettete Anwendungen (später *Applets* genannt) aus dem Internet herunterladen. Er war seiner Zeit weit voraus und obwohl Pei nicht viel Anerkennung dafür bekam, setzte *ViolaWWW* einen frühen Standard. Er enthielt auch viele Attribute, die Jahre später in dem breit diskutierten Programm *HotJava* zu finden waren, das die Webgemeinde im Sturm erobern sollte.

Im Mai 1992 stellte Pei eine Textversion seines Browsers ins Web. Das einzige störende Merkmal war seine schwierige Installation. Man mußte erst *Viola* und dann *ViolaWWW* als Anwendung von *Viola* installieren. Dies kostete Zeit und war kompliziert. Aber endlich konnten *Unix*-Benutzer – und davon gab es weltweit in Unternehmen und Universitäten eine ganze Menge – auf das Web zugreifen.

Obwohl sich Browser langsam verbreiteten, unternahm niemand den Versuch, Bearbeitungsfunktionen zu integrieren. Man war anscheinend der Meinung, daß sich die Erstellung eines Browsers auszahlte, weil damit Benutzern Informationen aus der ganzen Welt zugänglich gemacht würden. Sobald Programmierer ihren Client zu einem funktionsfähigen Browser gemacht und freigegeben hatten, kümmerten sich nur sehr wenige darum, ihn zum Editor weiterzuentwickeln.

Ohne einen Hypertexteditor besaßen Nutzer aber kein Werkzeug, um über das Web richtig zusammenzuarbeiten. Durch Browser konnten sie Informationen finden und gemeinsam nutzen, aber sie konnten nicht intuitiv zusammenarbeiten. Das hing wahrscheinlich auch damit zusammen, daß die Zusammenarbeit eher

eine Änderung im sozialen Arbeitsverhalten erforderte. Und es war einfach schwieriger, einen Editor zu programmieren.
Aus diesen Gründen entwickelte sich das Web, das ich als Medium für alle Arten von lokalen bis weltweiten Informationen entwickelt hatte, in Richtung der ganz globalen Informationen und zu einem Publikationsmedium anstatt zu einem Mittel der Zusammenarbeit.
Es gab einige Bereiche mit starker interner Nutzung. Das CERN war letztendlich einer davon. Innerhalb von *Digital Equipment* gab es sehr früh ungefähr hundert Webserver, die für die Außenwelt nicht zugänglich waren. Um diese internen Server wurde nicht viel Aufhebens gemacht, und so blieben sie den Journalisten verborgen. Jahre später würden die Medien plötzlich den »Anstieg« dieser internen Webnetzwerke »entdecken« und den Begriff *Intranet* erfinden, der Netzwerke bezeichnet, die in erster Linie für die Kommunikation innerhalb von Unternehmen verwendet wurden. Ich fand das ziemlich paradox, denn dadurch war doch das Web erst wichtig geworden.
Mit *Erwise* und *Viola* machte sich Robert daran, einen Browser für seinen Lieblingscomputer, den Macintosh, zu programmieren. Robert war eher ein Purist als ein Pragmatiker wie ich. Der Mac entsprach seiner Idealvorstellung, wie Computer sein sollten: einfach und intuitiv in der Benutzung. Aber Roberts Idealismus ließ sich manchmal nur schwer mit der praktischen Notwendigkeit zusammenbringen, ein Projekt zu beenden.
Wie bereits erwähnt, fand ich im Texteditor-Code des *NeXT* etwas Extraplatz, in dem ich die URI-Informa-

tion, die jede Hypertextverbindung definierte, speichern konnte. Dadurch konnte ich den Webserver einfach aufbauen. Die Programmierer des Texteditors beim Macintosh hatten eine ähnliche Struktur verfolgt, aber ohne den Extraplatz.

Während sie jedoch 32 Bit für die Speicherung der Textfarbe reserviert hatten, benutzten sie davon nur 24 Bit. Ich schlug vor, die unbenutzten 8 Bit zu verwenden und weitere Bits von der Farbe zu stibitzen, was daran, wie die Benutzer die Farbe wahrnahmen, nichts ändern würde.

Robert war entsetzt – entsetzt von der Vorstellung, ein Feld, das für Farbe gedacht war, für einen anderen Zweck zu nutzen – und entsetzt davon, die Hypertextdaten in die »Ritzen« der Farbdaten zu stopfen. Die Programmierung verzögerte sich, während ich versuchte, Robert davon zu überzeugen, daß dieser zugegebenermaßen weniger elegante, aber einfache Ansatz es ihm erlauben würde, das Projekt fertigzustellen und einen lauffähigen Webbrowser zu erhalten. Am Ende akzeptierte er meinen Vorschlag, hatte aber wenig Zeit, das Programm zu verfolgen. Später kam Nicola Pellow für ein paar Wochen zurück, um das Programm aufzugreifen, und irgendwann funktionierte es im wesentlichen. Wir nannten es *Samba*.

Jedes Team profitiert von der Unterschiedlichkeit der Ansätze, und bei meiner Zusammenarbeit mit Robert war dies nicht anders. Roberts Beharren auf der Qualität der Beschreibung ließ uns viele Veröffentlichungen, Demonstrationen und Präsentationen überstehen. Robert bemühte sich auch unaufhörlich um weitere

Ressourcen und erhielt schließlich die Studenten Henrik Frystyk Nielsen und Ari Luotonen für unser Team. Henrik, ein leutseliger blonder Däne, übernahm die Verantwortung für die Codebibliothek und den Zeilenmodusbrowser. Ari, ein schwungvoller dunkelhaarige Finne, der am *Erwise*-Projekt gearbeitet hatte, nahm sich des Servers an. Beide verwendeten mehr Zeit und Energie auf die Produkte, als ich es hätte tun können, in manchen Fällen stellten sie sie völlig auf den Kopf, um etwas Besseres zu erhalten. Diese Bemühungen förderten ein dramatisches Anwachsen der Websites und machten aus unserer Arbeit ein Produkt, daß Benutzer leicht installieren und benutzen konnten.

Gleichzeitig mit den Browsern tauchten auch immer mehr neue Server auf. Gelegentlich zeigte ein neuer Server einer Gemeinde, was man alles ganz anders machen konnte, und gab damit dem jungen Bereich neuen Aufwind. Ein Server mit Informationen über Rom während der Renaissance beeindruckte mich besonders. Der Vatikan hatte der amerikanischen *Library of Congress* eine (physische) Ausstellung überlassen. Ein Teil des Materials war fotografiert, gescannt und in Form von Bilddateien auf einem FTP-Server verfügbar gemacht worden. In Europa erstellte Frans van Hoesl, dem das Web bekannt war, auf einer Website eine Hypertextwelt aus diesem Material. Die Site war ein virtuelles Museum, man konnte den Flügel, das Stockwerk und anschließend den Raum wählen, der besucht werden sollte.

Bei meinem ersten Besuch wanderte ich in einen Musikraum. Es gab zahlreiche Miniaturansichten, und unter einer stand eine Erklärung der Ereignisse, die den

Komponisten Carpentras dazu gebracht hatte, Papst Clemens VII. ein ausgeschmücktes Manuskript seiner *Wehklage des Jeremias* zu präsentieren. Ich klickte darauf und war froh, daß ich einen 21-Zoll-Farbmonitor hatte: Plötzlich war der Bildschirm mit einer wunderschön verzierten Partitur ausgefüllt, die ich wahrscheinlich leichter und detailgetreuer betrachten konnte, als dies bei der Originalausstellung in der *Library of Congress* möglich gewesen wäre.

Diese Verwendung des Webs, entfernten Personen großartige Dinge zur Verfügung zu stellen, und die verwendete Navigation beim virtuellen Museum fanden großen Anklang und inspirierten viele exzellente Websites. Es war auch ein großartiges Beispiel dafür, wie kombinierte Bemühungen auf der ganzen Welt zu fantastischen Ergebnissen führen konnten.

Ein weiterer Klassiker zu dieser Zeit war der Server von Steve Putz bei *Xerox PARC*. Er enthielt eine Datenbank mit geographischen Informationen, aus denen in Reaktion auf Mausklicks zur Vergrößerung von Bildausschnitten und zum Schwenken der Perspektive eine virtuelle Landkarte erstellt wurde. Er war der erste der vielen Landkartenserver, die später entstehen würden.

Als Wissenschaftler und Regierungsgruppen mit einer Verpflichtung zur Offenlegung ihrer Daten solche Sites sahen, erkannten sie, daß es leichter wäre, die Informationen ins Web zu stellen als immer dieselben Fragen zu beantworten. Wenn ein anderer Wissenschaftler Informationen zu ihren Forschungsprojekten anforderte, mußten sie in der Regel ein Programm schreiben, das ihre Informationen in ein für diese Personen nutzbares Format übersetzte. Nun konnten sie alles einfach ins Web stellen und jeden darauf hinweisen, sich einen Browser zu besorgen. Und die Leuten taten das auch. Die Akzeptanz des Webs wuchs, und die Ausrede, keinen Browser zu haben, funktionierte immer weniger. Die Dinge fingen an, sich zu bewegen.

Im Juni 1992 wurde mein Bedürfnis nach einem Forschungssemester immer stärker. David Williams, der Leiter meiner Abteilung am CERN, hatte dies kommen sehen und machte mir ein Angebot, das ich nicht ablehnen konnte. Ich konnte für ein Jahr aussteigen und würde bei meiner Rückkehr meinen Arbeitsplatz wiedererhalten. Ich würde jedoch kein Gehalt und keine Zusatzleistungen des CERN beziehen, die ziemlich gut waren, und ich müßte meine Reisekosten selbst tragen. Als Alternative konnte ich eine dreimonatige Geschäftsreise antreten, und David würde mir zusätzlich zu meinem normalen Gehalt und den Zusatzleistungen einen Tagessatz für diese »erweiterte Dienstreise« bezahlen. Natürlich entschied ich mich für die zweite Option. Meine Frau und ich planten eine dreimonatige Mischung aus Arbeit und Urlaub. Ich würde das *Laboratory for Computer Science* (LCS) am MIT in Cambridge, Massachusetts, besuchen und auch am IETF-Treffen im benachbarten Boston teilnehmen. Dann würden wir in New Hampshire Urlaub machen und unsere Reise in San Francisco beenden, wo ich vorhatte das *Xerox PARC* zu besuchen.

In diesem Sommer hatte ich die großartige Gelegenheit herauszufinden, wie verbreitet und akzeptiert das Web in den USA war.

Am LCS hatten sie *Viola* installiert, und das MIT war sehr gut ans Web angebunden. Der Name *www.mit.edu* war schon sehr früh von einem studentischen Computerclub gewählt worden, deshalb würde *web.mit.edu* der Name des Hauptservers am MIT werden und bleiben. Am LCS referierte ich über das Web vor einer ausgewählten Gruppe von Personen im Auditorium im fünften Stock. Einige der Wissenschaftler und Administratoren waren über meine Anwesenheit etwas verwundert. Ich wollte herausfinden, wie dieses Produkt des Ingenieurwesens aus der Sicht der Wissenschaftsgemeinde beurteilt wurde, was das Web von Wissenschaftlern in diesem Gebiet lernen konnte und warum es nicht früher geschehen war.

Beim IETF-Treffen hielt ich eine Sitzung ab, um die Bildung einer Arbeitsgruppe zur Standardisierung der URI-Spezifikationen zu beantragen, wie Joyce Reynolds es vorgeschlagen hatte. Wir trafen uns in einem kleinen Raum im Hyatt-Hotel. Ich präsentierte die Idee eines »universellen Dokumentbezeichners« (*Universal Document Identifier* – UDI) – mein anfänglicher Name dafür – und sagte, daß ich ihn zum Adressierungsstandard für Hypertextdokumente im Internet machen wollte. Zahlreiche Dinge liefen nicht so glatt. Die offene Diskussion verlief wirklich großartig. Ich fühlte mich sehr in der Minderheit, und es gab eine andere Minderheit, die mich als störenden Neuling zu empfinden schien.

Obwohl ich nur wollte, daß ein Teil des Webs standardisiert wurde, gab es eine starke Reaktion gegen die »Arroganz«, etwas einen »universellen Dokumentenbezeichner« zu nennen. Wie konnte ich so anmaßend sein, mein Erzeugnis als »universell« zu bezeichnen? Wenn ich wollte, daß die UDI-Adressen standardisiert würden, dann würde der Name »einheitlicher Dokumentenbezeichner« (*Uniform Document Identifier*) sicherlich ausreichen. Ich fühlte starken Gegenwind von diesen Leuten. Sie versuchten, das Web auf eine ordentliche Schublade zu begrenzen. Nichts konnte universell sein. Andere betrachteten die IETF als einen Ort, an dem etwas Universelles entstehen könnte, aber dieses Etwas würde nicht das Web sein. Diese Spannungen setzten sich während dieses und der folgenden IETF-Treffens fort. Einige Leute wollten das Web in andere Informationssysteme integrieren, was an der Sache vorbeiging, weil das Web aus der Integration aller Informationssysteme bestehen sollte.

Ich versuchte zu erklären, wie wichtig es war, das Web als universell zu sehen, aber ich beschloß, nicht noch mehr Zeit darauf zu verschwenden. Ich dachte mir, *Was bedeutet schon ein Name?* Wenn die Sache den Standardisierungsprozeß durchlief und diese Leute zustimmten, brauchte ich nur die Bezeichnung *uniform* zu wählen. Hauptsache war, daß die richtige Spezifikation gewählt wurde. Ich war kompromißbereit, damit wir zu den technischen Details kommen konnten. So wurden aus dem *Universal Document Identifier* (UDI) der *Uniform Resource Identifier* (URI).

Wie sich herausstellte, war es wichtig gewesen, den Namen festzulegen, weil sich hinter dem Namen die fundamentale philosophische Grundlage dessen verbarg, was das Web zu sein versuchte. Schließlich beschloß die

Gruppe, eine URI-Arbeitsgruppe zu bilden. *Identifier* (Bezeichner) war ihrer Meinung jedoch kein gutes Etikett für das, was das Web benutzte. Sie wollten herausstellen, daß die Benutzer bei der Bewegung von Dokumenten die URIs wechseln konnten, und so sollten die URIs als eine Art transitiver Adresse behandelt werden. Für Identifier wurde deshalb *Locator* (Lokalisierer) gewählt. Ich war dagegen, weil, obwohl sich in der Praxis viele URIs änderten, das Objekt so dauerhaft wie möglich gemacht werden sollte. Wir stritten darüber, aber beim IETF wurde der URI zum URL, dem *Universal Resource Locator*. Jahre später würde die IETF-Gemeinde das Akronym URL verwenden und das Akronym URI für Adressen zulassen, die ein URL oder etwas Dauerhafteres waren. Ich verwende die allgemeine Bezeichnung URI, um die Wichtigkeit der Universalität und der Dauerhaftigkeit von Information hervorzuheben.

In der URI-Arbeitsgruppe gab es nur langsam Fortschritte. Dies lag zum Teil an den endlosen philosophischen Grundsatzdiskussionen, durch welche die technischen Konversationen gelähmt wurden. Als Jahre später die URI-Arbeitsgruppe zwölf Mal zusammenkommen mußte, um sich über ein neunseitiges Dokument zu einigen, löste John Klensin, damals Direktor des Anwendungsbereichs der IETF, die Arbeitsgruppe verärgert auf. Andererseits wurden aber auch über wichtige Grundsatzfragen diskutiert, und aus meiner Sicht konnte es hierüber keine Kompromisse geben. Manchmal waren Entscheidungen (wie die Verwendung von Satzzeichen) eher zufällig bereits getroffen worden, und deren Veränderung würde bedeuten, daß Millionen von Webbrowsern und von bestehenden Verknüpfungen geändert werden müßten. Nach mehreren Monaten ziemlich unkontrollierter Argumentation stand die IETF vor der Entscheidung, entweder alles vom Web zu übernehmen oder nichts davon. Am Ende schrieb ich eine Spezifikation über die Nutzung von URIs im Web und gab sie an die IETF-Gemeinde als informationellen »RFC 1630« (RFC – Request for Comment) weiter. Er war zwar in Eile geschrieben worden und enthielt ein paar Fehler, war aber eine gute Ausgangsposition für weitere Entwicklungen. Die ganze Angelegenheit wäre sicher wesentlich reibungsloser abgelaufen, wenn ich klarer gemacht hätte, über welche Punkte ich verhandeln konnte und über welche nicht.

Mein Aufenthalt am LCS war wesentlich anregender, und das gleiche galt für meine Visite am *Xerox PARC*. Sehr sensibel in Sicherheitsfragen, verfügte das *PARC* über viele interne Versuchsserver, die von einem ins System integrierten Firewall davor geschützt wurden, daß sich Außenstehende illegal elektronischen Zutritt verschafften. Dementsprechend existierte eine spezielle Methode, um eine Verbindung nach außen aufzubauen. *Viola* benutzten sie deshalb nicht, weil der Browser mit einem speziellen Code hätte neu kompiliert werden müssen, der diese Verbindungsprozedur ausführte. Diese Erweiterung war deshalb das erste, was ich nach meinem Eintreffen realisierte.

Ich besuchte auch andere wichtige Akteure im Web, während ich mich in der Gegend von San Francisco aufhielt. Auf meinem Weg zum *Xerox PARC* radelte ich jeden Tag am SLAC vorbei. Ich hielt an, um Paul Kunz und Louise Addis zu besuchen, die das Web bereits früh gefördert und implementiert hatten. Ich traf auch mit Pei Wei zusammen, der noch immer an der Universität von Berkeley weilte. *Viola* zog zwar einige Aufmerksamkeit auf sich, war aber aufgrund der Installationsprobleme nicht sehr beliebt. Ich traf Pei in einem Café außerhalb von San Francisco und wollte ihn davon überzeugen, die Installation zu erleichtern und seinen Browser mit einer Bearbeitungsfunktion zu versehen, was noch immer mein Ideal war. Aber Pei interessierte sich für *Viola* als Computersprache, und er betrachtete das Web nur als eine Anwendung von *Viola*. Ich versuchte, ihn zu ermutigen, ohne ihn zu bedrängen. Schließlich hatte *Viola* die Reichweite des Webs sehr stark erweitert. Ich wollte ihn auch einfach treffen, um ihm persönlich zu danken.

Peis bescheidenes Auftreten und jegliches Fehlen von Arroganz waren angesichts seines großartigen Produkts bemerkenswert. Als ich ihm gratulierte und sagte, daß eine Weiterentwicklung *Viola* zum Flaggschiff der Webbrowser machen würde, lächelte Pei, aber er reservierte sein Programm für seine eigenen wissenschaftlichen Zwecke. Er wurde Mitarbeiter der Firma *O'Reilly* in Sebastopol, Kalifornien, die von einem der ersten Web-Champions, Dale Dougherty, geführt wurde und die verschiedene Internetprodukte herstellte. Er benutzte *Viola*, um Onlineprodukte mit unterschiedlichem Aussehen vorzuführen.

Aufgrund des komplexen Installationsprozesses sollte *Viola* neben anderen, zukünftigen Browsern verblassen. Es gab bereits einen Wettbewerb unter den Webbrowsern. Während *Erwise* und *ViolaWWW* als Webbrowser für *X-Windows* unter *Unix* konkurrierten, trat Tony Johnson vom SLAC in den Wettbewerb ein. Als Physiker hatte er einen weiteren Browser für *X-Windows* namens *Midas* entwickelt, teils deshalb, weil er an einem gut geschriebenen Programm seine Freude hatte, und teils, weil er in seinem Projekt das Web zur Weitergabe von Informationen nutzen wollte und sich einen Browser wünschte, den er beherrschte. Er benutzte ein nettes konzeptuelles Modell, dessen Programmierung sehr klar war und ihm z. B. das flexible Importieren von Bildern erlaubte.

Ich traf Tony in seinem Büro am SLAC. Obwohl er mir zeigte, wie *Midas* eingesetzt wurde, wollte er wie Pei oder die *Erwise*-Gruppe nur ungern meine Bemühungen am CERN unterstützen, obwohl dadurch wahrscheinlich zusätzliche Ressourcen geschaffen wurden. Tony war und ist in erster Linie Physiker, und er konnte sich nicht mit der Idee anfreunden, *Midas* für eine größere Gruppe als die seiner Kollegen zu unterstützen. Mein Monat in Kalifornien neigte sich dem Ende zu, und schon bald würden meine Familie und ich nach Genf zurückkehren müssen. Aber ich konnte nicht wegfahren, ohne einen weiteren Besuch zu machen, auf den ich mich vielleicht am meisten von allen gefreut hatte. Ted Nelson, der vor 25 Jahren *Xanadu* entwickelt hatte, wohnte in der Nähe, und ich mußte ihn einfach treffen.

Es hatten sich bereits unterschiedliche Personen mit den verschiedenen Aspekten der sozialen Implikationen von

Hypertext beschäftigt. Für Ted war Hypertext das Gegenstück zum Urheberrecht. Das gesamte Konzept von *Xanadu* baute auf seiner Vorstellung auf, daß jeder Informationen veröffentlichen können sollte, und wenn jemand die Informationen benutzte, würde der Autor dafür automatisch entschädigt. *Xanadu* verbreitete sich nie, weil Ted auf einem Zahlungsmechanismus bestand und es zu schwierig war, einen solchen weltweit konsistent einzurichten. Theoretisch würde dies im Web über bestimmte Erweiterungen möglich sein, und ein System von Mikrozahlungen – kleine Schuldverschreibungen gegenüber dem Bankkonto einer Person – würde die automatische Bezahlung in sehr kleinen Mengen erlauben. Ich war nicht scharf auf die Vorstellung, nur ein Geschäftsmodell für die Bezahlung von Information verfügbar zu haben. Aber ich wollte Ted unbedingt treffen. Wir hatten nur ein paar Mal über E-Mail korrespondiert, und unsere Beziehung war zumindest für mich insofern seltsam, als ich Ted lange Zeit Geld schuldete. Ich hatte 1988 erstmals von Ted gehört, als ich etwas über Hypertext las. Sein Hauptwerk war zu dieser Zeit *Literary Machines*, das von *Mindful Press* veröffentlicht wurde, einem Verlag, den Ted als Einzelperson führte. Ich schickte ihm eine Buchbestellung mit einem in US-Dollar ausgestellten Scheck, der auf mein Schweizer Bankkonto lief. Schweizer Schecks enthielten Felder für Währungsangaben, aber ich wußte nicht, daß amerikanische Banken sie nicht annahmen. Er schickte mir das Buch, aber ich konnte ihn nicht bezahlen, da er keine Kreditkartenzahlungen annahm und ich keine US-Schecks hatte.

Und dabei blieb es. Ich rief ihn vom *Xerox PARC* aus an und stellte fest, daß er auf einem Hausboot in Sausalito auf der anderen Seite der Golden-Gate-Brücke wohnte. Dieser Ort war ausreichend exzentrisch für ihn und nahe genug am Geschehen. *Xanadu* war von *Autodesk* übernommen worden, und Ted hatte in der Firma irgendeine Position ehrenhalber. Aber es war ein trauriger Tag, an dem ich mich mit ihm zum Mittagessen treffen sollte. An diesem Morgen hatte *Autodesk* beschlossen, daß *Xanadu* ein nicht praktizierbares Projekt sei. Sie ließen es fallen, und das Projekt war nun heimatlos.

Ted lud mich freundlicherweise trotzdem zu einem indischen Essen ein, und dann gingen wir zu seinem Büro zurück, das aus einer Dachkammer in einem pyramidenartigen Gebäude am Strand von Sausalito bestand. Sie stand voll mit Ausgaben seiner Bücher. Ich gab ihm das Geld, das ich ihm schuldete, und prompt gab er mir ein zweites Buch mit Autogramm. Wir sprachen über alle möglichen Dinge, aber nicht viel über *Autodesk*.

Nach dem Mittagessen brachte mich Ted zu meinem Wagen auf dem Parkplatz. Ich nahm meine 35-mm-Kamera aus dem Kofferraum, um den Augenblick einzufangen, und fragte Ted etwas verlegen, ob er etwas dagegen hätte, für mein Fotoalbum zu posieren. Er antwortete »Natürlich nicht. Ich habe volles Verständnis dafür.« Und dann holte er aus seinem Rucksack eine Videokamera, um ein paar Videoaufnahmen von mir zu machen. Zuvor hielt er jedoch die Kamera in Armlänge von sich entfernt und filmte sich, während er erklärte, daß er nun Tim Berners-Lee filmen würde, und worin die Bedeutung lag. Ted erklärte mir, daß es sein Ziel sei, sein Leben so interessant wie möglich zu gestalten und soviel wie möglich davon für andere aufzuzeichnen. Dazu häufte er eine riesige Menge von Videoclips an, die mit einem Bild seines Kopfes indiziert waren. Auf diese Weise konnte er die Videos durchgehen und immer, wenn er seinen Kopf sah, eine Beschreibung davon hören, was als nächstes kam.

Der Sommer 1992 war für mich eine aufregende Zeit gewesen. Das Web hatte sich ausgebreitet, und mehr Leute entwickelten Browser dafür. Ich schaute mir die Protokolle an, die den Datenverkehr des ersten Webservers, *info.cern.ch*, in den letzten zwölf Monaten zeigten. Die Kurve der Anzahl der täglichen Zugriffe verlief extrem exponentiell und verdoppelte sich alle drei bis vier Monate. Nach nur einem Jahr war die Arbeitslast um den Faktor 10 gestiegen.

Kapitel 6

Browsen

Im Januar 1993 wuchs die Anzahl der Server auf ungefähr 50 an. Die Browser *Erwise, Viola* und *Midas* standen der Allgemeinheit für die Verwendung unter *X-Windows* zur Verfügung. *Samba* funktionierte, wenn auch nicht vollständig, für den Mac. Aber mir war klar, daß es eine zunehmende Konkurrenz unter den Browsern gab, wenngleich auf einem niedrigen Niveau. Viele Programmierer, die Browser entwickelten, waren Studenten, und sie wollten zu ihren Versionen Funktionen hinzufügen, bevor jemand anderes auf die gleiche Idee kam. Sie führten darüber offene Diskussionen in der Mailingliste *www-talk* und bewahrten damit die offenen sozialen Prozesse, welche die Softwareentwicklung für das Internet charakterisiert hatten. Aber es gab auch eine Ausnahme, die den anderen um eine Nasenlänge voraus war.

Einer der wenigen kommerziellen Programmierer, die an dem Wettbewerb teilnahmen, war Dave Raggett bei *Hewlett-Packard* in Bristol, England. Er programmierte einen Browser namens *Arena*. *HP* hatte eine Konvention, nach der ein Angestellter zehn Prozent seiner Arbeitszeit für verwandte, nützliche, aber nicht offizielle Aufgaben verwenden konnte. Dave nutzte seine »10-Prozent-Zeit« plus zahlreicher Abende und Wochenenden für *Arena*. Er war überzeugt davon, daß Hypertext-Webseiten noch wesentlich aufregender gestaltet werden könnten, etwa wie die Seiten einer Zeitschrift im Vergleich zu Buchseiten, und daß mit HTML nicht nur Text, sondern auch Bilder, Tabellen und andere Dinge auf einer Seite dargestellt werden könnten. Er benutzte *Arena*, um das zu demonstrieren und um mit den verschiedenen Arten des Lesens und der Interpretation von gültigen und ungültigen HTML-Seiten zu experimentieren.

In der Zwischenzeit hatte die Universität von Kansas unabhängig vom Web einen Hypertextbrowser namens *Lynx* entwickelt, der mit 80 x 24-Zeichenterminals arbeitete. *Lynx* war fortschrittlicher als unser Zeilenmodusbrowser, denn er war ein »Bildschirmmodus«-Browser, mit dem man in einem Dokument vorwärts und rückwärts scrollen konnte. Er wurde wie *Gopher* als Informationssystem für den Campus entwickelt, und das Entwicklerteam scherzte, daß *Lynx Gopher* verschlingen würde. Lou Montulli, ein Student, paßte *Lynx* an das Web an und gab im März 1993 einen Webbrowser namens *Lynx 2.0* frei.

Die Entwicklung von Webbrowsern war für Studenten und Programmierer zu einem nützlichen Vehikel geworden, um ihre Programmierkenntnisse zu demonstrieren. David Thompson, ein Manager am *National Center for Supercomputing Applications* (NCSA) an der Universität von Illinois, wollte seine Studenten motivieren, sich damit zu beschäftigen. Er lud *Viola* herunter, brachte *Viola* und den Browser *ViolaWWW* zum Laufen und zeigte anhand des Servers des CERN der restlichen Softwaredesign-Gruppe des NCSA, was ein Browser leisten konnte.

Marc Andreessen, ein Student, und Eric Bina, ein Mitarbeiter des NCSA, beschlossen, einen Browser für *X-Windows* zu erstellen. Eric ähnelte ein wenig Pei Wei, indem er den HTML-Code ganz still programmierte und das Ding zum Laufen brachte. Marc war beinahe ständig in den Newsgroups präsent, die über das Web diskutierten, um die gewünschten Funktionen herauszufinden, welche die Benutzung der Browser leichter machen würden. Er baute diese Funktionen in seinen Browser im Entwicklungsstadium ein und veröffentlichte immer weitere Versionen, damit andere diese ausprobieren konnten. Er beschäftigte sich ausführlich mit Kritik, beinahe so, als hätte er es mit »Kundenbeziehungen« zu tun. Durch riesige Mengen von Espresso angetrieben behob er Fehler und fügte spät in der Nacht, in Reaktion auf die Rückmeldungen von Benutzern, kleine Funktionen zum Browser hinzu.

Dies stand in absolutem Gegensatz zu der Vorgehensweise anderer studentischer Programmierer. Marc war nicht so sehr daran interessiert, ein streng akademisches Programm zu entwickeln, sondern er wollte einen Browser haben, der von möglichst vielen Leuten benutzt wurde. Das war genau das, was das Web brauchte.

Das Endergebnis nannte er *Mosaic*. Im Februar 1993

stellte das NCSA die erste Version über das Web zur Verfügung. Ich probierte sie am CERN aus. Sie ließ sich leicht herunterladen und installieren, und es war keine lange Einarbeitungszeit erforderlich, bis ich einen Point-and-Click-Zugriff auf das Web hatte. Wegen dieser Eigenschaften wurde *Mosaic* wesentlich schneller akzeptiert als die anderen Browser. Und weil Marc weiterhin Aktualisierungen herausgab, schaffte er es, mehr Aufmerksamkeit auf *Mosaic* als »Produkt« denn als Programm zu lenken. Irgendwie beunruhigte es mich, daß das NCSA ständig über *Mosaic* sprach, häufig ohne das World Wide Web überhaupt zu erwähnen. Aber vielleicht war das ja nur ihr purer Enthusiasmus.

Es war geplant, daß ich im März einen Vortrag beim *Fermi National Accelerator Laboratory* (Fermilab) in Chicago halten sollte. Fermilab hatte wie SLAC einen Server eingerichtet. Ich beschloß, auch das NCSA zu besuchen, weil es nur ein paar Stunden entfernt lag.

In Chicago traf ich Tom Bruce, der vom Bühnenmanager zum Systemadministrator und dann zum Programmierer konvertiert war und vor kurzem das *Legal Information Institute* an der Cornell-Universität gegründet hatte, um online Rechtsinformationen und Urteile der Rechtsprechung zur Verfügung zu stellen. Er fand, daß das Web genau das richtige Medium für das Institut sei, um seine Informationen an die Gemeinde des Rechtswesens zu bringen. Er hatte festgestellt, daß die meisten Rechtsanwälte IBM-PCs oder Kompatible, die unter dem Betriebssystem *Windows* liefen, benutzten. Also hatte er *Cello*, einen Point-and-click-browser für *Windows*, geschrieben. Im März gab es davon eine

Alphaversion (eine frühe Testversion), und er war nach Chicago gekommen, um vor Rechtsanwälten einen Vortrag zu halten. Zum ersten Mal konnten die Leute das Web in seiner Farben- und Schriftenpracht auf einer der weltweit am meistverbreitetsten Computerplattformen bewundern.

Ich fand Tom in einem Vortragssaal, kurz, nachdem er seinen Vortrag beendet hatte. Sein Laptop, dessen Bildschirm auf eine große Leinwand am Kopfende des Raumes projiziert wurde, lief noch. Dort zeigte er mir *Cello*; wir beide saßen allein in diesem großen Raum und blickten auf das riesige Bild des Webs. Der Browser konnte mehrere Schriftarten und Farben darstellen, und den Benutzern standen verschiedene Vorlagen zur Verfügung. Er verwendete eine gepunktete Linie, um eine Hypertextverbindung zu kennzeichnen. Dies entsprach den Konventionen von *Windows*. Später erzählte er mir, daß er im Theater professionell mit Beleuchtung und audiovisueller Ausrüstung gearbeitet hatte. Ich hatte dasselbe als Amateur getan. Wir verstanden uns gut, weil wir den Enthusiasmus für den gleichen Beruf teilten.

Ich bat Tom und Ruth Pordes, meine Gastgeber am Fermilab und eine Quelle echter Weisheit, mich bei einem Besuch von Marc Andreessen und den Leuten beim NCSA zu begleiten. Ruth fuhr uns durch scheinbar endlose Kornfelder dorthin. Als jemand, der in Genf gelebt hatte, war ich von dem bemerkenswerten Mangel an Bergen beeindruckt.

Die *Software Development Group* war nicht in den beeindruckenden Gebäuden aus Backsteinen und grünem

Glas untergebracht wie der größte Teil des NCSA, sondern in einem Anbau an das Gebäude der Erdölchemie. Wir trafen Eric, Marc und den Gruppenleiter Joseph Hardin in einem Sitzungszimmer im Keller.

Alle meine bisherigen Treffen mit Browserentwicklern waren Treffen von Gleichgesinnten mit einer gemeinsamen Begeisterung gewesen. Aber bei diesem Treffen war eine seltsame Spannung spürbar. In den Tagen bevor ich nach Chicago fuhr wurde mir dann klar, daß die Leute am NCSA versuchten, sich selbst als Zentrum der Webentwicklung darzustellen, und im Grunde das Web in *Mosaic* umzubenennen. Beim NCSA war etwas nicht »im Web«, sondern »in *Mosaic*«. Marc schien mein Mißfallen zu bemerken.

Ich überging dies jedoch und erhob meine inzwischen grundsätzliche Forderung, den *Mosaic*-Browser auch zu einem Editor zu machen. Marc und Eric hatten diese Option bereits in Betracht gezogen, erklärten mir aber, daß dies unmöglich sei. Es ließe sich nicht realisieren. Das überraschte mich, weil ich es bereits mit dem Programm *WorldWideWeb* auf meinem NeXT-Computer realisiert hatte – jedoch zugegebenermaßen für eine einfachere Version von HTML.

Ich war noch immer erstaunt über diese beinahe universelle Geringschätzung für die Erstellung eines Editors. Vielleicht war diese Aufgabe zu entmutigend. Oder vielleicht ging es einfach nur um eine Abwägung zwischen den konkurrierenden Anforderungen an die Zeit eines Programmierers. Und außerdem waren die meisten davon fasziniert, fantastische Anzeigefunktionen in ihre Browser einzubauen – Multimedia, verschiedene Farben und Schriftarten – was weniger arbeitsintensiv war und unter den Benutzern erheblich mehr Bewunderung hervorrief. Und Marc schien mehr als alle anderen daran interessiert zu sein, Bewunderung auszulösen.

Ich fühlte auch andere Spannungen. Diese drei Männer waren sehr unterschiedlich, und jeder von ihnen schien nur für sich selbst zu sprechen und nicht als Mitglied eines Teams. Eric, der Mitarbeiter vom NCSA, war ziemlich ruhig. Marc, der Student, verlieh seinem Auftreten den Anschein, als hielte er das Treffen für ein Pokerspiel. Harding war sehr akademisch, der vollendete Professor in einem Tweedjackett. Er trieb *Mosaic* nicht so sehr voran wie Marc. Er war sowohl an den sozialen Implikationen des Webs wie auch der Technologie interessiert, außerdem an soziologischen Studien über das Webs. Für ihn war *Mosaic* nur die Fortsetzung eines Projekts, das am NCSA bereits lief, einem Multimedia-Hypertextsystem namens *Collage*.

Zu meiner Bestürzung war auch die Abteilung für Öffentlichkeitsarbeit des NCSA dabei, für *Mosaic* Reklame zu machen. Erst kurze Zeit vorher hatte die *New York Times* einen Artikel mit einem Foto gebracht, auf dem Hardin und Larry Smarr, der Leiter des NCSA (weder Marc, noch Eric!) abgebildet waren, während sie nebeneinander vor Terminals saßen, auf denen der Browser *Mosaic* gezeigt wurde. Und wieder lag die Betonung auf *Mosaic*, als wenn der Browser das Web sei. Andere Browser wurden kaum erwähnt und auch nicht die Bemühungen der restlichen Welt, Server einzurichten. Die Medien nahmen sich nicht die Zeit, gründli-

cher nachzuforschen und begannen, *Mosaic* als gleichbedeutend mit dem Web darzustellen.
Ich kehrte ans CERN zurück und fühlte mich wegen des gebieterischen Untertons hinter Andreessens Arbeit und der Werbung des NCSA für *Mosaic* etwas unbehaglich. Das NCSA startete sehr schnell andere Projekte, um *Mosaic* auch auf PCs unter *Windows* und auf den Macintosh zu portieren.

Das Aufkommen von verschiedenen Browsern brachte mich wieder einmal dazu, über Standardisierung nachzudenken. Der Weg über die IETF schien nicht zu funktionieren, aber vielleicht würde ein anderes Modell mir weiterhelfen. Während eines Seminars an der Universität von Newcastle in meiner Heimat, England, das von der Firma *International Computers* organisiert wurde, entwickelte ich mehr Enthusiasmus für diese Idee. Der Frühling war naß und dunkel. Vom Seminar aus wurden wir per Bus durch den verregneten Abend zum Abendessen gefahren. Auf dem Rückweg saß ich neben David Gifford, der Professor am LCS des MIT war. Ich erzählte ihm, daß ich eine Art Körperschaft einrichten wollte, um die Evolution des Webs überwachen zu können. Ich fragte mich, welche Art von Struktur funktionieren könnte und wo sie gegründet werden sollte. Er empfahl mir, mit Michael Dertouzos darüber zu sprechen. Seiner Meinung nach könne Michael, der Direktor des LCS sei, daran interessiert sein, etwas zu tun. Ich war freudig überrascht, notierte mir die E-Mail-Adresse »mdl@hq.lcs.mit.edu« und sandte ihm sofort, nachdem ich ans CERN zurückgekehrt war, eine E-Mail-Nachricht.

Ein weiteres Internetphänomen, das vor kurzem aufgetreten war, motivierte mich. Das Informationssystem *Gopher* an der Universität von Minnesota war gleichzeitig mit dem Web ins Leben gerufen worden. Es war ursprünglich als Onlinehilfesystem für die Computerabteilung der Universität entwickelt worden und hatte sich zu einem auf dem ganzen Campus verbreiteten Informationssystem entwickelt, mit dem sich auch Dokumente über das Internet gemeinsam nutzen ließen. Statt Text und Hypertextverknüpfungen wurden Benutzern Menüs präsentiert, die sie schließlich zu Dokumenten in reinem Text führten. Nach meinen Erkenntnissen hatten einige Leute, als sie das Web sahen, Hypertext als verwirrend empfunden oder sich Sorgen darüber gemacht, daß sie sich im Hyperspace verirren könnten, wenn sie einer Verknüpfung folgten. Selbstverständlich konnte dies auch im Gopherspace passieren, aber Computerbenutzer waren mit den Menüs vertraut. Deshalb erschien ihnen das Programm nicht fremd.

Ungefähr zu dieser Zeit, Anfang des Jahres 1993, beschloß die Universität von Minnesota, für die Nutzung von *Gopher* von bestimmten Benutzergruppen Lizenzgebühren zu verlangen. Weil die *Gopher*-Software so weit verbreitet war, wollte man eine Jahresgebühr erheben. Der Browser und das Browsen würden generell kostenlos sein, ebenso die Serversoftware für gemeinnützige Organisationen und Bildungseinrichtungen. Aber andere Benutzer, vor allem Firmen, würden die Nutzung der *Gopher*-Software bezahlen müssen.

Dies wurde in der Internetgemeinde und auch an den

Universitäten als Verrat betrachtet. Selbst wenn die Universität niemals von irgend jemandem Gebühr erheben würde, hatte sie durch diese Ankündigung eine Grenze überschritten. Es war riskant geworden, diese Technologie zu verwenden.

Die Industrie ließ *Gopher* wie eine heiße Kartoffel fallen. Die Programmierer wußten, daß sie nichts tun konnten, was möglicherweise mit dem *Gopher*-Protokoll in Verbindung gebracht werden konnte, ohne sich zuerst mit ihren Rechtsanwälten zu besprechen. Selbst wenn eine Firma ihren eigenen *Gopher*-Client oder -Server schrieb, konnte die Universität sie später wegen geistigen Diebstahls verklagen. Für Ingenieure war es sogar gefährlich, die Spezifikation gelesen oder etwas vom Code gesehen zu haben, weil alles, was diese Person zukünftig tat, von der *Gopher*-Technologie inspiriert sein konnte.

Im März 1993 fand, nach dieser Ankündigung, ein Treffen der IETF in Columbus, Ohio statt. Ich wurde auf dem Flur angepöbelt: »Okay, das ist mit *Gopher* passiert. Wird das CERN das gleiche mit dem WWW machen?« Ich hörte mir ihre Bedenken und das, was sie als akzeptabel oder nicht akzeptabel betrachteten, aufmerksam an. Aber hinter meinem ruhigen Äußeren entwickelte ich Angstschweiß. Während des vergangenen Jahres hatte ich versucht, das CERN dazu zu bringen, die Rechte des geistigen Eigentums am Webcode unter der *General Public License* (GPL) freizugeben, so daß andere sie benutzen konnten. Die GPL war von Richard Stallman für seine *Free Software Foundation* entwickelt worden, und während sie die Verteilung und die kostenfreie Benutzung von Software erlaubte, gab es auch Regeln, z. B. daß jede Veränderung unter derselben GPL freigegeben werden mußte. Als Ergebnis des *Gopher*-Debakels gab es bereits Gerüchte, daß große Firmen wie IBM das Web bei sich nicht zulassen würden, wenn es eine Art von Lizenzierung gäbe, weil dies zu einschränkend sei. Und damit ging es auch um die GPL.

Das CERN hatte sich noch nicht entschlossen. Ich kehrte aus Columbus zurück und änderte schnell meinen Antrag. Ich beantragte nunmehr keine GPL, sondern die Freigabe der Webtechnologie als Public-Domain-Software.

Am 30. April erhielten Robert und ich eine Erklärung, die mit einem Stempel des CERN versehen und von einem der Direktoren unterzeichnet war. Das CERN stimmte der unbeschränkten und kostenlosen Verwendung des Webs-Protokolls, der Erstellung von Servern oder Browsern und deren Weitergabe oder Verkauf zu. Wow!

Kapitel 7

Veränderungen

Meine Erfahrung beim NCSA und das Debakel beim Thema Lizenzierung schürten meine Überzeugung, daß irgendeine Form von Körperschaft benötigt würde, um die Entwicklung des Webs zu überwachen. Und das schnelle Wachstum des Webs verstärkte dieses Gefühl. Das Web trat in eine neue Phase ein. Es gab immer noch Leute, die mich per E-Mail über die Einrichtung eines Webservers informierten, aber andere taten das nicht, sondern starteten den Server einfach. Die Aktivitäten im Web wuchsen weiterhin exponentiell an. Im Sommer erstellte ich wieder einmal ein Diagramm über die Anzahl der täglichen Zugriffe auf den CERN-Server *info.cern.ch*. Es gab nun zehntausend Zugriffe pro Tag. Die Rate war unglaublich und verdoppelte sich noch immer alle drei bis vier Monate. Das Wachstum lag bei Faktor zehn pro Jahr, von 100 Zugriffen pro Tag im Sommer 1991 auf 1000 Zugriffe pro Tag im Sommer 1992 bis hin zu 10 000 Zugriffen pro Tag im Sommer 1993.

Ich mußte den Schlitten nun nicht mehr anschieben. Jetzt mußte ich aufspringen und lenken.

Ich wollte nicht per se eine Standardisierungsstelle einrichten, sondern eine Art von Organisation, die Entwicklern von Servern und Browsern helfen konnte, einen Konsensus über die Antriebsweise des Webs zu erzielen. Mit *Mosaic*, das den Ball aufgenommen hatte und nun ganz allein zur Ziellinie lief, und immer mehr *Gopher*-Nutzern, die das Web in Betracht zogen, gab es zunehmend Beweise dafür, daß »das Web« sich in verschiedene Splittergruppen aufspalten könnte – einige davon kommerzieller Natur, andere akademischer; einige kostenlos, andere nicht. Dies würde den eigentlich Zweck des Webs zunichte machen: ein universelles, leicht zugängliches Hypertextmedium für die Freigabe von Informationen zu sein.

Ich sprach mit Mitarbeitern des CERN darüber, eine Art von Konsortium zu gründen. Ich tauschte auch E-Mail-Nachrichten mit Michael Dertouzos vom *Laboratory for Computer Science* am MIT aus. Michael schien für die Idee sehr offen zu sein. Als häufiger Gast in Europa und seiner Heimat Griechenland arrangierte er ein Treffen mit mir in Zürich.

Ich nahm den Zug von Genf nach Zürich und wußte weder genau, was Michael wollte, noch was mir vorschwebte. Wir trafen uns in einem netten Café in der Altstadt und endeten über Züricher Kalbsgeschnetzeltem und Rösti bei Skizzen für die obersten Ebenen eines Konsortiums. Wir kehrten beide nach Hause zurück, um über unsere Ideen nachzudenken.

Es war mehr Glück als Verstand, daß einen Monat später der erste *WWW Wizards Workshop* in Cambrigde, Massachusetts, geplant war. Er sollte nur ein paar Häuserblocks vom MIT entfernt stattfinden. Er war von Dale Dougherty von *O'Reilly Associates* ins Leben gerufen worden, der es wieder einmal schaffte, die Leute zusammenzubringen.

O'Reilly hatte gerade Ed Krolls Buch *Whole Earth Internet Catalog* veröffentlicht, das absolut erste Buch, welches das Internet der Allgemeinheit zugänglich machte. Unterwegs im Zug nach Chicago las ich das Manuskript, doch nur ein Kapitel behandelte das World Wide Web. Der Rest handelte davon, wie die verschiedenen Internetprotokolle wie FTP, Telnet etc. verwendet werden. Aber der Datenverkehr im Web wuchs schnell, und das NCSA hatte soeben funktionsfähige Versionen des Browsers *Mosaic* für *Unix, Windows* und den Mac freigegeben. Dale fragte sich selbst, wohin das Web gehen würde, aber er hatte das Gefühl, er könne es herausfinden und eventuell auch andere dazu bringen, etwas Vernünftiges daraus zu machen, indem er alle zusammenbrachte.

Ungefähr 25 der frühen Webentwickler versammelten sich im *O'Reillys*-Büro in Cambridge. Lou Montulli war da, der *Lynx* an das Web angepaßt hatte, ebenso sein Boss; eine Gruppe vom NCSA, zu der auch Eric Bina, Marc Andreessen, Chris Wilson, der *Mosaic* auf den PC portiert hatte, und Alex Totic, der *Mosaic* auf den Mac portiert hatte, gehörten. Es waren auch Tom Bruce, der Autor von *Cello*, Steve Putz vom *Xerox PARC*, der den Landkartenserver entwickelt hatte, Pei Wei, der Autor von *Viola*, und andere anwesend. Im Mittelpunkt dieses Treffens stand eine Definition dessen, was als nächstes für die Gemeinde der Webentwickler getan werden müßte. In seiner freundlichen, ermutigenden Art brachte Dale uns zum Reden. Ich brachte meinen Vorschlag zur Bildung eines Web-Konsortiums ein. Wir diskutierten darüber, ob es ein Konsortium, eine Organisation oder ein Club sein sollte. Irgendwann schrieb ich den Begriff *Club Web* an die Wandtafel ... Nun, es war nur eine Option. Ich leitete eine Brainstorming-Sitzung, um die Anforderungen der nächsten Monate zu ermitteln, und bedeckte alle vier Wände mit Ideen, die in kleinen Gruppen zusammengefaßt sogar einen Sinn ergaben.

Die Veranstaltung war für einige Mitglieder der Gemeinschaft eine ziemlich beeindruckende Erfahrung. Sogar für extreme Internet-Anhänger ist es nett, jemanden persönlich zu treffen, mit dem man bisher nur per E-Mail kommuniziert hat. Viele waren zum Beispiel erstaunt, daß Marc, der sich im Internet so lautstark zu Wort meldete, eine so stille Person war. Ein paar von uns fotografierten, und Marc war der einzige, der es grundsätzlich ablehnte, fotografiert zu werden. Ich schaffte es schließlich, ihn heimlich mit einem Teleobjektiv zu knipsen. Trotz seiner körperlichen Größe und seiner sonstigen Gewohnheit, sich in der Newsgroup *www-talk* aufzuspielen, waren er und die anderen von NCSA bemerkenswert befangen und ruhig.

Ich kehrte mit einer klareren Vision über die Notwendigkeit eines Konsortiums ans CERN zurück. Dann klingelte eines Tages in meinem Büro das Telefon. Es war die Rezeption, die vier Mitarbeiter von *Digital Equipment* anmeldete. Nun war das CERN nicht gerade ein Ort, an dem Leute einfach an der Rezeption aufkreuzten. Das CERN ist international, riesig, die Leute kommen von weit her, und sie benötigen eine Führung, um ihren Weg zu finden. Aber plötzlich standen da diese Leute in Anzügen. Ich bestellte schnell einen Konferenzraum. Es waren drei Männer und eine Frau: Alan Kotok, der Senior Consultant, Steve Fink, ein Mitarbeiter aus dem Marketing, Brian Reed, DECs Internetguru und Gail Grant von den DEC-Niederlassungen im Silicon Valley. Alan hatte DEC in Richtung des Webs gedrängt, seit ihm ein Webbrowser gezeigt wurde, und das Management hatte Steve aufgefordert, ein Team für die Bewertung der Zukunft des Internets zusammenzustellen. Steve erklärte, daß sie DEC wegen des Webs in großem Stil neu organisieren wollten. Während sie dies als eine große Chance ansahen, machten sie sich gleichzeitig Sorgen darüber, in welche Richtung das Web sich entwickelte, sie hatten Angst, daß das Web vielleicht nur durch ein paar Spezifikationen definiert wurde, die auf Disketten irgendwo am CERN gelagert wurden. Sie wollten wissen, welche Einstellung das CERN zur Zukunft des Webs hatte und ob sie sicher sein könnten, daß es stabil bleiben und sich trotzdem weiterentwickeln würde.

Ich fragte sie nach ihren Anforderungen und ihren Prioritäten. Sie hielten es für notwendig, daß eine neutrale Körperschaft Versammlungen einberiefe. Sie waren nicht daran interessiert, das Web zu übernehmen oder besitzergreifend Kontrolle darüber auszuüben. Aber sie hatten das Bedürfnis nach einer Körperschaft, der sie sich anschließen konnten. Die Frage war, ob das CERN diese Funktion übernehmen wolle.

Meine Rolle bei diesem Treffen war die eines Zuhörers. Ich erhielt wichtigen Input für meine Entscheidung, was als nächstes zu tun sei. Ich ließ sie wissen, daß ich das MIT auf die Bildung einer solchen Körperschaft angesprochen hatte. Sie könnte dem *X-Consortium* nachgebildet werden, welches das MIT organisiert hatte, um aus Bob Scheiflers System *X-Windows* eine auf fast allen *Unix*-Workstations eingesetzte Plattform zu entwickeln. Die vier Mitarbeiter von DEC schienen dies für eine gute Idee zu halten.

Im Oktober existierten mehr als zweihundert bekannte HTTP-Server und sicherlich erheblich mehr, von denen wir nichts wußten. Die Europäische Kommission, die Fraunhofer-Gesellschaft und das CERN starteten das erste webbasierte Projekt der Europäischen Union namens *Webcore*, um technologische Informationen aus den Ländern des ehemaligen Ostblocks in Europa zu verbreiten. Dann bekamen im Dezember die Medien Wind davon, Artikel über das Web und *Mosaic* erschienen in wesentlichen Publikationen und alles fügte sich zusammen.

In der Zwischenzeit wuchs die Entwicklergemeinde an. Es würde spannend werden, eine World-Wide-Web-Konferenz abzuhalten, um Entwickler in einem größeren Rahmen zusammenzubringen, als dies beim *Wizards Workshop* der Fall gewesen war. Ich hatte bereits mit Robert darüber gesprochen, aber jetzt mußten wir handeln. Er erhielt grünes Licht vom CERN-Management, die erste internationale WWW-Konferenz zu organisieren, die auch am CERN stattfinden sollte.

Robert prüfte aufgeregt die Belegpläne für das Auditorium und die drei Konferenzräume. In den nächsten Monaten waren nur noch zwei Termine frei, wovon er sofort einen buchte. Er meinte: »Du brauchst Dich um nichts zu kümmern. Ich regle alles. Aber an diesem Datum muß die Konferenz stattfinden.«

Ich sagte: »Nun, Robert, das ist prima, aber meine Frau und ich erwarten zu diesem Zeitpunkt unser zweites Kind.« Er mußte anerkennen, daß man manche Dinge verschieben konnte, andere dagegen nicht. Er seufzte und ging los, um den anderen Termin zu überprüfen. Er war noch frei, lag aber mit Ende Mai vor seinem zuerst anvisierten Datum, und uns blieb nur wenig Zeit für die Organisation.

Robert begann zügig, alles für eine Konferenz Erforderliche zu koordinieren, inklusive der Referenten. Einer der ersten, die er anrief, war Joseph Hardin vom NCSA. Aber Hardins Antwort lautete: »Wir haben selbst daran gedacht, eine Konferenz auszurichten, und zwar im Mai in Chicago. Hättet ihr etwas dagegen, eure Konferenz abzusagen, damit wir unsere abhalten können?«

Robert überlegte nur kurz. Hier ging es zwar auch um die Ehre und einen gewissen Stolz, vor allem aber um die künftige Entwicklungsrichtung des Webs. Ich wollte die Befürchtung, daß es einen Bedarf gab, das Web zu »kontrollieren«, gerne zerstreuen. Auf einer Konferenz konnten wir allen mitteilen, daß niemand das Web kontrollieren sollte. Gleichzeitig konnte ein Konsortium die Parteien bei einer Einigung über ihre Zusammenarbeit unterstützen und sich allen Bemühungen von Organisationen oder Unternehmen widersetzen, das Web zu kontrollieren. Mit dem Gefühl, daß das NCSA wieder einmal versuchte, uns einen Schlag zu versetzen, antwortete Robert: »Nun, wenn ihr eure Konferenz schon so lange geplant hättet, hättet ihr uns doch bestimmt bereits davon erzählt. Tut mir leid, aber wir werden mit der Planung unserer Konferenz fortfahren.« Er wies darauf hin, daß er bereits die Räume gebucht hatte und schon deshalb nicht absagen konnte. Das NCSA beschloß, eine zweite Konferenz im November in Chicago abzuhalten.

Im Verlauf des Jahres 1994 tauchten immer mehr Anzeichen dafür auf, daß die Öffentlichkeit das Web anzunehmen begann. Das Unternehmen *Merit Inc.*, das den Internetbackbone für die *National Science Foundation* betrieb, maß die relative Benutzung der verschiedenen Protokolle über das Internet. Im März 1993 hatten Webverbindungen 0,1 Prozent des Datenverkehrs im Internet ausgemacht. Dieser Wert war im September auf 1 Prozent angestiegen und im Dezember auf 2,5 Prozent. Ein solches Wachstum war in Internetkreisen noch nie dagewesen.

Im Januar hatte *O'Reilly* ein Produkt namens »Internet in a Box« angekündigt, welches das Internet und das Web in die Haushalte bringen sollte. Alle Browser, TCP/IP und Software die benötigt wurden, um ins Internet und das Web zu gelangen, konnten schon kostenlos aus dem Internet heruntergeladen werden, aber die Benutzer mußten viel Ahnung über die Konfiguration haben und wie sie zu einer Zusammenarbeit gebracht werden konnten. Das alles war sehr kompliziert. Weder das Internet noch das Web waren ursprünglich für Privatbenutzer oder Einzelfirmen, sondern für Universitäten, Wissenschaftler und größere Organisationen entwickelt worden. *O'Reillys* Produkt fügte alles zusammen. Ein Benutzer mußte es nur auf seinem Computer installieren und die Telefongebühren für die Verbindung zum Internet bezahlen. Schon bald danach begannen Internetdienstanbieter aus dem Boden zu sprießen – lokale Firmen, die einen Zugang zum Internet zum Ortstarif anboten. Sie lieferten die gesamte Software, die ein Abonnent benötigte, das Produkt »Internet in a Box« war überflüssig geworden. Die schnelle Kommerzialisierung des Internets wurde offensichtlich. Einen knappen Monat später gab *Navisoft* einen Browser/Editor für den PC und den Mac frei, der meinem ursprünglichen World-Wide-Web-Client erstaunlich ähnelte. Mit *Navipress*, wie er genannt wurde, ließen sich Dokumente betrachten und gleichzeitig bearbeiten. Nichts mußte explizit heruntergeladen, in einem anderen Modus bearbeitet und dann wieder hochgeladen werden. *Navipress* war ein Browser, der auch als Editor benutzt werden konnte. Ich freute mich sehr darüber. Normalerweise bekamen die meisten Leute bei unseren Diskussionen über die Prinzipien des Webs diese Idee nicht mit. Aber Dave Long und seine Kollegen bei *Navisoft* hatten es wie durch ein Wunder verstanden, einfach indem sie alles gelesen hatten, was wir auf dem Server *info.cern.ch* abgelegt hatten und indem sie die Diskussionen der Webgemeinde verfolgten. *Navipress* war ein echter Browser und Editor, der reines HTML produzierte.

Wieder beriet ich mich mit Michael Dertouzos über ein Konsortium. Im Februar lud er mich in das LCS am MIT ein, um uns beide zufriedenstellende Details auszuarbeiten. Er lud mich zum Mittagessen ins *Hyatt* ein, von dem ich wußte, daß er hier immer seine ernsthaften Diskussionen führte. Der Türsteher kannte ihn so gut, daß er stillschweigend immer einen Parkplatz für Michaels BMW freihielt. Michael hatte bereits an der Bildung anderer gehobener Organisationen mit Mitgliedern aus Wissenschafts-, Wirtschafts- oder Regierungskreisen mitgewirkt. Er ging davon aus, daß ein ähnliches Modell auch für das Webkonsortium verwendet werden könnte. Als er mich fragte, wo eine solche Organisation residieren sollte, erwähnte ich zögernd, daß diese nicht nur am MIT ansässig sein solle: Ich wünschte mir eine internationale Organisation. Ich wollte nicht von Europa zu den USA überlaufen und votierte für eine Basis in Europa und eine in den USA.

Zu meiner Freude hielt auch Michael dies für sinnvoll. Er war froh, daß das LCS Bestandteil dessen sein sollte, was er das »Biest auf zwei Beinen« nannte. Als Amerikaner mit griechischer Abstammung hatte Michael im Laufe der Jahre zahlreiche transatlantische Beziehungen aufgebaut und war immer daran interessiert, gemeinsame Bemühungen zwischen der Alten und der Neuen Welt zu fördern. Ich hatte bei Michael keine schwache Stelle, sondern voll ins Schwarze getroffen. Wir kehrten voller Enthusiasmus zum LCS zurück.

Michael stellte mich später seinem stellvertretenden Direktor, Al Vezza, vor, der Bob Scheifler geholfen hatte, das *X-Consortium* einzurichten und es nun vom LCS aus seit Jahren betrieb. Al nahm mich mit in sein Büro und fragte mich ganz offen, wie die geschäftliche Seite, also die Organisationsstruktur und das Geschäftsmodell des Konsortiums, aussehen sollten. Auf diese Fragen hatte ich keine Antworten, Al jedoch schon. Er hatte all das bereits für das *X-Consortium* eingerichtet und würde es gerne noch einmal tun. Der Plan für das *X-Consortium* war so gut definiert gewesen, daß Al mich davon überzeugen konnte, ein ähnliches Modell zu verfolgen. Das CERN war unser Wunschkandidat für die Rolle des europäischen »Wirts«. Michael, Al und ich gingen davon aus, daß das CERN zustimmen würde. Ich kehrte nach Genf zurück und warb in zahlreichen Gesprächen für diese neue Rolle, die das CERN übernehmen sollte.

Inzwischen hatte Marc Andreessen, der das NCSA verlassen hatte, um sich der Firma *Enterprise Integration Technology* (EIT) anzuschließen, den Geschäftsmann Jim Clark getroffen. Zusammen gründeten sie die *Mosaic Communications Corp.* Die beiden stellten Lou Montulli, den Entwickler von *Lynx* ein, und warben den Kern des Mosaic-Entwicklungsteams vom NCSA ab, um ihren Browser zu kommerzialisieren. Bald siedelten sie nach Mountain View in Kalifornien um und benannten sich im April 1994 in *Netscape* um.

Trotz der Zeitungsartikel, die dies als ersten Schritt einer Internetrevolution bejubelten, war *Netscapes* Start kaum überraschend. Das *Mosaic*-Team hatte, im Gegensatz zu anderen Browserteams, immer wesentlich mehr Wert auf die Produktentwicklung statt auf die Forschung gelegt. Sie beschäftigten sich viel stärker mit

Mosaic als Marke, mit Kundenbeziehungen, Marketing und der Auslieferung. Das NCSA adaptierte *Mosaic* bewußt für mehrere Plattformen, um einen großen Kreis von Benutzern zu erreichen. Anders als das CERN zweifelte das NCSA nicht einen Moment lang daran, daß die Erstellung kommerzieller Produkte richtig war. Unterstützt durch Marcs Fähigkeiten trieb das NCSA *Mosaic* von einer großartigen, schon seit *Viola* bekannten Idee zu einem Produkt voran, das jeder unbedingt auf seinem Desktop haben mußte. Andreessen und Clark gingen aggressiv vor, um den gesamten Markt zu erobern. Dazu benutzten sie eine noch nie dagewesene Marketingstrategie: Sie gaben ihr Produkt kostenlos weiter, um es schnell zu verbreiten, man mußte es nur vom Internet herunterladen. Sie schienen auch eine noch nie dagewesene Finanzpolitik zu betreiben, indem sie zunächst keinen Geschäftsplan hatten. Sie würden sich so lange nicht darum kümmern, bis das Produkt weltberühmt und allgegenwärtig war.

Das Aufkommen von Websoftware und Webdiensten als kommerzielle Produkte war für das Web ein sehr wichtiger Schritt. Viele Leute würden das Web nicht nutzen wollen, solange sie die benötigten Produkte nicht von einem Unternehmen mit den üblichen Abteilungen inklusive eines Kundendienstes kaufen konnten. Robert und ich hatten sehr viel Zeit darauf verwendet, Unternehmen davon zu überzeugen, das Web als Produkt aufzunehmen. Dies war schließlich geschehen.

Ich wurde oft gefragt, ob ich eine Firmengründung plane. Eigentlich wollten sie wissen, ob ich mich von Marc Andreessen und Jim Clark in eine Ecke gedrängt fühlte. Selbstverständlich hatte ich neben dem Aufbau eines Konsortiums noch andere Optionen. Ich hatte sogar daran gedacht, eine Firma mit dem Arbeitstitel *Websoft* zu gründen, deren Aktivitäten die gleichen wie von *Netscape* wären. (Es gab später ein Unternehmen mit diesem Namen.) Aber eine Firma zu gründen war keineswegs eine Garantie für zukünftigen Reichtum. Es war wie jeder Neubeginn ein finanzielles Risiko, und in diesem Fall ein beträchtliches, weil es bisher noch nicht einmal einen klaren Markt gab.

Außerdem wollte ich mich primär um die Weiterentwicklung des Webs, das ich geschaffen hatte, kümmern. Es gab noch immer viele Dinge, die hätten schiefgehen können. Es hätte verschwinden können, um durch ein anderes System ersetzt zu werden. Auch eine Aufteilung oder Veränderung seines Wesens war möglich, so daß es nicht mehr als universelles Medium existiert hätte. Ich erinnerte mich daran, was Phil Gross, der Vorsitzende der IETF, einmal über *Gopher* gesagt hatte, als dessen Popularität noch immer zunahm. »Im Internet können sich Dinge sehr schnell verbreiten, sie können aber auch sehr schnell fallengelassen werden.« Ich wollte sicherstellen, daß das Web zu dem wurde, was ich ursprünglich beabsichtigt hatte – zu einem universellen Medium für die Freigabe von Informationen. Ein Unternehmen zu gründen hätte nicht sehr viel zur Förderung dieses Ziels beigetragen, und möglicherweise wäre auch der Wettbewerb riskiert worden, wodurch das Web sich zu einer beschränkten Menge proprietärer Produkte entwickelt hätte. Rein theoretisch wäre es möglich gewesen, Lizenzen für die Technologie zu verkaufen, aber das schnelle Ende von *Gopher* sprach dagegen.

Ich erkannte auch, daß ich durch meine Aktivitäten für ein Konsortium einen neutralen Standpunkt beibehalten konnte, der mir einen wesentlich klareren Blick auf die sich dramatisch entwickelnde Szene verschaffte, als dies aus einer Unternehmensperspektive möglich gewesen wäre. Ich wollte die Ausbreitung des Webs beobachten und mir nicht mein Leben lang Gedanken über Produktversionen machen müssen. Die Leitung eines Konsortiums würde zwar, bedingt durch Anforderungen an Vertraulichkeit und Neutralität, meine öffentlichen Meinungsäußerungen beschränken, aber ich könnte wirklich darüber nachdenken, was das Beste für die Welt anstatt für eine kommerzielle Unternehmung war. Und ich könnte auch Einfluß auf die zukünftige technische Richtung des Webs nehmen.

Ich nehme an, ich hätte als Alternative auch meine akademische Karriere weiterverfolgen können, indem ich als Assistenzprofessor an irgendeine Universität gegangen wäre. Aber ich hatte nie promoviert, und am CERN war mein akademischer Grad im Laufe meiner Karriere gleich geblieben. Ich hatte natürlich nicht die Zeit, zu promovieren. Das hätte bedeutet, vom dem Schlitten abspringen zu müssen, den ich zum Gleiten gebracht hatte.

Eine verlockendere Option war es, mich einer Forschungsgruppe eines großen Unternehmens anzuschließen, und so interessante Forschungsprojekte zu verfolgen, aber auch an dem industriellen Vorhaben, Webprodukte in den Markt einzuführen, teilzuhaben.

Ich kontaktierte einige Unternehmen und besuchte einige Labors, aber es schien nichts Passendes zu geben. Die Gründung eines Konsortiums stellte deshalb die beste Möglichkeit für mich dar, die volle Spannbreite der Webgemeinde zu verfolgen, die sich in immer mehr Bereiche aufteilte. Meine Entscheidung, das Web nicht für mein eigenes kommerzielles Vorhaben zu benutzen, war kein rühmlicher Akt von Altruismus oder von Geringschätzung von Geld, dessen ich später bezichtigt wurde.

Während einige Leute viel Wirbel um *Mosaic Communications* machten, nahte nun die erste World-Wide-Web-Konferenz. Robert und ich lenkten unsere ganze Aufmerksam darauf, daraus ein vielversprechendes Ereignis zu machen.

Die Konferenz begann am 25. Mai am CERN und sollte drei Tage dauern. Es war ein gewaltiges Zusammentreffen. Das Auditorium faßte ungefähr 300 Leute. Darauf beschränkten wir die Anmeldung, aber mit den Vertretern der Presse und anderen, die einfach auftauchten, wurden es 350 – ein Zeugnis dafür, wie das Web gewachsen war.

Die freiwilligen studentischen Kräfte, die Robert für die Konferenz angeworben hatte, übernahmen den Registrierungsbereich. Robert und ich rannten herum und versuchten, alles in letzter Minute zusammenzubekommen. Aber als ich den Konferenzbereich betreten wollte, wurde ich von Studenten abgewiesen, da die Konferenz noch nicht eröffnet war. Es dauerte eine ganze Weile, bis ich ihnen erklärt hatte, daß ich mit der Organisation der Konferenz zu tun hatte.

Wie Robert versprochen hatte, hatte er sich um alles gekümmert und bis auf ein paar Kleinigkeiten kurz vor dem Beginn mußte ich nichts tun außer teilzunehmen und Vorträge zu halten. Die Stimmung in den Konferenzräumen war aufregend, aber man fühlte sich einander nahe. Es waren die verschiedensten Leute anwesend, die durch ihren Enthusiasmus für das Web zusammengeführt wurden. Die Vorträge in dem kleinen Auditorium waren überfüllt. Da es die erste Konferenz dieser Art war, standen sich viele Leute, die bisher nur über E-Mail interagiert hatten, das erste Mal gegenüber. Und die Leute, die das Web entwickelten, wurden zum ersten Mal mit allen möglichen Leuten zusammengebracht, die das Web auf ganz unterschiedliche Arten nutzten. Die Verbindungen waren elektrisierend. Da war z. B. Børre Ludvigsen, der einen Server betrieb, auf dem sein Haus besichtigt werden konnte. Es gab auch einen Querschnitt, und man konnte sehen, wo sich die Computer befanden, oder man konnte sein Buchregal durchstöbern. Er hatte seinen Server unter einer speziellen Telefonleitung eingerichtet, die von der norwegischen Telefongesellschaft im Rahmen eines Experiments eingerichtet worden war. Er sprach mit Leuten, die glaubten, sie könnten diesen Ansatz für Anwendungen im medizinischen Bereich einsetzen. Die Aufregung, Sympathie und die gegenseitige Befruchtung zur Förderung des Webs inspirierte die Reporter. Sie übertrieben jedoch etwas, indem sie die Konferenz als »Woodstock des Webs« bezeichneten.

Im Rahmen einer Sitzung in einem der Konferenzräume wurde die Agenda für HTML für die nächsten Jahre festgelegt. Es ging darum, wie Tabellen, mathematische Zeichen und Formeln integriert und Graphiken und Fotos behandelt werden sollten. Obwohl alles, was auf Internet-FTP-Servern abgelegt war, auch über das Web verfügbar war, hatte HTML als effizientere Alternative das Rennen gemacht. Aber es mußte weiter optimiert werden, um mit den wachsenden Ansprüchen mithalten zu können, Webseiten von einem Server in rascher Folge abrufen und alle in einer Seite eingebetteten Graphiken betrachten zu können. Bei einem Treffen mit Gleichgesinnten schlug Dave Raggett eine »*Virtual Reality Markup Language*« (VRML) vor. Diese Idee griff Mark Pesce auf, und er sorgte dafür, daß die ganze Gemeinde 3D auf dem Web einsetzte und VRML definierte.

Das einzige Mal, daß ich mich etwas unbehaglich fühlte, war bei meiner Abschlußrede. Ich sprach über verschiedene technische Punkte, was gut war. Ich kündigte das im Entstehen begriffene Konsortium an, was ebenfalls gut war. Aber dann schloß ich, indem ich herausstellte, daß die Gemeinde der Webentwickler sich wie Wissenschaftler ethisch und moralisch über das bewußt sein müsse, was sie tat. Ich dachte, dies würde von Computerfreaks als etwas unpassend empfunden werden, aber die Anwesenden waren diejenigen, die nun das Web erzeugten und waren deshalb die einzigen, die sicherstellen konnten, daß das, was die Systeme produzierten, einer vernünftigen und fairen Gesellschaft angemessen sei. Trotz meiner Beklommenheit wurde meine Rede warmherzig aufgenommen, und ich war sehr glücklich, diesen Punkt vorgebracht zu haben.

Bei dieser Konferenz waren zum ersten Mal die Leute, welche die Welt mit dem Web veränderten, zusammengekommen, um eine Richtung für die weitere Nutzung und die Verantwortung für dieses neue Medium festzulegen. Das war ein wichtiger Vorgang zu diesem Zeitpunkt.

Ich ging sehr zufrieden nach Hause. Aber so aufregend dies alles war, es wurde durch die Ankunft unseres zweiten Kindes im Juni in den Schatten gestellt. Mein Familienleben lief weiter, und eine Zeitlang schien es, als ob das MIT die Vorbereitungen für das WWW-Konsortium hinausgezögerte. Dann begann Al Vezza mich abends anzurufen, um die Details zu besprechen. Die Unterhaltung wirkte wegen der kulturellen Unterschiede etwas merkwürdig. Unser kleines Fertighaus lag in einem kleinen französischen Dorf einige Kilometer von der Schweizer Grenze entfernt. Vom Hof aus konnte man über Genf hinweg direkt den Mont Blanc sehen. Von der Hinterseite des Hauses aus, wo wir oft zu Abend aßen, blickte man auf das Jura, wo Kühe auf ein paar freien Feldern grasten. Bedingt durch die Zeitverschiebung gegenüber Massachusetts hielt ich mich dort häufig auf, wenn Al anrief. Ich würde Shorts tragen und in der Sonne sitzen. Al, der sicherlich einen grauen Anzug trug, hielt sich in einem klimatisierten Bürogebäude in Cambridge auf. Es war manchmal schwierig, diese Kluft zu überbrücken.

Eines Abends Anfang Juli klingelte das Telefon. Al klang ernst. Er wollte mir sofort etwas faxen. Er sagte, er habe soeben vom MIT grünes Licht für das Konsortium erhalten, und das LCS wollte mich als Vollzeitmitarbeiter einstellen. Er besaß ein Schreiben darüber und wollte wissen, wann ich anfangen könne.

Das war genau zehn Tage, bevor wir unseren Urlaub antreten wollten. Wir hatten für die Zeit danach noch nichts geplant, weil die Klärung von Details am MIT kein Ende zu nehmen schien. Da das MIT anscheinend endlich Nägel mit Köpfen machte, gab es keinen Grund mehr, zu warten. September schien ein gutes Datum zu sein, um dort anzufangen. Es lagen nur zehn Tage zwischen unserer Rückkehr aus dem Urlaub und dem Neubeginn, aber wir wollten Anfang des Schuljahres in den USA sein.

Ein nächster Anruf kam am 14. Juli, dem Tag des Sturms auf die Bastille. Wie üblich feierte unser Dorf dies mit einem Feuerwerk, das auf einem Feld gegenüber unserem Haus gezündet wurde. Ich hatte Probleme, mich auf Al zu konzentrieren, und hoffte, er würde es verstehen. Da standen wir also, betrachteten das Feuerwerk über unserem kleinen Dorf in Frankreich und konnten dem Gespräch wegen der Explosionen kaum folgen.

Meine Frau und ich packten unsere Koffer. Obwohl wir davon ausgingen, daß wir zurückkehren konnten, um unsere Angelegenheiten zu regeln, entschlossen wir uns im Zweifelsfall lieber dafür, etwas mitzunehmen, anstatt es zurückzulassen. Und so reisten wir mit unseren Kindern ab, begleitet von einer Kavalkade von Freunden und sechzehn Koffern und Schachteln. Meine Familie kam nie zurück, und ich nur für zehn Tage, um mit der Hilfe von Freunden Haus und Auto zu verkaufen.

In der Zwischenzeit unterzeichneten das CERN und das MIT, ermutigt durch George Metakides in Brüssel, ein Abkommen über den Start des World-Wide-Web-Konsortiums. Es wurde in Boston von dem EU-Kommissar Martin Bangemann angekündigt, der die Pläne der EU für eine globale Informationsgesellschaft entwickeln sollte. *Associated Press* brachte einen Artikel über die Pressekonferenz. Berichte folgten im *Wall Street Journal*, dem *Boston Globe* und anderen wichtigen Zeitungen. Zu Mike Sendall und Robert Cailliau war François Fluckiger gestoßen, der das Konsortiumteam am CERN leiten sollte. Es würde sich zeigen, wie das noch neue Konsortium dort hineinpassen würde. Es war klar, daß das MIT größere Kontrolle ausübte, da es sich schneller bewegte und mehr Erfahrungen und relevante Kontakte hatte. Einige Leute in Europa äußerten ihre Bedenken darüber, daß die Web-Technologie westwärts wandern und Europa hinter sich lassen würde. Ich wußte, daß ich dem Schwerpunkt des Internets folgen mußte, und der lag in den USA. Die US-amerikanische Regierung konnte sich selbst für die erfolgreiche Unterstützung der Wissenschaft gratulieren, die das Internet hervorgebracht hatte, und Europa konnte froh sein, das Geld der Steuerzahler am CERN gut angelegt zu haben.

Ich verließ Genf. Auf ans MIT. Auf nach Amerika. Auf zum World-Wide-Web-Konsortium. Und auf zu einer neuen Rolle als Wegbereiter der Evolution des Webs.

Kapitel 8

Das Konsortium

Als ich am *Laboratory for Computer Science* des MIT eintraf, kampierte ich auf einem Korridor mit zwei Türen und ohne Fenster in der Nähe der Büros von Michael Dertouzous und Al Vezza. Ein eigenes Büro wäre zwar nett gewesen, aber so konnten wir eng zusammenarbeiten – und sie konnten ein Auge auf mich haben.

Ich hatte noch nicht die Zeit gehabt, ein Auto zu kaufen, und pendelte deshalb mit dem Bus. Durch das urbane Cambridge zu stapfen war ein himmelweiter Unterschied gegenüber dem ländlichen Frankreich, aber die Busfahrt bot mir die Möglichkeit, in New Englands Herbstfarben zu schwelgen. Sie gab mir auch die Zeit, über meine neue Rolle nachzudenken. Ich würde gezwungen sein, eine Struktur einzuführen, wollte aber für das Konsortium eine netzartige Organisation. Das Web würde kein isoliertes Werkzeug sein und auch keine Abbildung des wirklichen Lebens. Es würde Bestandteil eines Lebensgeflechts sein, an dem wir alle zu weben halfen.

Die Gemeinde des Webs bestand nun aus einer bunten Mischung von verschiedenartigen Leuten, Organisationen und Interessen. Das Konsortium würde diesem Beispiel folgen. Es würde ein eigenes Netz (Web) sein und das größere Web aufrechterhalten.

Das Konsortium sollte in offenen Prozessen wie die IETF geführt werden, nur etwas schneller und effizienter, weil wir vorankommen mußten. Ich wünschte mir auch eine Atmosphäre, in der Individuen, die ihre Firmen oder Organisationen repräsentierten, ihre persönlichen Vorstellungen ausdrücken und einen Weg finden konnten, um einen allgemeinen Konsens zu erzielen. Es würde immer Leute geben, die nicht zustimmten, aber auch sie würden Einfluß auf den Fortschritt nehmen: Wir würden uns echten Übereinstimmungen nähern, sie vielleicht niemals ganz erreichen, aber uns über jeden Fortschritt freuen.

Durch dieses freie Design konnte es allerdings zu Spannungen kommen, zwischen mir als Manager und dem Konsortium als flacher Struktur mit Respekt gegenüber Kollegen und gemeinsamen Entscheidungsprozessen. Und es konnte Spannungen unter den Mitgliedern des Konsortiums erzeugen. Aber ich meinte, daß diese Spannungen das Konsortium zu einem Testfall für die Vorteile einer netz- und baumartigen Gesellschaftsstruktur machen würden. Ich war begierig darauf, das Experiment zu starten.

Die WWW-Konferenzen wurden alle sechs Monate in Darmstadt, Boston und Paris durchgeführt, und die akademischen Institutionen, die sie ausrichteten, bildeten das *International World Wide Web Conference*

Committee als gemeinnützige Organisation mit Robert als Präsident. Auf der Seite der Unternehmen arbeitete *Netscape* entschlossen daran, die erste kommerzielle Version ihres Browsers zum Jahresende herauszubringen.

Bill Gates und *Microsoft*, die das Internet und das Web mit einem Achselzucken abgetan hatten, bemerkten nun, daß sie etwas verpassen könnten. Gates beauftragte Mitarbeiter seines Unternehmens mit der Entwicklung eines Browsers. *Microsoft* dachte auch über die Entwicklung eines Onlinedienstes nach, der mit *America Online, CompuServe* und *Prodigy* konkurrieren könnte.

Die Entscheidungen, wer welche Technologie entwickelte und wer mit wem zusammenarbeitete, würden den Lauf der Dinge für die kommenden Jahre bestimmen. Im April 1994 hatte Gates beschlossen, daß die nächste Version des *Microsoft*-Betriebssystems, *Windows 95*, Software für den Zugriff aufs Internet beinhalten sollte. Die Entscheidung wurde nur ein paar Wochen nach der Gründung von *Mosaic Communications* durch Marc Adreessen und Jim Clark gefällt. Gates erklärte in einer Nachricht an die Mitarbeiter von *Microsoft,* das Internet zu einem neuen und wichtigen Bestandteil der Firmenstrategie zu machen. Hätte Gates diese Entscheidung zwei Monate früher gefällt, hätte er dann die Mitarbeiter des NCSA eingestellt, die sich *Mosaic* gerade geschnappt hatte?

Das Web entwickelte sich zu einem Geschäft. Anstatt einen eigenen Webcode zu entwickeln, lizenzierte *Microsoft* den Browsercode eines kleinen Abkömmlings des NCSA namens *Spyglass*. Die Kosten beliefen sich auf 2 Millionen Dollar – mehr Geld, als wir, die wir von Anfang an dabei gewesen waren, uns jemals hätten träumen lassen.

Im November wurden die ersten wichtigen Marketingkampagnen gestartet. Auf der *Comdex*, der wichtigsten Computermesse, die zweimal pro Jahr stattfindet, kündigte *Microsoft* mit Pauken und Trompeten seinen Onlinedienst namens *Microsoft Network* (oder MSN) an, und daß Zugriffssoftware Bestandteil von *Windows 95* sein würde. Auf derselben Konferenz verkündete Jim Clark, daß *Mosaic Communications* sich in *Netscape* umbenennen würde. Das NCSA hatte sich daran gestört, daß Clark und Adreessen ihre Produktbezeichnung *Mosaic* auch als Firmennamen nutzten, und als die beiden begannen, Mitarbeiter des NCSA abzuwerben, zog man vor Gericht. *Mosaic Communications* mußte dem NCSA aufgrund einer außergerichtlichen Einigung 3 Millionen Dollar Schadensersatz bezahlen und einen neuen Namen finden. Dieser Name war *Netscape*.

Al und ich führten unsere eigenen Debatten über einen Namen für unsere im Entstehen begriffene Organisation, und wir landeten schließlich bei »World Wide Web Consortium« oder kurz W3C. Einige der Symbole weisen noch heute eine Spur von »W3C« auf, was sich eine Weile hielt.

Während ich an der technischen Agenda arbeitete, warb Al energisch um Mitglieder. Die Mitarbeiter von *Digital Equipment*, die mich am CERN überrascht hatten, waren unter den ersten auf Als Liste. Sie machten ebenso mit wie Mitarbeiter anderer Unternehmen – vom Emporkömmling *Netscape* bis hin zu treuen Unternehmen wie *Hewlett-Packard* und *IBM*, die bald dazustießen.

Die Mitgliedschaft stand allen Organisationen offen: kommerziellen oder Bildungs- oder Regierungsorganisationen, egal ob an Gewinn orientiert oder gemeinnützig. Der Jahresbeitrag für eine Vollmitgliedschaft belief sich auf 50 000 Dollar, der einer angegliederten Mitgliedschaft auf 5000 Dollar. Zwischen den Mitgliedschaften gab es keine Unterschiede, außer daß die angegliederten Mitglieder gemeinnützige oder Regierungsorganisationen sein mußten. *Netscape* beteiligte sich mit 50 000 Dollar, obwohl sich das Unternehmen als angegliedertes Mitglied qualifizierte, aber es wollte prinzipiell als großes Unternehmen behandelt werden. Die Mitglieder mußten einen Dreijahresvertrag unterzeichnen, anschließend konnten sie die Mitgliedschaft jährlich erneuern. Sie würden auch exklusiven Zugriff auf Informationen über alle Aktivitäten erhalten, egal, ob sie direkt involviert waren oder nicht.

Wir hatten zwar zu diesem Zeitpunkt das Motto noch nicht, der Zweck des Konsortiums war aber, »das volle Potential des Webs auszuschöpfen«, indem in erster Linie allgemeine Protokolle entwickelt wurden, um den Durchsatz und die Entwicklung des Webs zu verbessern. Dazu mußten wir einer beträchtlichen Welle von Anwendungen, Diensten und sozialen Veränderungen voraus sein, indem wir eine einzigartige Kombination von Rollen erfüllten, die traditionell ziemlich unterschiedlichen Organisationen zugeschrieben wurden.

Wie die IETF würde das W3C offene technische Spezifikationen entwickeln. Anders als die IETF würde das W3C einen kleinen Stab von Vollzeitmitarbeitern unterhalten, die bei Bedarf beim Entwurf und der Entwicklung von Code mithalfen. Wie Industriekonsortien würde das W3C die Macht und Autorität von Millionen von Entwicklern, Wissenschaftlern und Benutzern vertreten. Und wie seine wissenschaftlichen Mitgliedsinstitutionen würde das Konsortium die aktuellsten Fortschritte der Informationstechnologie nutzen.

Das Konsortium würde auch große Mühen auf sich nehmen, um für seine Mitglieder ein »herstellerneutrales« Forum zu bleiben. Ein kleines Kernteam am *Laboratory for Computer Science* und an Standorten in Europa und Asien würde Spezifikationen und Beispielcode erzeugen, welche die Mitglieder – und andere – kostenlos für ihre Zwecke benutzen konnten, auch wenn es sich um kommerzielle Produkte handelte. Das Konsortium, das durch Gebühren finanziert wurde (und anfangs auch mit öffentlichen Forschungsgeldern), würde die Kosten dafür übernehmen. Ein Beratungskomitee mit je einem offiziellen Vertreter jeder Mitgliedsorganisation sollte als primäre Verbindung zwischen den Organisationen und dem W3C dienen. Das Komitee würde das Konsortium hinsichtlich des allgemeinen Fortschritts und der Richtung, in die das W3C ging, beraten. Ich wurde der Direktor des Konsortiums, Al sein Vorsitzender.

Die meisten Mitgliedsorganisationen waren Unternehmen, die hauptsächlich daran interessiert waren, die

Technologie zu ihrem eigenen Vorteil weiterzuentwickeln. Dieser Wettbewerb in der Gruppe würde die Entwicklungen vorantreiben und alle auch für das nächste Thema an einen Tisch bringen. Den Mitgliedern war außerdem bewußt, daß sie sich durch Zusammenarbeit am effizientesten einen Teil vom schnell wachsenden Kuchen abschneiden konnten.

Obwohl das Konsortium in erster Linie als Veranstaltung der Industrie betrachtet wurde, wurde es von der US-Regierung und auch von europäischen Regierungen unterstützt. Die *U.S. Defense Advanced Research Projects Agency* (DARPA) stellte sogar Startgeld bereit, zum Teil wohl auch deshalb, weil wir eine Brücke zwischen akademischer Forschung und der Industrie bilden würden. Der EU-Kommissar Martin Bangemann hielt eine Konferenz der europäischen Regierungen ab, die beschlossen, die Koordination des europäischen Teils des Konsortiums am CERN zu unterstützen.

Natürlich war einer meiner ersten Schritte am MIT die Einrichtung eines Webservers. Ich kopierte alle existierenden Webdokumentationen und -spezifikationen vom Server *info.cern.ch* am CERN. Die neue Webadresse hieß *http://www.w3.org*. Das CERN würde *info.cern.ch* als Adresse in Europa beibehalten und die Zugriffe weiterleiten.

Kaum am MIT angekommen, war ich schon nach Edinburgh in Schottland zur nächsten »European Conference on Hypermedia Technology« unterwegs. Sie wurde von Ian Ritchie von der Firma *Owl* ausgerichtet, den ich vier Jahre zuvor davon zu überzeugen versucht hatte, einen Webbrowser als Bestandteil von *Owls* Hypertextprodukt, *Guide*, zu entwickeln. Dort traf ich Doug Engelbart wieder, der ein Video seines Original-NLS-Systems zeigte. Trotz des Wachstums des Webs kritisierte die SGML-Gemeinde HTML noch immer als minderbemittelte Teilmenge von SGML und schlug vor, daß das Web schleunigst SGML übernehmen solle. Andere meinten HTML solle von der unschönen SGML-Welt getrennt und klar und einfach gehalten werden.

Dale Dougherty von *O'Reilly Associates*, der die frühen Macher des Webs auf dem ersten *Wizards Workshop* und auf anderen Treffen versammelt hatte, sah eine dritte Alternative. Nach einer Sitzung gingen ein paar von uns in einen Pub. Als wir auf den Barhockern herumsaßen und unser Bier tranken, erzählte Dale allen, daß die SGML-Gemeinde im wesentlichen passé sei und daß HTML am Ende stärker sein würde. Er war nicht der Meinung, daß wir die SGML-Welt entweder ganz akzeptierten oder sie ignorieren müßten. Ganz ruhig und mit einem Lächeln begann Dale zu sagen »Wir können sie verändern«. Er wiederholte es immer wieder, wie ein Mantra »Wir können sie verändern«.

Also setzten wir die Entscheidung über SGML auf die Agenda. Für die HTML-Gemeinde wurde die Kontroverse schnell zu einem großen Aufhänger. Sie brachte sie richtig in Fahrt. Und im Bereich der Dokumentationssysteme gab es viele Sympathisanten, die ebenfalls genug von den Eigenschaften von SGML hatten.

Im Vergleich zu dem Drama, das bei der Bildung von Webfirmen stattfand, mag diese Kontroverse vielleicht wie eine eher unwichtige Fachfrage gewirkt haben. Aber die Jim Clarks und Bill Gates würden keine großen Entscheidungen mehr treffen, bis spezifische Entscheidungen wie die Beziehung zwischen HTML und SGML getroffen waren. Die Geschäftsleute und Marketingstrategen, die dachten, sie würden das Web »lenken«, würden nichts mehr zu lenken haben.

Im Oktober 1994 brachte *Netscape* die erste Version eines Browsers namens *Mozilla* heraus. Es war eine »Beta«- oder Testversion, die freigegeben wurde, damit die Leute im Internet sie ausprobieren und Verbesserungsvorschläge machen konnten. Wie bereits bei *Mosaic* verteilte Marc Neuigkeiten über *Mozilla* in allen Newsgroups, und die Benutzern schnappten sie auf.

In der Zwischenzeit produzierte Ari Luotonen, der finnische Student vom *Erwise*-Projekt, den Robert ans CERN gebracht hatte, CERNs HTTP-Code. Er sorgte dafür, daß sich der Code leicht installieren ließ und stattete ihn mit einer Dokumentation inklusive einer Bedienungsanleitung aus. Als seine Zeit als Student am CERN zu Ende ging, fing er bei *Netscape* an und arbeitete an deren Serversoftware. Der andere Student am CERN, Henrik Frystyk Nielsen, kam zu uns. Er würde zusammen mit anderen die Hauptarbeit für die nächste Version des Hypertextprotokolls HTTP 1.1 leisten.

Als sich die Mitglieder beim Konsortium einschrieben, teilten sie uns mit, was wir als erstes angehen sollten. Zu den Punkten mit der höchsten Priorität gehörte die Netzwerksicherung. Informationen wie Kreditkartennummern, die über das Web gesendet wurden, mußten geschützt werden. *Netscape* war besonders interessiert daran, weil es einen Deal mit dem Giganten MCI gemacht hatte, *Netscapes* Browser über dessen neuen Internetdienst, der im Januar starten sollte, zu vertreiben. *Netscapes* Software namens *Secure Sockets Layer* (SSL) würde den Kauf über Kreditkarte in MCIs geplantem Online-Einkaufszentrum schützen. Da *Netscape* SSL als Wettbewerbsvorteil sah und das Gefühl hatte, daß das W3C noch nicht so richtig lief, beschloß das Unternehmen, nicht zu warten und seine Software unabhängig zu entwickeln. Dies war eines der ersten Programme, mit dem E-Commerce möglich wurde.

Bei so vielen Neuheiten verging der Herbst schnell. Plötzlich war Dezember 1994. Innerhalb von nur drei Tagen fanden gewaltige Ereignisse statt, welche die Zukunft des Webs für immer ändern würden: Die Mitglieder des Konsortiums trafen sich erstmals. *Netscape* gab die kommerzielle Version seines Browsers frei, und das CERN beschloß, keine Hostsite des W3C zu sein. Der Schlitten, den ich so lange angeschoben hatte, fuhr nun den Berg hinunter.

Am 14. Dezember hielt das World Wide Web Consortium am LCS das erste Treffen des Beratungskomitees ab. Das Treffen der ungefähr 25 Teilnehmer fand in einer freundlichen Atmosphäre statt. Die Vertreter der Konkurrenzunternehmen in diesem Markt kamen zusammen, weil sie sich über die potentielle Zerschlagung von HTML sorgten. Dies wurde als große Bedrohung für die gesamte Gemeinschaft betrachtet. Es gab so viele Vorschläge für Erweiterungen von HTML, daß wirklich ein Standard benötigt wurde. Wir kämpften um die

Begriffe – ob das Konsortium wirklich einen »Standard« setzen oder kurz davor stoppen und nur eine formelle »Empfehlung« geben sollte. Wir entschieden uns für letzteres, um deutlich zu machen, daß unsere Verfahrensweise darin bestand, eine »grobe Übereinstimmung und lauffähigen Code« zu erhalten – die Internetmaxime, um Zustimmung für ein funktionsfähiges Programm zu erhalten und die Leute dazu zu bekommen, es auszuprobieren. Außerdem mußten wir uns beeilen und wollten nicht durch den langen internationalen Abstimmungsprozeß, der für die Festlegung eines echten Standards typisch war, behindert werden. Mir wurde klar, daß die Führung des Konsortiums immer ein Balanceakt zwischen der für größtmögliche Offenheit erforderlichen Zeit und der zunehmenden Geschwindigkeit der Technologieentwicklung sein würde. Wenn wir offene, allgemeine Protokolle entwickeln und den Anwendungen immer einen Schritt voraus bleiben wollten, mußten wir die beständigen Bemühungen unserer Mitarbeiter unterstützen, einen Satz von Webtools für unsere eigene Nutzung zu erstellen, um neue Ideen zu zeigen und mit den vorgeschlagenen Spezifikationen zu experimentieren. Das bedeutete, einen Browser und einen Server zu übernehmen, die ihrer Zeit etwas voraus waren. Wir kamen überein, Dave Raggets Browser *Arena* und den Server am CERN als unser Testfeld zu verwenden. Selbstverständlich würden wir diese und alle anderen Tools für jedermann kostenlos zur Verfügung stellen. Die Leute mußten nur auf den öffentlich zugänglichen Teil der W3C-Website zugreifen und ein Programm herunterladen.

Die wirkliche Kunst des Konsortiums würde darin bestehen, den kleinsten gemeinsamen Nenner oder die Protokolle zu finden, die alle benötigten, damit das Web über das Internet funktionieren konnte. Dadurch wurde das Konsortium nicht zu einer Kontrollinstanz, sondern es war einfach ein Ort, um Übereinkünfte zu erzielen. In diesen frühen Tagen, bevor wir formellere Prozesse entwickelten, kam ein Unternehmensvertreter einfach nicht zum Treffen, wenn ein Mitglied nicht an einer bestimmten Initiative teilnehmen wollte. Und wenn sich die Leute nach ernsthaften Bemühungen nicht einigen konnten, wurde das Thema schließlich fallengelassen.

Ob es nun von den Wünschen des freien Markts oder einem menschlichen Ideal beeinflußt war, wir alle hatten das Gefühl, daß Kontrolle die falsche Perspektive sei. Ich hatte das Web so entwickelt, daß es keinen zentralen Ort geben würde, an dem jemand einen neuen Server »registrieren« oder Zustimmung zu dessen Inhalt erhalten müßte. Jeder konnte einen Server einrichten und darauf alles ablegen. Philosophisch gesehen mußte das Web, wenn es eine universelle Ressource sein sollte, die Möglichkeit zu unbegrenztem Wachstum haben. Technisch gesehen würde ein zentralisierter Punkt der Kontrolle schnell zu einem Flaschenhals werden, das Wachstum des Webs wäre beschränkt und es könnte nie seine volle Leistung entfalten. Sein Zustand »ohne Kontrolle« war sehr wichtig.

Das internationale Telefonsystem bietet eine passende Analogie. Man kann deshalb ein Telefon so gut wie überall auf der Welt an das Telefonnetz anschließen, weil sich die Telefonindustrie auf bestimmte Standardschnittstellen geeinigt hat. Die Spannungen und die Signale im Kabel sind beinahe überall identisch. Und mit dem richtigen Adapter läßt sich eine große Bandbreite von Geräten unterschiedlicher Hersteller einstöpseln, die alle Arten von Informationen, von der Stimme über Fax bis zu Video, senden. Das Telefonsystem definiert, wie das Gerät beschaffen sein muß, aber es überläßt die Art der Nutzung dem Gerät. Genau das brauchten wir auch für die Computer im Web.

Am 15. Dezember, einen Tag nach dem ersten Treffen des Konsortiums, gab *Netscape* die kommerzielle Version von *Mozilla* frei, die nun in *Navigator 1.0* umbenannt worden war. Diese Version war mit *Microsofts* Betriebssystem *Windows*, mit *X-Windows* für *Unix* und mit dem Macintosh kompatibel. Der Browser war weniger aufgrund seiner technischen Merkmale wichtig, sondern wegen der Art und Weise, wie *Mosaic* ihn freigab. Anstatt ihn einzupacken und auszuliefern, gab *Netscape* ihn über das Internet frei. Und anstatt eine Bezahlung zu verlangen, wurde er verschenkt. Innerhalb weniger Monate benutzte die Mehrzahl der Webbenutzer den *Navigator 1.0*.

Andreessen verfolgte das Modell, mit dem auch bisher Websoftware freigegeben wurde, diesmal stammte die Software jedoch von einem kommerziellen Unternehmen, das eigentlich Gewinne erzielen sollte. Die Leute fragten sich, woher die Gewinne kommen sollten. Adreessen und Clark hatten festgestellt, daß Browser schnell zu einer Ware werden würden. Das NCSA hatte den Code von *Mosaic* auch an andere Neugründungen lizenziert, und *Microsoft* war dabei, einen eigenen Browser zu entwickeln. *Netscape* konnte nicht hoffen, vom Browsermarkt zu leben. Aber das Unternehmen konnte seinen Browser vor den anderen auf den Markt bringen. Wenn er schnell und von vielen angenommen wurde, dann würde das Unternehmen eine Plattform haben, über die es andere Produkte, die gegen Geld angeboten wurden, lancieren konnte. Diese Strategie würde auch Millionen von Menschen auf die Homepage von *Netscape* bringen – den Standardbildschirm, wenn der Navigator geöffnet wurde. Auf seiner Homepage konnte *Netscape* Werbung von Unternehmen zeigen, die dafür bezahlen würden, eine große Anzahl von Benutzern zu erreichen. Die Site würde die Browser auch sofort über die anderen, kostenpflichtigen Dienste von *Netscape* informieren. Und schließlich würde *Netscape* von Firmen für eine kommerzielle, leistungsfähigere Version des Browsers und für die Einrichtung und Unterstützung von Webservern Gebühren verlangen. Diese Position war sehr weise, weil es profitabler war, ein Dienstleistungsunternehmen zu sein, als Software zu verkaufen. Andreessen und Clark war dies vielleicht am Anfang nicht ganz klar, denn beim Herunterladen des Browsers wurde den Benutzern mitgeteilt, daß sie ihn nur drei Monate lang verwenden durften. Anschließend wurde eine Bezahlung erwartet, um nicht die Lizenzbedingungen zu verletzen. Ich wußte nicht, welche Reaktionen *Netscape* darauf erhielt. Ich nehme an, daß manche Benutzer bezahlten, viele jedoch nicht, sondern einfach die nächste wieder kostenlose Version der Software herunterluden. *Netscape* ließ dies aus

Angst, Fans an andere Browser zu verlieren, zu, und mit der Zeit wurde der Anreiz, zu bezahlen, immer geringer.

Dieser Ansatz schuf die Vorgaben für die Webunternehmen, die folgen würden: Betaversionen zum Test freigeben, wodurch eine Software im Entwicklungsstadium in die Hände von Hunderten von Profis und Amateurbenutzern gelangt, die (kostenlos) Verbesserungsvorschläge zurücksenden; Basissoftware verschenken, um Kunden an Bord zu ziehen; Software schnell und preisgünstig über das Internet distribuieren; dann versuchen, durch die Millionen von Besuchern Geld mit Anzeigen oder Diensten zu verdienen.

Am 16. Dezember 1994, dem dritten Tag einer unglaublichen Woche, verkündete das CERN große Neuigkeiten. Nach mehrjährigen Verhandlungen hatte der Rat des CERNs einmütig die Konstruktion des *Large Hadron Collider*, eines neuen Teilchenbeschleunigers, beschlossen. Er würde den nächsten Sprung in Richtung der Untersuchung noch kleinerer Einheiten bedeuten. Ich erfuhr jedoch schnell, daß das CERN wegen diesem Mammutprojekts der gesamten Organisation strenge Budgetbedingungen auferlegen würde. Es konnte kein Programm mehr unterstützt werden, das nicht zentral für die Teilchenphysik war. Das bedeutete, daß das CERN bedauerlicherweise weder die Entwicklung des Web noch das Konsortium weiter unterstützen konnte.

In gewisser Weise lag es wahrscheinlich im Interesse aller Beteiligten, daß das CERN absprang. Es hatte sich in seinem tiefsten Inneren immer auf die Teilchenphysik konzentriert und niemals große Erfahrung mit der Industrie gesammelt oder eine allgemeine Richtlinie entwickelt, um mit der Industrie zusammenzuarbeiten. Aber ich meinte, daß das CERN dafür gewürdigt werden müsse, daß es mich das Web hatte entwickeln lassen, und weil es eine solche kreative Umgebung unterhielt. Die weitere Teilnahme am Konsortium hätte dem CERN seinen Platz in der Geschichte des Webs gesichert. Ich hätte es lieber gesehen, wenn man der Organisation anerkennend auf den Rücken geklopft hätte, anstatt sie stillschweigend in der Dunkelheit verschwinden zu lassen. Robert für seinen Teil blieb in der Webgemeinde aktiv, indem er weiterhin die jährliche »WWW Conference« organisierte.

Durch CERNs Ausscheiden blieb das Konsortium ohne eine europäische Basis zurück, aber die Lösung lag auf der Hand. Ich hatte bereits das *Institut National pour la Recherche en Informatique et en Automatique* (INRIA) besucht, Frankreichs nationales Forschungsinstitut für Information und Steuerung, das in der Nähe von Versailles lag. Es war für seine Expertise im Bereich der Kommunikation bekannt. Sein Ableger in Grenoble hatte den Hypertext-Browser/Editor entwickelt, der als *Grif* veröffentlicht wurde und von dem ich so begeistert gewesen war. Außerdem verstanden Jean-François Abramatic und Gilles Kahn, zwei Direktoren des INRIA, sehr gut, was ich benötigte. Das INRIA wurde der Co-Host für das Konsortium. Anfang 1996 würden wir arrangieren, daß Vincent Quint und Irene Vatton, die *Grif* weiterentwickelten, sich dem Mitarbeiterstab des Konsortiums anschließen würden. Sie würden die Software, die in *Amaya* unbenannt wurde, weiterentwickeln und mit ihr *Arena* als Flaggschiffbrowser/Editor ersetzen.

Der Strudel von Ereignissen, die in nur 72 Stunden stattgefunden hatten, war aufregend und gleichzeitig entmutigend. Das Konsortium mußte sich schleunigst bewegen, wenn es den Kräften, die sich sammelten, einen Schritt voraus bleiben wollte.
Ich mußte nur zwei Monate auf die Bestätigung warten, daß das Web zu einem globalen Schwergewicht geworden war. Im Februar 1995 fand das jährliche Treffen der G7-Staaten, der sieben reichsten Nationen der Welt, in Brüssel statt. Die Regierungen weltweit wurden sich schnell des Einflusses dieser Technologie bewußt, und Michael Dertouzous, der Direktor des LCS, war eingeladen, die US-Delegation dorthin zu begleiten. Wie Michael in seinem Buch *What Will Be* beschreibt, hielt Thabo Mbeki, der Vizepräsident von Südafrika, eine der Hauptansprachen. Er hielt eine fundierte Rede darüber, wie die Leute die neue Technologie aufgreifen sollten, um ihre Selbstbestimmung zu erweitern, um sich über ihre wahren ökonomischen, politischen und kulturellen Umstände auf dem laufenden zu halten und um sich eine Stimme zu verleihen, welche die gesamte Welt hören konnte. Ich selbst hätte die Mission des World Wide Web nicht besser darstellen können.

Kapitel 9

Wettbewerb und Konsens

Die Geschichte nimmt häufig dramatische Wendungen, die bei ihrem Auftreten noch ganz normal erscheinen. *Microsoft* wollte *Netscapes* Browser lizenzieren, sich in das Unternehmen einkaufen und einen Sitz in *Netscapes* Aufsichtsrat übernehmen. *Netscape* sollte dafür der Browser in *Microsofts* völlig neuem Betriebssystem *Windows 95* sein, was *Netscape* in der riesigen PC-Industrie einführen würde. Aber Jim Clark und *Netscapes* Hauptgeschäftsführer Jim Barksdale, der eingestellt worden war, um Geld zu erwirtschaften und Geschäfte abzuschließen, hatten Bedenken. Der Antrag fiel durch, und *Microsoft* verdoppelte seine Bemühungen, einen eigenen Browser anzubieten.

Andere Geschäfte kamen jedoch zustande, was die Wettbewerbslandschaft weiter formte. Im April kündigte *Compaq* die erste PC-Serie an, die mit dem *Navigator* ausgeliefert würde – es war das erste Mal, daß ein Browser direkt als Beigabe zu Hardware geliefert wurde.

Im Mai führte *Sun Microsystems* mit nur wenig Wirbel, *Java*, eine neue Programmiersprache, ein. *Java* war aus James Goslings Sprache *Oak* hervorgegangen und ursprünglich für Anwendungen wie Telefone, Toaster und Armbanduhren entwickelt worden. Kleine, in *Java* programmierte Anwendungen, *Applets* genannt, konnten über das Internet zwischen Computern versendet und direkt auf einer Webseite über einen Browser ausgeführt werden. So sah die Theorie aus. Es entsprach einem Bedarf für Anwendungen, in denen eine Hypertextseite nicht ausreichend interaktiv war und Programmierung auf Seiten des Clients nötig war. Die Faszination bestand darin, daß ein Applet, das auf Computer A erstellt worden war, auch auf Computer B ausgeführt werden konnte, selbst wenn beide unter verschiedenen Betriebssystemen liefen. Das lag daran, daß die Sprache *Java* einen virtuellen Computer auf Computer B einrichtete, der nur minimale Unterstützung durch das Betriebssystem von Computer B benötigte. In der Vergangenheit war mit vielen Sprachen versucht worden, dieses Ziel zu erreichen, aber die Anstrengung, alle benötigten Geräte zu standardisieren, war häufig das Ende. *Java* funktionierte von Anfang an. Plötzlich konnte ein Profi- oder ein Amateurprogrammierer eine Java-Anwendung erstellen, sie auf einer Website ablegen, und Leute überall in der Welt konnten sie herunterladen und benutzen. *Java* ermöglichte ein riesiges Potential an einfachen und preisgünstigen Webanwendungen. *Netscape* lizenzierte *Java* sofort und integrierte die Sprache in die nächste Version des *Navigator*. Ich war sehr aufgeregt, weil *Java* eine objektorientierte Programmiersprache ist, eine leistungsfähigere Programmiertechnik, die ich für mein Programm *WorldWideWeb* verwendet hatte, aber wegen des Mangels an Standardisierung aufgeben mußte. Theoretisch würde ein Computer keine Festplatte und keinen Arbeitsspeicher (RAM) benötigen, um Software für verschiedene Anwendungen wie Textverarbeitung, Buchhaltung und ähnliches auszuführen. Statt dessen könnte ein Computer mit minimalem Festplattenspeicher und RAM eine Website aufrufen und ein Java-Applet herunterladen, um Dokumente zu schreiben und die Buchhaltung zu machen. PCs könnten dadurch mit weniger Hardware ausgestattet und zu einem geringeren Preis angeboten werden. Einige Leute glaubten sogar, diese neue Entwicklung könne die Macht von großen Softwareunternehmen wie *Microsoft* untergraben, weil populäre Software wie Textverarbeitung in *Java* erhältlich wäre und nicht mehr in Verpackungen gekauft werden müßte. *Java* bedeutete auch, daß die Kommunikation und Zusammenarbeit über das Web mit allen möglichen Arten von Geräten im Taschenformat, die nicht sehr viel Hard- und Software unterstützen konnten, möglich wurde.

In der Zwischenzeit wuchs in einer Gruppe von Technologieunternehmen, die über mehrere Jahren hinweg die Wanderung ins Informationszeitalter angeführt hatten, die Anspannung. Die Onlinedienstanbieter wie *CompuServe, Prodigy, America Online* und andere, die bereits zusammengestellte Inhalte wie Nachrichten, Enzyklopädien, Reiseinformationen und E-Mail anboten, neigten dazu, das Internet als ein »anderes« Netzwerk darzustellen, das obskur und komplex war und mit dem man sich am besten nicht herumschlagen sollte. Aber das Web machte die Benutzung des Internets plötzlich so leicht. Ich klärte die Abonnenten auch darüber auf, daß ihre Onlinedienste entweder isolierte Inseln oder nur ein kleiner Teil des Internets seien. Um ihre Kunden zu halten, boten die Onlinedienste widerwillig Zugriff auf das Web, sie versuchten jedoch, es als Teil ihres eigenen Königreiches zu präsentieren. Als die Presse sich verstärkt um das Web kümmerte, wurden die Onlinedienste vorsichtiger mit ihrer Falschdarstellung des Webs gegenüber einer besser informierten Öffentlichkeit. Sie mußten ihre Haltung ändern und sich als Anbieter organisierter und sicherer Inhalte neu positionieren, damit die Leute nicht allein im Web losziehen mußten, um das Gesuchte zu finden.

Als Teil der allgemeinen Umwälzungen kaufte *America Online* (AOL) die Firma *Navisoft*, die den Browser *Navipress* entwickelt hatte, der auch als Editor funktionierte. AOL änderte den Produktnamen in *AOLpress* um. (Das ist die Software, die ich benutzte, um frühe Teile dieses Buches zu entwerfen.)

Einmal gab es sogar Gerüchte um einen Versuch *AOLs*, ein Konsortium wie das W3C mit einem ähnlichen Namen zu starten. Ich sendete eine E-Mail an AOLs Geschäftsführer Steve Case, um zu versuchen, die kulturellen Unterschiede zu überbrücken. Sie gaben ihre Idee auf, als sie feststellten, daß alle im Web engagierten Unternehmen bereits Mitglieder des W3C waren und daß diese Gruppe sich schon aufgrund ihrer Größe kaum von AOL würde kontrollieren lassen. Da Jim Barksdale erkannte, daß *Netscape* sehr schnell wachsen mußte, um mit den Großen wie *Microsoft* zu konkurrieren, beschloß das Unternehmen, zur Kapitalerhöhung an die Bröse zu gehen. Das IPO (Initial Public Offering, Börseneinführung) wurde am 9. August abgehalten, nur sechs Monate, nachdem das Unternehmen gegründet worden war. Dies war für ein IPO extrem früh, aber an der Wall Street wurden erstklassige Preise für IT-Aktien bezahlt, und *Netscape* benötigte Munition, um mit *Windows 95* und dem mitgelieferten Browser zu konkurrieren, welches bald mit einer großen *Microsoft*-Werbekampagne verkauft würde. Die Aktien wurden zu einem Mindestwert von 28 Dollar pro Aktie verkauft, und dieser Preis war eigentlich bereits hoch, aber die Nachfrage hob ihn sofort auf 70 Dollar an. *Morgan Stanley*, eine Investmentfirma, die das Angebot verwaltete, konnte die Aktien nicht schnell genug verkaufen. Große Institutionen wollten reihenweise große Anteile erwerben. Sie kauften immer weiter, bis bei Handelsschluß 38 Millionen Aktien auf dem Markt waren. *Netscape* war nach einem einzigen Handelstag 4,4 Milliarden Dollar wert. Es war der größte Börsengang in der Geschichte, und das Unternehmen hatte noch nicht einmal Gewinne gemacht.

Wenn das World Wide Web noch nicht die volle Aufmerksamkeit der Öffentlichkeit erhalten hätte, diese bemerkenswerte Geschichte hätte es ins Rampenlicht gestellt. Die Geschichte sandte auch eine unbestreitbare Botschaft an die kommerzielle Welt: Das Web war Big Business. Der Goldrausch war im Gange. Die Kapitalflut ermöglichte es *Netscape*, kleine Firmen aufzukaufen, die spezialisierte Produkte für das Web entwickelt hatten, Joint Ventures mit großen Unternehmen abzuschließen und ihre Produktlinie auszuweiten, um umfangreiche Verträge mit wichtigen Firmeneinkäufen abzuschließen. Ende 1996 sollte *Netscape* mehr als zweitausend Mitarbeiter beschäftigen und Umsätze in Höhe von 346 Millionen Dollar ausweisen. Der aufgeblasene Aktienkurs sollte in den kommenden Jahren ein vernünftiges Niveau erreichen, aber das Web war mit einem Schlag zu einem wichtigen Markt geworden.

Nach *Netscapes* Börsengang begannen mich die Leute zu fragen, ob ich mich über die Kommerzialisierung des Webs ärgern würde. Sie fragen das heute noch. Mit einem Teil der Frage ist gemeint: »Ärgerst Du Dich darüber, daß Leute für bestimmte Webprodukte Geld bezahlen müssen oder zumindest für die kommerzielle Unterstützung der Webprodukte?«

Selbstverständlich tue ich das. Die freie Softwaregemeinde war für die Entwicklung des Webs fundamental und ist eine Quelle der Kreativität. Aber es war bei einem Erfolg des Webs unvermeidlich und wichtig, daß eine Mischung aus kostenloser und kommerzieller Software verfügbar war. Eine zweite Bedeutung der Frage bezog sich auf die Tatsache, daß Webseiten lange Zeit von Personen und gemeinnützigen Organisationen erstellt wurden, die aufeinander ohne kommerziellen Nutzen verwiesen. Akademiker, die das Internet von Anfang an benutzt hatten, sahen es als einen offenen, freien und reinen Raum, den sie benutzen konnten, und sie machten sich Sorgen darüber, daß dieser freigiebige Informationsraum, den sie für so rechtschaffende Zwecke verwendet hatten, nun nicht mehr verfügbar sein, sondern von Junk-E-Mail und Werbung überschwemmt würde. Bestimmte Leute meinten, daß kommerziell motiviertes Material das Web verschmutze. Ich hatte wenig Verständnis für diesen Standpunkt. Das Web war als universelles Medium gestaltet worden. Eine Hypertextverknüpfung mußte auf alles zeigen können. Informationen, die aus kommerziellen Zwecken hinterlegt wurden, konnten nicht ausgeschlossen werden.

Manchmal wurde ich gefragt, ob ich mich darüber ärgern würde, daß ich finanziell nicht vom Web profitiert hatte. Ich hatte bewußte Entscheidungen darüber getroffen, welchen Verlauf mein Leben nehmen sollte. Diese würde ich nicht ändern – obwohl ich mich nicht dazu äußern möchte, was ich in Zukunft tun werde. Mit Sorge erfüllt mich jedoch, wie wichtig diese Frage manchen scheint. Dies geschieht hauptsächlich in Amerika und nicht so sehr in Europa. Mich macht diese schreckliche Vorstellung verrückt, daß der Wert einer Person davon abhängt, wie wichtig und finanziell erfolgreich sie ist, und daß dies in Geld gemessen wird. Das zeigt eine gewisse Respektlosigkeit für die Forscher, die weltweit die Vorgaben für die nächsten Schritte in Wissenschaft und Technologie entwickelt. Ich war in einem Wertesystem aufgewachsen, in dem finanzieller Gewinn an den richtigen Platz gestellt wurde, und zwar hinter die Dinge, die mir wichtig waren. Den Nettowert als Kriterium für die Beurteilung einer Person zu benutzen bedeutet, die Sichtweise unserer Kinder auf Geld anstatt auf die Dinge, die sie wirklich glücklich machen, auszurichten.

Es kann gelegentlich frustierend sein, daran zu denken, was meine Familie mit sehr viel Geld alles hätte machen können. Aber im allgemeinen bin ich ziemlich zufrieden damit, andere Leute in ihrer »Königliche-Familie«-Rolle zu belassen, solange sie ihre Macht nicht mißbrauchen. Das Konsortium ist das Forum, in dem sich Leute treffen, um die Agenda aufzustellen. Es ist nicht so, daß ich einfach Entscheidungen treffen könnte, die das Web verändern ... aber ich kann versuchen, diese Organisation der gesamten Industrie dazu zu bekommen. Meine Priorität ist es, dafür zu sorgen, daß das Web sich in einer Weise entwickelt, die uns allen für eine lange Zeit zugute kommt. Wenn jemand versucht, das Web zu monopolisieren – indem er z. B. eine proprietäre Variation von Netzwerkprotokollen fördert –, dann legt er sich mit mir an.

Zwei Wochen nach *Netscapes* Börseneinführung brachte *Microsoft Windows 95* mit seinem Browser, den *Internet Explorer*, heraus. Bill Gates kehrte seiner früheren Strategie, einen Netzwerkdienst namens *Microsoft Network* nach dem Muster von *AOL* zu erstellen, den Rücken zu.

Die erste Version des *Internet Explorers* hatte sehr wenig Funktionalität zu bieten. Ich merkte, daß die Software in Eile zusammengeschustert worden war, aber *Microsoft* hatte damit einen Fuß in der Tür. Im Dezember 1995 hielt Gates eine später berühmte Rede vor der Presse, in der er ankündigte, daß sein Unternehmen das Internet »umarmen und erweitern« würde. Für einige Leute in der Computerindustrie bedeutete umarmen, daß *Microsofts* Produkte mit der restlichen

Websoftware kompatibel werden, würden und »erweitern« bedeutete, daß *Microsofts* Produkte früher oder später, wenn sie einen gewissen Marktanteil hatten, Funktionen aufweisen würden, welche die Systeme anderer Leute inkompatibel erscheinen ließen. Gates veränderte sein Unternehmen sehr schnell und energisch, um das Web voll zu nutzen. Die Geschäftswelt war beeindruckt, daß er persönlich soviel Anteil daran nahm. Mitte 1996 griffen bereits mehrere Millionen Menschen auf das Web zu, und Tausende von Firmen bedienten es. Die Presse berichtete nun ständig über das Web. Internetdienstanbieter sprossen überall wie Pilze aus dem Boden und boten Webzugriff für um die zwanzig Mark pro Monat. Computerfans überall auf der Welt begannen, ihre eigenen Homepages anzubieten und machten das bald auch für Firmen, kleine Geschäfte und Einzelpersonen.

Das Konsortium hatte sich in Stellung gebracht, um das Web beim Voranschreiten zu unterstützen. Wir hielten Treffen ab und versendeten Protokolle unserer Besprechungen. Aber unsere Verantwortliche für Kommunikation, Sally Khudairi, hielt nur eine effiziente Website für unzureichend, um uns Gehör zu verschaffen. Sie stellte schnell Kontakte zur Presse her und baute Kanäle zu all denjenigen auf, denen wir etwas über die Vorteile des W3C erzählen mußten. Die Mitglieder erfuhren plötzlich Dinge über ihr Konsortium, von denen sie nie gewußt hatten, und Leute, die wirklich über die W3C-Empfehlungen Bescheid wissen mußten, aber nie zuvor von uns gehört hatten, sprachen bald ganz selbstverständlich von uns.

Al Vezza war ein effektiver Vorsitzender und im wesentlichen Geschäftsführer in den ersten Jahren. Er wurde von Jean-François Abramatic abgelöst, den ich bei meinem ersten Besuch am *INRIA* kennengelernt hatte. Alan Kotok, einer der vier Mitarbeiter von *DEC*, die mich in Genf besucht hatten, endete im *Advisory Committee* (Beratungskomitee) und ist stellvertretender Vorsitzender. Dale Dougherty, der in der Bar in Edinburgh »Wir können sie ändern« gemurmelt hatte, sollte später im *Advisory Board* sitzen, einer kleinen Gruppe, die aus dem *Advisory Committee* gebildet wurde.

Das Konsortium begann bald, seinen Prozeß für die Entwicklung von Zukunftstechnologien und Empfehlungen zu entwickeln und dann zu kodifizieren. Von da an würde sich der Prozeß kontinuierlich entwickeln und dabei verfeinert. Jedes Mitglied konnte Themen vorschlagen, die verfolgt werden sollten. Die Mitglieder oder Mitarbeiter würden ein Briefing-Paket erstellen, das die Wichtigkeit und Dringlichkeit eines bestimmten Themas erklärte. Das Briefing-Paket würde die Marktbedingungen und technischen Fragen ansprechen sowie, warum sich das Konsortium und nicht jemand anderes darum kümmern sollte, wie das Konsortium helfen könnte, was als nächstes unternommen werden müßte – ein Workshop, eine Arbeitsgruppe oder ein Zusammenschluß aus mehreren Arbeitsgruppen – und wieviel es kosten würde, dieses Thema zu verfolgen.

Das Briefing-Paket wurde dann an alle Mitglieder verteilt, die ihre Kommentare hinsichtlich ihrer Unterstützung oder Teilnahme zurücksenden sollten. Wenn es genügend Unterstützung und keine ernsthaften Probleme gab, konnten wir meistens eine neue *Aktivität* einrichten. Aktivitäten konnten eine beliebige Anzahl von Arbeitsgruppen, Koordinationsgruppen, Interessengruppen und Mitarbeiter umfassen, was immer nötig war, um eine Aufgabe offen, effizient und mit einer hohen Qualität zu erledigen.

Neben den technischen Kernthemen mußte das Konsortium auch die Auswirkungen auf die im Web entstandene Gesellschaft berücksichtigen und politische Fragen wie die, ob Regierungen voreilige Schritte unternehmen würden, wenn eine Technologie nicht korrekt entwickelt wurde. Mit jeder neuen Aktivität entstand auch eine neue Vielfalt von Zwängen. Das Konsortium mußte in der Lage sein, sehr flexibel zu reagieren, um die jeweils passende Struktur und Strategie einzurichten.

Arbeitsgruppen konnten ihre Spezifikationen einem immer breiteren Publikum vorlegen, anderen Gruppen, den Mitgliedern und der Öffentlichkeit. Die Endphase begann, wenn eine Lösung zur vorgeschlagenen Empfehlung wurde und formal von den Mitgliedern überprüft wurde. Alle Mitglieder würden dann gebeten werden, ihre Kommentare innerhalb von 30 Tagen abzuliefern. Die Empfehlung würde entweder zu einer W3C-Empfehlung gemacht, mit der Bitte um Überarbeitung zurückgesendet oder ganz fallengelassen. Theoretisch konnte ich auf Grundlage der Rückmeldungen über das Ergebnis entscheiden (wie die Königin rein theoretisch England regiert!), in der Praxis würden wir die Kommentare der Mitglieder jedoch durch einen internen Prozeß laufen lassen. In den meisten Fällen würde es sowieso eine klare Übereinstimmung zwischen den Mitgliedern geben. In einigen Fällen würden wir trotz der Einwände einer Minderheit weitermachen, aber nur, nachdem wir eine detaillierte Analyse der abgelehnten Meinung erarbeitet hatten. Nachdem eine Empfehlung einmal durch war, wurden die Mitglieder informiert, eine Pressemitteilung wurde versendet und Sallys PR-Maschinerie rief alle überall dazu auf, die Empfehlung zu übernehmen.

Eines Tages traf Dan Connolly sehr verstimmt beim regelmäßigen Dienstagstreffen der Mitarbeiter des Konsortiums am LCS ein. Ich hatte Dan bereits einmal vor Jahren auf einer Hypertextkonferenz in San Antonio getroffen, auf der Robert und ich das Modem zusammengebaut hatten, damit wir das Web vorführen konnten. Dan war ein Texaner mit roten Haaren und einem Navy-Haarschnitt. Er war im Internet sehr aktiv gewesen und ein Experte in vielen Bereichen, die für die Webtechnologie wichtig waren, inklusive Hypertextsystemen und Markierungssprachen. Er hatte sich dem W3C-Team angeschlossen und leitete den Bereich Architektur. An diesem Tag teilte er uns mit, daß der Prozeß der gemeinsamen Meinungsfindung in einer Arbeitsgruppe zusammengebrochen war und alle Hoffnung, Abgabetermine einzuhalten, anderen Gruppen gegenüber verloren schien. Ein Unternehmen wurde zu einem großen Problem, obwohl er nicht genau sagen konnte, aus welchem Grund. Die Spezifikation würde nicht erscheinen können, und dieses Versagen wäre ein Schlag für das Konsortium und die Webgemeinde.

Dan wollte eigentlich nicht darüber sprechen, aber wir drängten ihn, das Thema wiederaufzunehmen, denn diese Art von Problemen war der Haken bei unserer Arbeit. Technische Themen machen vielleicht mehr Spaß, aber es war unsere Aufgabe, einen Konsensus zu bilden und Fortschritt in einer offenen Gemeinschaft zu erzielen.

Wollte das Unternehmen wirklich nicht zustimmen? Gab es keinen anderen Weg, eine Einigung herzustellen? Wir alle befragten Dan. Wir erstellten an der Wandtafel ein Diagramm von dem, was passiert war, und das gesamte Team arbeitete es mit ihm durch. Am Ende des Treffens hatten Dan und das Team einen Weg entwickelt, um die Spezifikation weiter voranzubringen. Die Unternehmen stimmten innerhalb von vierzehn Tagen zu. Ich war erleichtert, daß der Prozeß auch dann funktionierte, wenn es Kontroversen gab, und es bedeutete mir sehr viel, daß die Mitarbeiter in der Lage waren, so gut zusammenzuarbeiten.

Selbstverständlich gab es auch Zeiten, in denen Spannungen entstanden, weil die Mitarbeiter verschiedener Unternehmen unterschiedliche technische Ansichten darüber hatten, wie eine Empfehlung zu gestalten sei. Es war häufig schwierig, vorherzusehen, welche Unternehmensvertreter eine positive oder negative Rolle spielen würden. Unsere Aufgabe war es jedoch, eine technisch stimmige, allgemeine Lösung zu finden. Die Spannungen machten das Konsortium sogar erfolgreich. Die Kämpfe um Anteile in einem lukrativen

Markt boten nun den finanziellen Hintergrund für die technologische Revolution, die ihrerseits den Hintergrund für eine echte gesellschaftliche Revolution bot. Alle hatten das gemeinsame Bedürfnis, daß sich die Technologie weiterentwickelte.

Im Verlauf des Jahres 1996 brachte *Netscape* den Browser *Navigator 2.0* auf den Markt, der eine leicht zu benutzende E-Mail-Funktion hatte und Java-Anwendungen unterstützte. Bit für Bit gaben die Onlinedienstanbieter auf und boten Zugriff auf das Web. Es gab ein Abkommen zwischen Bill Gates und Steve Case von AOL, AOL mit einer Version des *Internet Explorer* auszuliefern, so daß Mitglieder von AOL im Web surfen konnten. Ein unglückliches Ergebnis dieser Verhandlungen war jedoch das Ableben von *AOLpress*, einem der wenigen Browser, die einfache Onlinebearbeitung boten.

Die größte Prüfung hinsichtlich gesellschaftlicher Fragen kam für das Konsortium, als eine mögliche Überreaktion der Regierung auf die Zunahme von Bedenken in der Öffentlichkeit über Pornographie im Web anstand. John Patrick von IBM war das erste W3C-Mitglied, das dieses Thema aufbrachte. Er saß an einer Seitenwand in einem kleinen Raum am LCS beim ersten Meeting mit 25 Personen, als er erwähnte, daß es ein großes Problem geben könnte, weil Kinder anstößiges Material im Web sehen konnten. Alle Anwesenden wandten sich ihm mit hochgezogenen Augenbrauen zu: »John, das Web ist offen. Das ist Meinungsfreiheit. Was sollen wir Deiner Meinung nach tun? Zensur ausüben?«

Diesen Bedenken lag die Tatsache zugrunde, daß IBM versuchte, Computer in den Klassenzimmern in ganz Amerika zu installieren, und auf Widerstand traf, weil Eltern und Lehrer wegen des Zugriffs auf ungeeignetes Material besorgt waren. »Etwas muß geschehen«, insistierte er, »oder die Kinder erhalten keinen Zugriff auf das Web.«

Dies war für viele von uns ein ernüchternder und zugleich neuer Aspekt. Wir beschlossen, bei einem späteren Treffen auf dieses Thema zurückzukommen, aber dann veröffentlichte das *Time Magazine* Marty Rimms umfangreichen Artikel, in dem mehr oder weniger behauptet wurde, daß ein großer Teil der Studenten einen Großteil ihrer Zeit dafür aufwendeten, im Web zu surfen, und ein Großteil dessen, was sie dort betrachteten, sei Pornographie.

So übertrieben diese Darstellung auch gewesen sein mag, eine Gruppe von Unternehmen kam sofort auf das Konsortium zu, um es um eine Reaktion zu bitten, denn sie wußten, daß der Kongreß die Verabschiedung von Gesetzen plante, die für das Internet schädlich wären. Es war bereits so, daß Websites, die für Menschen in Finnland akzeptabel waren, die Bewohner von Tennessee entsetzten. Und Washingtons Vorstellung, für jedermann auf der ganzen Welt zu entscheiden, was »unpassend« sei, war wirklich eine düstere Sache. Die Mitgliedsunternehmen des Konsortiums waren sich einig, daß sie als die Industrie eine Lösung bieten mußten. Sie mußten Eltern Mittel an die Hand geben, damit diese kontrollieren konnten, was ihre Kinder sahen. Dabei sollten Eltern ihre eigene Definition davon benutzen, was angemessenes Material sei, und nicht Washington sollte dies bestimmen. Die Idee bestand darin, ein einfaches Programm zu erstellen, das in jeden Browser eingebettet werden könnte und Eltern die Möglichkeit bieten würde, die Anzeige von Sites zu blockieren, die mit einer bestimmten Bewertung versehen waren, wie etwa »Freigegeben ab 12 Jahren« oder »Freigegeben ab 18« bei Filmen. Das Programm würde es Eltern jedoch erlauben, aus einer beliebigen Anzahl von Bewertungsschemata auszuwählen, die sich verschiedene kommerzielle, zivile und sogar Regierungsgruppen ausdachten. Der Bewertungsdienst konnte dann einfach unter der URI der Gruppe abgerufen werden.

Das Konsortium würde Sprachen definieren, um diese Bewertungen verfassen und sie im Web anbieten zu können. Wir nannten dieses Projekt die *»Platform for Internet Content Selection«* (PICS) und brachten sie im März 1996 heraus. Die Mitgliedsunternehmen würden diese Technologie in ihre Produkte integrieren.

Die Gesetzgebung, vor der sich alle fürchteten, erschien als der »Communications Decency Act«, der auf dem großen »Telecommunications Act« aufsetzte, der sicher durchgehen würde. Er wurde sowohl von den Demokraten als auch den Republikanern vorgeschlagen und würde den Inhalt des Internets regulieren. Wir machten rasch eine Werbekampagne für PICS, und zahlreiche Unternehmen, die Mitglieder in der PICS-Arbeitsgruppe sitzen hatten, bezahlten Pressekonferenzen. Der »Communications Decency Act« ging durch, aber dann fingen Bürgerrechtsbewegungen an, ihn vor

Gericht anzufechten. Schließlich wurde er wieder verworfen, weil er gegen die Verfassung verstieß. Die Existenz von PICS war ein wichtiger Faktor, um den Gerichten zu beweisen, daß das Gesetz unangemessen war und daß Schutz auch ohne Regulierung und in einer Art und Weise möglich sei, die eher mit der »Bill of Rights« übereinstimmte.

Es wurden nun verschiedene Bewertungsschemata entwickelt, und viele Unternehmen integrierten die Technologie. Unternehmen, die sich auf Kinderschutzsoftware spezialisierten, wurden gegründet. Aber der Sturm war vorüber, die Leute entspannten sich und die Industrie trieb die PICS-Technologie nicht weiter voran. Trotzdem hatte PICS gezeigt, daß das Konsortium sehr schnell, effizient und in einem neuen Bereich arbeiten konnte – in dem sich überlappenden Bereich von Technologie, Gesellschaft und Politik.

Kurz nachdem das Konsortium PICS freigegeben hatte, machte ich den Fehler, mit einem Reporter darüber zu sprechen, der das Prinzip nicht verstand. Ich hielt es für ziemlich einfach. Das W3C entwickelt die Protokolle, jemand anderes die Bewertungsschemata, dritte Parteien wie z. B. Bürgerrechtsbewegungen nehmen die Bewertung vor und die Eltern können wählen, welches Bewertungsschema sie einsetzen wollen, um Material von ihren Kindern fernzuhalten. Der Reporter machte daraus, daß das W3C ein Produkt für das sichere Surfen im Web entwickelte, das Eltern Ende des Jahres kostenlos zur Verfügung stehen würde. Diese Geschichte legte nahe, daß das W3C den Markt für Kinderschutzsoftware untergrub. Der Artikel erschien zwar nur in einer kleinen lokalen Zeitung, diese gehörte jedoch zu einem Nachrichtensyndikat, und so tauchte plötzlich ohne mein Wissen überall diese Geschichte auf.

Am Nachmittag des nächsten Tages erhielt ich, noch immer unwissend, einen Anruf von *Market Wrap*, einer Finanzsendung auf *CNBC*. Sie luden mich ein, ein paar Fragen für das Abendprogramm zu beantworten. In dem Irrglauben, daß Publicity auch immer gute Publicity sein mußte, sagte ich zu.

Ich ging in das Kellergeschoß eines lokalen Fernsehstudios, von wo aus ich für die Zuschauer als Gast in einem Fenster eingeblendet erscheinen würde. Da saß ich nun, in diesem grauen, fensterlosen Schuhkarton und wartete darauf, auf Sendung zu gehen. Eine unbemannte Kamera zeigte auf mich, und ich konnte das laufende Programm auf einem Fernsehbildschirm verfolgen. Mein zunehmendes Unbehagen mit dieser Situation verschärfte sich, als ich den Moderator plötzlich sagen hörte: »Wir sind in fünf Minuten zurück, um ihnen über Tim Berners-Lee und seine Pläne, das Internet zu kontrollieren, zu berichten.«

Von da an wurde alles nur noch schlimmer. Als der Moderator mit mir zu sprechen begann, wurde der Monitor dunkel. Ich versuchte, mich auf seine Stimme in meinem Ohr und die Kamera vor mir zu konzentrieren, ohne daß ich visuell verfolgen konnte, was vor sich ging. Plötzlich blendeten sie mich ein. Die ersten Worte des Moderators waren »Nun, Tim Berners-Lee, Sie haben also das World Wide Web erfunden. Sagen Sie uns, wie reich Sie sind.«

Ganz offensichtlich waren sie nicht darauf aus, die Feinheiten von PICS zu erfahren. Ich war völlig durcheinander. Sie waren verärgert und dann begierig darauf, mich loszuwerden, während die Millisekunden verflossen. Mein Debüt als Interviewpartner war eine Katastrophe. Seitdem war ich nicht mehr scharf darauf, live im Fernsehen aufzutreten. Am nächsten Tag, als dieser verpfuschte Auftritt immer weitere Kreise zog, gab es einen großen Aufschrei seitens der Softwareindustrie, daß wir ihren Markt untergraben würden, indem wir Konkurrenzprodukte kostenlos zur Verfügung stellten. Es war ein großes Ärgernis und vollkommen überflüssig. Mir wurde klar, wie schwierig es war, herauszubekommen, was ein Reporter verstand und was nicht, und wie wichtig es ist, seine Anliegen eindeutig darzulegen. Ich hatte auch etwas Grundlegendes über das W3C erfahren: Wir würden nie im voraus wissen, ob es ein ruhiger Tag werden oder die Telefone heiß laufen würden.

Immer mehr Unternehmen aus Japan und dem pazifischen Raum schlossen sich unserem Konsortium an, und so entstand der Bedarf, einen asiatischen »Wirt« einzurichten.

Die Keio-Universität in Japan erfüllte die Bedingungen und wurde unsere dritte Wirtsinstitution mit Professor Nobuo Saito als Vorsitzendem und Tatsuya Hagino als Direktor für Japan. Es wurde plötzlich noch schwieriger, einen passenden Zeitpunkt für globale Telefonkonferenzen zu finden.

Die Webindustrie wuchs weiter an. Die Browserhersteller wie *Netscape* weiteten ihr Angebot auf Serversoftware und Webintranets für Unternehmen aus. Hunderte von großen Unternehmen, von *Chrysler* bis *Federal Express*, starteten Webaktivitäten. Konventionelle Groupwareprodukte wie *Lotus Notes – Lotus* war von IBM übernommen worden – wurden neu konfiguriert, um Zugriff über einen Browser zu bieten und für die Erstellung einer Website benutzt werden zu können. Durch die Arbeit des Konsortiums wurde HTML immer robuster. Wir orientierten uns an verschiedenen früheren Arbeiten, etwa Dave Raggetts Umgang mit Tabellen und Bildern in seinem Browser *Arena*, Marc Andreessens Umgang mit Bildern, die in Text eingebettet waren und an Vorlagen für verschiedene Schriftarten und Formatierungen, die Håkon Lie von Anfang an bevorzugt und weit über die seltsame Form in meinem ursprünglichen Browser hinaus entwickelt hatte. Mitte 1997 war es schon Routine, daß Websites schöne Fotografien, animierte Grafiken und Informationen in Tabellenform sowie Bestellformulare enthielten. Hypertext hielt alles zusammen. Obwohl weniger sichtbar, schritt die Entwicklung der Server ebenso schnell voran. Im Herbst hatte *Microsofts Internet Explorer* bereits einen Marktanteil von einem Drittel des Browsermarktes. Aber das Unternehmen erhielt riesige Aufmerksamkeit, als es sein neues Betriebssystem *Windows 98* zu bewerben begann, das im Frühjahr 1998 erscheinen sollte. Laut *Microsoft* würde diese neue Version einen aktualisierten Browser, *Internet Explorer 4.0*, enthalten. Der Browser würde nicht mehr länger ein Programm sein, das zusätzlich zur Systemsoftware ausgeliefert wurde, sondern integrierter Bestandteil des Betriebssystems, eins mit dem Programm, das den Windows-Desktop betrieb. Die US-Justizbehörde fühlte sich auf den Plan gerufen. Das Department of Justice (DOJ) hatte schon vor Jahren gegen *Microsoft* wegen möglicher Antitrust-Verletzungen ermittelt. Und es hatte vor kurzem ein Urteil gefällt, das die enge Produktintegration verbot. War der *Internet Explorer 4.0* wirklich integriert oder nur ein weiteres Zusatzprodukt?

Die US-Generalstaatsanwältin Janet Reno kündigte ein Verfahren gegen *Microsoft* an. Ermittlungen, einstweilige Verfügungen und Anhörungen sollten den Fall bis ins Jahr 1999 ziehen.

Unabhängig von den Belangen der Justizbehörde, die Integration eines Browsers in ein Betriebssystem war mit der Konsistenz von Benutzeroberflächen für lokale und entfernte Informationen verbunden. Auf der Webkonferenz in Boston im Dezember 1995 hatte ich es als lächerlich bezeichnet, daß eine Person zwei Oberflächen benutzen mußte: Eine für lokale Informationen (der Desktop auf ihrem Computer) und eine für entfernte Informationen (ein Browser, um andere Computer zu erreichen). Warum benötigten wir einen gesamten Desktop für unseren eigenen Computer, aber erhielten nur ein Fenster, um den Rest der Welt zu betrachten? Warum sollten wir Ordner auf unserem Desktop haben, aber nicht im Web? Das Web sollte das Universum für alle verfügbaren Informationen sein, zu denen auch insbesondere die lokal gespeicherten Informationen gehörten. Meiner Meinung nach brauchten

die Anwender nicht zu wissen, wo Informationen physisch gespeichert wurden. Das mußte jedoch nicht bedeuten, daß der Browser und das Betriebssystem ein und dasselbe Programm sein sollten.
Die Justizbehörde kümmerte sich nicht um die Belange von Softwaredesign. Die Frage war lediglich, ob *Microsoft* seine Vormachtstellung im Markt ausnutzte, um Konkurrenten auszuschalten. Durch die Integration des Browsers in *Windows 98* eliminierte das Unternehmen effektiv alle Gründe für den Erwerb des *Netscape Navigators*. Im Januar 1998 erinnerte sich *Netscape* überraschenderweise an den ursprünglichen Internetethos: Anstatt den kompilierten Code für den Browser zu verschenken würde das Unternehmen nun den Quellcode öffentlich freigeben – den Originalprogrammtext, den die Programmierer geschrieben hatten. Durch diese Politik der *Open Source* konnte jeder, der eine neue Technologie verfolgte, seine eigene Version von *Netscape* dafür erstellen. Jeder Student, der wissenschaftlich arbeitete oder einfach nur ein Schulprojekt bearbeitete, konnte seine eigene Version eines speziellen Teils des Browsers erstellen und den *Navigator* mit eigenen Ideen ausstatten. Jeder, der sich über einen Fehler in *Navigator* ärgerte, konnte den Fehler selbst beheben und das Bugfix für zukünftige Versionen an *Netscape* senden. Diese Produktpolitik würde es Tausenden erlauben, *Netscapes* Produkte zu verbessern. *Microsoft* war zwar größer als *Netscape*, aber *Netscape* rechnete damit, daß die Webgemeinde größer als *Microsoft* sei.

Die Sache mit *Netscape* und *Microsoft* sorgte für spannende Unterhaltung, und so standen die beiden konstant im Mittelpunkt der Presse. Aber sie waren nur ein kleiner Bestandteil der Geschichte des Webs. Bedingt durch ihr Wesen wurde die Arbeit am Konsortium zurückhaltender ausgeübt, aber sie beschäftigte sich weiterhin mit der sich entwickelnden Technologie. Das Web baut auf technischen Spezifikationen und der Koordination von Software auf unterschiedlichen Computern auf, und keine Marketingschlacht wird hier einen Fortschritt bringen.

Ende 1998 hatte das Konsortium ein Dutzend Empfehlungen herausgegeben. Die technische Stärke des W3C hatte sich ausgeweitet. Es gab weltweit mehr als 300 kommerzielle und akademische Mitglieder, zu denen Hard- und Softwarehersteller, Telekommunikationsunternehmen, Content Provider, Firmenbenutzer und Regierungs- und akademische Körperschaften gehörten. Die Treffen des *Advisory Committee* waren von den Konferenzräumen in einen großen Hörsaal verlegt worden, und die Fragen kamen per Mikrofon von unzähligen Teilnehmern.

Das Konsortium ließ inzwischen die Außenwelt Druck auf Unternehmen ausüben, die nicht ganz fair spielten. Wir erzeugen Empfehlungen, keine Standards oder Regulierungen, und wir können niemanden zwingen, sich an sie zu halten. Aber Journalisten können anhand der neuen Produkte feststellen, ob sich die Firmen an ihre Versprechungen bezüglich Offenheit und der Befolgung von Empfehlungen gehalten haben. Hersteller orientieren sich an Käufern, und diese an der Presse, die sich mit jedem anlegen kann, der ihrer Meinung nach nicht mitspielt. Das Konsortium, die Presse und die Gemeinschaft der Nutzer sind Teil eines Zirkels, welcher der Öffentlichkeit vernünftige Entscheidungen darüber erlaubt, wie ehrlich es ein Unternehmen meint.

Einer der wichtigsten vom Konsortium entwickelten technischen Fortschritte ist eine vereinfachte Sprache namens XML (*Extensible Markup Language*), die SGML ablösen würde. Wie SMGL bildet XML eine Basis für die Definition von Sprachen wie z. B. HTML. Dan Connolly, ein Webarchitekt der ersten Stunde, kannte sich mit der Tradition von SGML aus. John Bosak hatte sich mit SGML in ISO-Komitees befaßt, erkannte aber, daß das Web etwas Reineres benötigte. Sie bildeten die Keimzelle von dem, was wie eine entfernte Hoffnung geklungen hatte, als Dale Dougherty im Pub in Edinburg gemurmelt hatte »Wir können Sie ändern«.

Die folgende XML-Revolution wurde sogar von der SGML-Gemeinde mit großem Enthusiasmus begrüßt, denn die Prinzipien von SGML wurden beibehalten. Als Tim Bray, der Herausgeber der XML-Spezifikation, den Teilnehmern der WWW6-Konferenz im April 1997 damit vor der Nase herumwedelte, wurde er mit großem Applaus begrüßt – weil die Spezifikation dünn genug war, um damit wedeln zu können. XML ist eine der bekanntesten W3C-Aktivitäten und hat Bücher, Konferenzen und eine im Entstehen begriffene XML-Softwareindustrie hervorgebracht.

Das Konsortium hat auch eigene fortschrittliche Webtools entwickelt, um an die Gruppe herangetragene

Technologievorschläge prüfen zu können. Das Konsortium versucht mit seinen beschränkten Ressourcen immer an der Spitze der Entwicklungen zu stehen. Wir können dies nicht immer erreichen, verfügen aber über einige ziemlich helle Köpfe und gute Beziehungen zu den wichtigen Unternehmen und Universitäten.

1996 verhandelten wir über das Recht am *Grif*-Code des INRIA und benannten ihn in »*Amaya*« um. Er konzentriert sich darauf, Hypertext interaktiv zu bearbeiten und zu betrachten, anstatt einfach nur eingehendes HTML für die Ausgabe am Bildschirm des Benutzers zu verarbeiten. *Amaya* kann ein Dokument anzeigen, seine Struktur wiedergeben, und ermöglicht dem Betrachter die Bearbeitung und direkte Sicherung auf dem Server, von dem das Dokument stammt. Es handelt sich um ein großartiges Tool, um neue Funktionen aus verschiedenen Textverarbeitungsprogrammen zu einem überlegenen Browser/Editor zu vereinigen, der die Zusammenarbeit der Benutzer erleichtern wird. Ich stieg von *AOLpress* auf *Amaya* um. Ein Webserver, den wir benutzen, ist *Apache*. Als das NCSA *Mosaic* entwickelte, fragten sie nach, ob ich etwas gegen eine Erstellung eines Servers ihrerseits hätte. Ich wollte natürlich, daß so viele Leute wie möglich Websoftware schrieben, also gab ich mein Einverständnis. Aber eigentlich meinten sie, sagten es aber nicht, daß sie einen weiteren Server schreiben würden, der mit meinem Server um Marktanteile kämpfen würde. Aber die Entwicklung kam ins Stocken. Überall im Netz begannen Leute, »Patches« für NCSAs Server zu erstellen, und das Ergebnis, *Apache*, wurde zu einem eigenständigen Server.

Er wurde von einer verstreuten Gruppe von Leuten, die Webentwicklung betrieben, ganz im Stile des Internets unterhalten. *Apache* hat heute eine riesige Anzahl von Benutzern und ist ein leistungsfähiges, flexibles Serversystem – auch dieses ist wieder ein hervorragendes Zeugnis für die Idee von Software mit offenem Quellcode.

Wir verwenden *Apache* als unseren Hauptserver, der für die Öffentlichkeit zugänglich ist. Unseren *Jigsaw*-Server mit frei zugänglichem Quellcode setzen wir für die Bearbeitung aller möglichen Dokumente ein, von W3C-Empfehlungen bis zu unseren Treffen. *Jigsaw* ist ein *Java*-basierter Server, der ursprünglich von Anselm Bair-Smith für das Konsortium geschrieben wurde, einem enthusiastischen Franzosen, der Code in Lichtgeschwindigkeit schreiben kann. Anselm schrieb *Jigsaw* ursprünglich zur Übung, um sich mit *Java* und HTTP vertraut zu machen. In den zwei Monaten, bevor er in den Mitarbeiterstab des Konsortiums aufgenommen wurde, hatte er *Jigsaw* bereits viermal neu geschrieben. *Jigsaw* bietet den Mitgliedern und Mitarbeitern des Konsortiums die Möglichkeit, Dokumente hin und her zu lesen und zu schreiben und alle Änderungen zu verfolgen, die hinter den Kulissen vor sich gehen. *Jigsaw* hatte als Entwicklungs- und Testplattform unter Java- und HTTP-Anhängern großen Erfolg, weil er so flexibel ist.

Die Satzung des Konsortiums enthält die Auflage, die gesamte vom Konsortium produzierte Software der Öffentlichkeit zugänglich zu machen. Auf diese Weise lassen sich Empfehlungen, Diskussionen und Experimente fördern. Jeder kann sich am Test neuer Protokolle beteiligen, und neue Unternehmen können schnell in den Prozeß der Softwareentwicklung einsteigen. Man muß nur auf der Site des Konsortiums unter der Adresse *www.w3.org* die Tools herunterladen.

Manchmal dringt die Politik in die Welt des Konsortiums ein – Firmen- und Regierungspolitik. Manche Firmen geben aus kommerziellen Gründen Erklärungen ab. Marketingstrategen verschleiern die Tatsachen und verwirren die Öffentlichkeit, während sie mit Konkurrenten ihre Kämpfe austragen. Aber eigentlich geht es den Mitgliedern noch immer um aufregende technologische Fortschritte. Ingenieure wandern von Firma zu Firma, manchmal mit Projekten, die ihre Arbeitgeber aufgrund mangelnden Verständnisses aufgegeben haben. Manchmal meldet jede dieser Arbeitsstellen später Ansprüche an ihren Entwicklungen an. Das Netz des Lebens wächst inmitten all dieser Aktivitäten weiter. Und trotz des kommerziellen Drucks werden die technischen Ideen, die Prinzipien des Konsortiums und die dahinter stehenden gesellschaftlichen Motivationen weiterhin im Mittelpunkt stehen.

Kapitel 10

Das Web als neue Gesellschaftsform

Das Web ist eher ein gesellschaftliches als ein technisches Produkt. Ich wollte die Zusammenarbeit erleichtern – und nicht ein technisches Spielzeug entwickeln. Das höchste Ziel des Webs ist die Unterstützung und Verbesserung einer netzartigen Lebensform. Wir schließen uns in Familien, Vereinigungen und Unternehmen zusammen. Wir entwickeln Vertrauen über Meilen hinweg und Mißtrauen gegenüber Dingen, die in der Nachbarschaft geschehen. Was wir glauben, bewundern, akzeptieren und wovon wir abhängen ist im Web darstellbar und dort auch zunehmend zu finden. Wir müssen alle sicherstellen, daß die Gesellschaft, die wir mit dem Web aufbauen, sich wie gewünscht entwickelt.

Wenn sich Technologie schnell entwickelt, läuft die Gesellschaft oft hinterher und versucht, die ethischen, rechtlichen und sozialen Implikationen aufzufangen. Dies war sicherlich beim World Wide Web der Fall.

Gesetze legen fest, wie Individuen interagieren sollen, und hoffen, daß die Gesellschaft dadurch funktioniert.

Protokolle definieren, wie Computer interagieren. Diese beiden Werkzeuge unterscheiden sich. Wenn wir alles richtig machen, mischen sich Rechtsanwälte nicht in das Programmieren ein und Programmierer sagen Gesetzgebern nicht, wie diese ihre Gesetze machen sollen. Das trifft für normale Zeiten zu. In schwierigen Zeiten sind Technologie und Politik miteinander verbunden. Das Webkonsortium versucht, Protokolle so zu definieren, daß diese keine Normen oder Gesetze beschränken, welche die Interaktion von Menschen betreffen. Wir definieren Mechanismen, keine Richtlinien. Politik und Technologie müssen also mit einem guten Verständnis für ihre gegenseitigen Implikationen gestaltet werden. Wie ich zum Abschluß der ersten »International World Wide Web Conference« am CERN im Mai 1994 erwähnte, können Technologien gesellschaftliche und ethische Fragen nicht einfach anderen überlassen, weil die Technologie diese Dinge direkt beeinflußt.

Da das Web aus einem immerwährenden Prozeß besteht, versucht das Konsortium, mit politischen Entscheidungsträgern und Benutzern einen Dialog darüber zu führen, welche Art von sozialen Interaktionen das Web ermöglichen sollte. Wir wollen sicherstellen, daß das Web den unterschiedlichsten öffentlichen und politischen Entscheidungen ein Forum gibt. In Bereichen wie Meinungsfreiheit, Privatsphäre, dem Schutz von Minderjährigen, geistigem Eigentum und anderen spielen Regierungen eine Rolle. Mit den von uns zur Verfügung gestellten Werkzeugen können wir dafür sorgen, daß diese Gesetze effektiv sind, während gleichzeitig die Menschen die grundlegende Kontrolle über ihre Onlineerfahrung behalten.

Nach 1996 waren die Entwicklungen im Web von purer Faszination getrieben. Aber 1998 begann das Web, zum Schlachtfeld großer Unternehmen und von Regierungsinteressen zu werden. Religiöse Gruppierungen und Elternverbände forderten eine Blockade von anstößigem Material, während Bürgerrechtsgruppen dagegen Einspruch erhoben. Unter anderem aus diesem Grund wollten viele Leute in Wirtschaft, Regierung und Gesellschaft das Web gerne in irgendeiner Weise »kontrollieren«.

Leider beschränkt sich die Berichterstattung der Medien fast nur auf diese Machtspiele: Die Antitrust-Anklage der Justizbehörde gegen *Microsoft*, die Manie von Zusammenschlüssen und in die Höhe schnellende Aktienkurse von Internetunternehmen, und auf den sogenannten Kampf der Portale – die Versuche von Mammutwebsites wie *Yahoo*!, Internetdienstanbietern wie *AOL* und Inhaltsanbietern wie *Disney*, den breitesten Zugang zum Inhalt des Webs zu bieten.

Während diese Manöver sicherlich die Geschäfte im Web beeinflussen, spielen sie sich eigentlich nur im Hintergrund ab und sind nicht die Hauptsache. Unternehmen werden gegründet und auch wieder aufgegeben, und neue werden wahrscheinlich aus deren Schatten heraustreten und uns alle überraschen. Das Schicksal von Unternehmen und die Triumphe von Organisationen bedeuten für unsere Zukunft als Webnutzer lange nicht soviel wie fundamentale gesellschaftstechnische Themen, die das Web fördern oder vernichten könnten. Sie haben mit der Qualität der Information, mit Vorurteilen, mit Billigung, Privatsphäre und Vertrauen zu tun – fundamentale Werte einer Gesellschaft, die im Web häufig mißverstanden werden und deshalb leicht von denjenigen ausgenutzt werden können, die sich geschickt anstellen.

Vorurteile gegen das Web können heimtückisch und weitreichend sein. Sie können die Unabhängigkeit, die unter den Hardware-, Software-, Meinungs- und Informationsanbietern herrscht und damit auch unsere Gesellschaft zerstören. Wir könnten vielleicht die Vorurteile in Schach halten, wenn wir den Inhalt von Websites nach objektiven Kriterien beurteilen könnten. Aber der Prozeß der Qualitätssicherung ist subjektiv, und es handelt sich um ein fundamentales Recht, von dem sehr viel mehr Dinge abhängen. Er wird durch Systeme der Selbstverpflichtung sichergestellt, wie z. B. das Protokoll PICS, mit dem das Konsortium bewies, daß eine Zensur durch die Regierung nicht erforderlich war. Die große Anzahl von nun verfügbarer Filtersoftware zeigt, daß die Zensur durch die Regierung nicht allzu effektiv sein kann: Die Gesetze einer Nation können den Inhalt nur in diesem Land beschränken. Filter können Inhalte jedoch unabhängig davon, woher sie kommen, blockieren. Am wichtigsten ist jedoch, daß Filter Benutzer schützen, ohne das Material aus dem Web zu entfernen. Es bleibt für andere verfügbar.

Ich würde gerne ähnliche Techniken zur Billigung für andere subjektive Vorstellungen, wie z. B. akademische Qualität, sehen.

Das Wesentliche bei einer netzartigen Zusammenarbeit

ist, daß wir als Gruppen funktionieren – Gruppen, von zwei, zwanzig oder auch zweihundert Millionen Menschen. Wir müssen lernen, wie dies im Web möglich ist. Der Schlüssel zur Existenz jeder Gruppe ist die Integrität innerhalb der Gruppe selbst, was Privatsphäre und Vertrauen beinhaltet. Privatsphäre bedeutet für jede Person die Möglichkeit, festzulegen, was mit persönlichen Informationen geschieht. Es gibt keine Entschuldigung für eine fehlende Einigung bei den Richtlinien zur Privatsphäre, weil die Erstellung, Prüfung und Annahme solcher Richtlinien automatisch geschehen kann.

Übereinkünfte zum gegenseitigen Vertrauen gehören zu den wichtigsten Voraussetzungen einer netzartigen Gesellschaft. Wir müssen in der Lage sein, der Mitgliedschaft bei Gruppen zu vertrauen, den Parteien, die sich beim elektronischen Handel engagieren, der Aufstellung, wer welche Information besitzt, und vielem mehr. Nirgendwo sonst ist der Unterschied zwischen dem alten, an einer Baumstruktur orientierten Computermodell und dem Webmodell so offensichtlich – und nirgendwo sonst ist die Gesellschaft so eng mit der Technologie verbunden – wie bei der Onlinestruktur, die festlegt, wem und was wir vertrauen. Die Kriterien eines Unternehmens oder einer Person können von dem, was die eigene Mutter glaubt, bis hin zu einer Auskunft reichen, die ein Unternehmen über ein anderes gibt. Die Freiheit, seine eigenen Kriterien zu wählen, ist ein so wichtiges Recht wie jedes andere. Eine Schlüsseltechnologie für die Schaffung von Vertrauen ist die Kryptographie mit öffentlichen Schlüsseln (PKC – *Public Key*

Crypthography), einem Projekt für die Kodierung von Information. Verschlüsselte Informationen kann nur derjenige lesen, der über einen Schlüssel zur Dekodierung verfügt. Wie wir die Kryptographie einsetzen können, beeinflußt direkt unsere Möglichkeiten gesellschaftlichen Verhaltens. Mit diesem Werkzeug können wir völlig vertrauliche Konversationen über Distanzen hinweg führen – für die Echtheit von Informationen bürgen, ihre Integrität prüfen und ihre Autoren für sie verantwortlich machen. Die PKC ist jedoch, hauptsächlich aus politischen Gründen, die im nächsten Kapitel dargelegt werden, nicht verfügbar.

Trotz seines dezentralisierten Wachstums hat das Web augenblicklich tatsächlich eine zentralisierte »Achillesferse«, durch die es zum Erliegen gebracht oder kontrolliert werden kann. Wenn eine URI wie *http://www.lcs.mit.edu/foo* benutzt wird, um eine Webseite zu finden, prüft der Client die Zeichenfolge als erstes, und wenn sie mit »http« beginnt, weiß er, daß *www.lcs.mit.edu* Bestandteil des »Domänennamens« eines Webservers ist. Das System der Domänennamen basiert auf einer hierarchischen Struktur von Computern, die konsultiert werden können, um die tatsächliche Internetadresse herauszufinden (eine von diesen Nummern wie 18.23.189.58), an die Pakete gesendet werden können. Auf der obersten Ebene der Hierarchie befinden sich fünf Computer, welche die Hauptliste speichern – der Fehler eines Operators an einem von ihnen führte einmal dazu, daß das ganze System ausfiel, was eine riesige Störung verursachte. Diese technische Schwäche ist weniger bedenklich als die gesellschaftliche Zentralisierung, die damit einherläuft. Sowohl die Domänennamen als auch die Internetadressen werden in einem Delegationsverfahren vergeben. Um den Namen *www.lcs.mit.edu* einzurichten, muß dieser beim *Laboratory of Computer Science* registriert werden, weil das LCS Inhaber der Domäne lcs.mit.org ist. Das LCS hat seinen Domänennamen vom MIT erhalten, das registrierter Inhaber der Domäne *mit.edu* ist. Das MIT erhielt seine Domäne vom Inhaber der Domäne *edu*. Die Kontrolle über die Domänen auf oberster Ebene wie *.com* und *.edu* stellt indirekt eine Kontrolle über alle Domänennamen dar und enthält somit eine große Machtfülle. Wer sollte diese Macht ausüben?

Während der gesamten Wachstumsphase des Internets wurde die oberste Domänenebene von einer Körperschaft namens *Internet Assigned Numbers Authority* (IANA) verwaltet. Die IANA wurde von Jon Postel, einem Internetpionier und Gura an der Universität von Südkalifornien eingerichtet und geführt; sie bestand hauptsächlich aus ihm selbst. Jon verwaltete die IANA als öffentliche Stiftung und neutrale Partei. Ein Großteil des Wachstums des Webs und des Internets hing von Jons Integrität als der vertrauenswürdigen Autorität ab, die bei der Vergabe von Domänennamen darauf achtete, daß dies fair, unparteiisch und so unkompliziert wie möglich verlief. Aufgrund von Jons Persönlichkeit funktionierte das. Das Web und das Internet haben Jon, der im Oktober 1998 mit 55 Jahren starb, sehr viel zu verdanken. Die Möglichkeiten einer unfairen Kontrolle über Domänennamen rückten bedrohlich näher, als die US-Regierung Ende 1998 beschloß, die IANA zu privatisieren. Das potentielle Problem wurde durch »URI-Glücksritter« noch verschlimmert. Die Registrierung eines Domänennamens erfolgte immer nach dem Motto »Wer zuerst kommt, malt zuerst«. Zunehmend stellten alle fest, daß eine kurze URI, die man sich leicht merken kann, ein kostbares Gut ist. Die Rauferei um wiedererkennbare Domänennamen wie *candy.com* und *gamble.net* nahm extrem zu. Spekulanten begannen, alle Namen zu registrieren, von denen sie sich vorstellen konnten, daß diese eines Tages mehr wert sein würden als die Registrierungsgebühr von 100 Dollar. Domänen wie *Soap.com* und *Sex.com* wurden in der Hoffnung belegt, daß diese später für ein lukratives Angebot veräußert werden könnten. Bestimmte Namen haben seitdem für hohe Geldsummen den Besitzer gewechselt.

Die besten Domänennamen werden bei den Unternehmen oder Personen landen, die das meiste Geld haben, wodurch die Fairneß lahmgelegt und die Universalität bedroht wird. Die Möglichkeit, für einen Domänennamen, der eine rare und unersetzliche Ressource ist, Gebühren zu verlangen, wurde an einen Vertragsnehmer namens *Network Solutions* vergeben. Dieses Unternehmen hat, nicht überraschend, Gewinne gemacht, aber es genießt nicht gerade den Ruf, sich verantwortlich zu verhalten oder seine Verpflichtung zu erfüllen. Es ist unbedingt erforderlich, daß Domänennamen in erster Linie im Besitz der ganzen Menschheit sind und fair und vernünftig vergeben werden. Wir sollten den

Regelungsbedarf nicht übersehen, nur weil die allgemeine Regel im Internet lautet, daß Dezentralisierung eine zentrale Leitung unnötig macht.

Genau genommen basiert ein Großteil des Konflikts auf der mangelnden Übereinstimmung zwischen der Struktur der Domänennamen und den Regeln für die Behandlung des Eigentums an Namen: dem Warenzeichengesetz. Das Warenzeichengesetz weist Firmennamen und Warenzeichen auf der Basis des physischen Standorts von Unternehmen und der Märkte, in denen sie verkaufen, zu. Die Trennung in Standort und Markt funktioniert für Domänennamen nicht, weil das Internet geographische Grenzen überschreitet und das Konzept eines Marktbereichs nicht kennt, ganz zu schweigen von einem, das den bestehenden Konventionen des Warenzeichengesetzes entspricht. Ein Computerladen namens ADM kann in München und eine Wirtschaftsprüfungsgesellschaft namens *ADM* kann in Hamburg existieren, aber den Domänennamen *adm* kann es nur einmal geben.

Wie auch immer die Lösung aussieht, sie muß die Lücke zwischen Gesetz und Technologie überbrücken, und der Abstand zwischen ihnen ist ziemlich groß. Stellen Sie sich vor, eine kommerzielle Einheit ist auf genau einen Domänennamen beschränkt. Obwohl unter diesen Umständen der Fortbestand eines Domänennamens bei einem Besitzerwechsel nur sehr schwer gesichert werden kann, sollten Firmen aber auch davon abgehalten werden, sich alle Wörter zu sichern, die mit ihrem Geschäftsbereich zu tun haben. Im bestehenden Domänennamensystem stehen einige Mittel zur Verfügung, die das Problem verringern können. Kann z. B. der Hersteller eines bestimmten Produkts in Berlin den Namen *produkt.de* nicht erhalten, weil dieser bereits vergeben wurde, könnte er es mit dem geographisch basierten Namen *produkt.berlin.de* versuchen.

Momentan wird eine neutrale, gemeinnützige Organisation aufgebaut, um den Prozeß der Vergabe von Domänennamen zu lenken. Die ursprüngliche, auf die USA zentrierte Vorgehensweise des Domänennamendienstes hat einigen anderen Ländern Sorge bereitet. Eine neue Körperschaft wird deshalb selbstverständlich international sein müssen. Es gab einen Antrag, neue Domänen auf höchster Ebene einzurichten – Anhänge wie *.com, .edu, .de* etc. bei den Domänennamen. Es sollten Domänen für unterschiedliche Wirtschaftszweige wie *.plastic* hinzugefügt werden. Auf diese Weise könnten *jones.plastics* und *jones.electrical* separate Einheiten sein, was die ganze Sache – [zumindest auf US-amerikanischer Ebene] – etwas entzerren würde, denn die Domänen nicht amerikanischer Domänenbesitzer werden sowieso der landesspezifischen obersten Domäne zugeordnet, also *.de* für Deutschland, *.fr* für Frankreich, *.ch* für die Schweiz etc.

Der Effekt wäre jedoch, daß sich der lächerliche Goldrausch, der durch die Namen mit *.com* ausgelöst wurde, viele Male wiederholen würde. Inhaber echter Warenzeichen müßten sich vor Verwechslungen schützen, indem sie sich nicht nur in drei Domänen registrierten (.com, .org und .net), sondern in erheblich mehr. Solange dies nicht durch ein Rechtssystem gestützt wird, durch das man den Besitz eines Namens auf einer echten Grundlage rechtfertigen kann, würde ein solches Vorhaben für jeden nur Schwierigkeiten bedeuten – außer denjenigen, die schon bereitstanden, um eine schnelle Mark zu machen, indem sie Namen reservierten, die sie niemals zu benutzen beabsichtigen. Dies ist ein relativ isoliertes Problem des Webs, und das W3C hat sich bisher fast vollständig herausgehalten. Es dient aber als gute Illustration der Art und Weise, wie ein einzelner zentralisierter Punkt Sand ins Getriebe eines ansonsten reibungslos laufenden dezentralisierten Systems streuen kann. Es zeigt auch, wie die Entscheidung, bei einem einzelnen Punkt Vertrauen walten zu lassen, politisch aus Machtgründen und wirtschaftlich aus Profitgier ausgebeutet werden kann, wodurch die technologische Unabhängigkeit verletzt und das Web als universeller Raum geschwächt wird.

Auch ohne eingebauten zentralen Punkt kann das Web weniger neutral und stärker kontrolliert sein, als es scheinen mag. Die Infrastruktur des Webs kann man sich so vorstellen, als wäre sie aus vier horizontalen Schichten aufgebaut. Die unterste Schicht ist das Übertragungsmedium. Dann kommen die Computerhardware und die Software und schließlich auf oberster Ebene die Inhalte. Das Übertragungsmedium verbindet die Hardware auf Ihrem Tisch mit dem Internet, die Software erzeugt den Zugriff auf das Web und die Websites, während das Web selbst nur aus den Informationen besteht, die dank der drei anderen Schichten bestehen. Die Unabhängigkeit dieser drei Schichten ist wichtig. Aus Sicht der Softwareentwicklung ist dies das

Grundprinzip der Modularität. Aus wirtschaftlicher Sicht ist es die Trennung von horizontal konkurrierenden Märkten von der nicht konkurrierenden vertikalen Integration. Aus Informationssicht bedeutet dies redaktionelle Unabhängigkeit und Neutralität des Mediums.

Die Antitrust-Klage gegen *Microsoft* füllte 1999 die Schlagzeilen; es handelte sich zu einem großen Teil um einen Streit über die Unabhängigkeit in der Softwareschicht von einem Betriebssystem und einem Browser. Im selben Jahr verging kaum ein Monat ohne die Ankündigung eines beantragten Zusammenschlusses von zwei großen Unternehmen oder die Übernahme eines großen Unternehmens durch ein anderes. Es fanden zwei Arten von Übernahmen statt: Die erste zwischen Unternehmen, die Daten über Telefon- und Fernsehkabel befördern, und die zweite zwischen Inhaltsanbietern. Jede diese Übernahmen geschah innerhalb einer Webschicht.

Ich mache mir mehr Sorgen über Unternehmen, die versuchen, einen vertikalen Anteil über alle Schichten zu erhalten, als über die, die ein Monopol in einer Schicht errichten. Ein Monopol ist einfacher. Die Leute können es sehen und fühlen, und Konsumenten und Regulationsbehörden können »einfach nein sagen«. Aber eine vertikale Integration – z. B. zwischen einem Medium und Inhalt – beeinflußt die Qualität von Informationen und kann heimtückischer sein.

Die Trennung von Medium und Inhalt ist bei den meisten Medien eine gute Einrichtung. Wenn ich den Fernseher einschalte, erwarte ich nicht, daß er sofort zu einem bestimmten Sender springt oder daß das Bild besser ist, wenn ich einen Sender wähle, in dem die »richtige« Werbung gesendet wird. Ich erwarte, daß mein Fernseher ein unparteiischer Kasten ist. Dieselbe Neutralität erwarte ich auch von Software. Ich wünsche mir einen Webbrowser, der mir eine beliebige Site zeigt und nicht ständig versucht, mich auf seine Startseite zurückzubringen. Wenn ich eine Suchmaschine auffordere, Informationen zu einem bestimmten Thema zu suchen, will ich nicht, daß sie nur die Sites der Unternehmen liefert, die auf der Site der Suchmaschine werben oder den Hersteller der Suchmaschine bezahlen. Wenn eine Suchmaschine mir nicht völlig neutrale Ergebnisse liefert, sollte ich darüber mit einem kleinen Hinweis oder einem Symbol in Kenntnis gesetzt werden. Genau das machen Zeitschriften, wenn sie »Artikel« drucken, für die vom Anzeigenkunden bezahlt wurde. Sie sehen dann den Hinweis »Anzeige« oder »Werbung« oder ähnliches. Wenn Unternehmen expandieren oder sich mit anderen zusammenschließen, um sich über mehrere Schichten erstrecken zu können, erhöht sich die Wahrscheinlichkeit einer Unterminierung der Informationsqualität beträchtlich.

Das Problem kann schon damit anfangen, daß ein Programm, von dem jemand abhängt, um ins Web zu kommen, wie z. B. ein Betriebssystem, ein Feld von Symbolen anzeigt, die den Benutzer direkt zu bevorzugten Suchmaschinen, Websites, Onlineprogrammen oder Internetdienstanbietern bringen. Solche Anordnungen werden noch problematischer, wenn ein Benutzer ein Browser/Betriebssystem-System erhält, das als eine integrierte Software programmiert ist und bei dem der Benutzer Verbindungen nicht entfernen oder keine unabhängigen Vereinbarungen mit anderen Anbietern ähnlicher Dienste treffen kann, die mit dem Browser/Betriebssystem funktionieren.

Selbst die Hardwarefirmen machen mit. 1998 führte *Compaq* eine Tastatur mit vier Spezialtasten ein: Wenn der Benutzer auf die *Suchen*-Taste drückte, wurde sofort die Suchmaschine *AltaVista* gestartet. Plötzlich hing die Verwendung einer Suchmaschine davon ab, wo man seinen Computer gekauft hatte. Ein Benutzer weiß nicht, wo er sich befindet, wenn er auf eine »Das-Beste-im-Web-« oder eine »Suchen«-Schaltfläche klickt. Diese Schaltflächen oder Tasten bringen den Benutzer zu einer vorgefaßten Sicht der Welt. Normalerweise können die Benutzer die Schaltfläche oder Taste mit einer beliebigen Suchmaschine belegen, aber nur wenige Benutzer ändern den Standard.

Noch hinterhältiger ist, daß mein Internetdienstanbieter auch die Möglichkeit hätte, mir eine bessere und schnellere Verbindung zu Sites zu bieten, die dafür bezahlt haben, und ich würde das niemals in Erfahrung bringen: Ich würde einfach annehmen, daß einige Onlineshops ziemlich langsame Server haben. Es wäre großartig, wenn es in diesen Bereichen Selbstregulierung oder sogar gesetzliche Regulierungen gäbe.

Die Universalität des Webs führt zu einer blühenden Vielschichtigkeit und Verschiedenheit. Wenn ein Unternehmen behauptet, Zugriff auf die Informationswelt zu bieten und dann eine gefilterte Sicht präsentiert, verliert das Web seine Glaubwürdigkeit. Darum müssen

Hardware-, Software- und Übertragungsunternehmen gegenüber dem Inhalt unvoreingenommen bleiben. Ich würde die Leitung gerne vom Inhalt getrennt halten. Ich meine, es sollte immer die Wahl des unvoreingenommenen Wegs geben, vorsichtig kombiniert mit der Freiheit, kommerzielle Partnerschaften zu bilden. Und falls andere Leute eine Wahl für mich treffen, sollte dieses auch absolut deutlich gemacht werden.

Man könnte argumentieren, daß die Voreingenommenheit zwischen den Schichten nur eine Folge des freien Marktes ist. Aber wenn ich ein Radio kaufte und feststellen würde, daß dieses nur bestimmte Sender empfangen kann, würde ich mich ärgern. Denn das hieße, daß ich mir mehrere Radios mit unterschiedlichen Voreinstellungen kaufen müßte, um alle Sender empfangen zu können. Es macht auch nicht mehr Sinn, mehrere Computer oder unterschiedliche Betriebssysteme oder Browser für den Zugriff auf das Web zu haben. Das wäre nicht nur unpraktisch, sondern es zerteilt auch das Web, und damit würde es seine Universalität verlieren. Ich sollte eine beliebige Software, Hardware und einen beliebigen Übertragungsdienst wählen können und trotzdem Zugriff auf das gesamte Web haben.

Die sogenannten Portale repräsentieren das sich selbst verstärkende Wachstum von Monopolen, insbesondere diejenigen mit vertikaler Integration. In einem größeren Kontext ist der Kampf der Portale ein Kampf um Markennamen im Web. Es ist für Benutzer ohne viel Praxis oder Vergleichsmöglichkeiten schwierig, die Qualität von Informationen, von Websoftware oder

Webdiensten zu beurteilen. Also können Softwarefirmen oder Übertragungsdienste mit einem gewissen Ruf ihren Namen benutzen, um Kunden anzuziehen. Das Extrem wäre eine Firma, die Übertragungsdienste, Hardware, Software und Informationen anbieten würde und sich dann als mehr oder weniger gleichbedeutend mit dem Web darstellen würde. Das wäre eine Wiederholung der Netzwerkwelten von *AOL* und *CompuServe* vor der Existenz des Webs, nur in einem größeren Maßstab. Bisher hat der Wunsch nach Dominanz die Qualität des Webs verbessert, aber würde ein Unternehmen dieses Ziel je erreichen, würde dies das Web, so wie wir es kennen, zerstören.

Glücklicherweise ist das Web so riesig, daß ein Unternehmen es nie schaffen wird, es zu dominieren. Einzelpersonen und Organisationen auf der ganzen Welt haben erstaunliche Bemühungen unternommen, um Websites und Homepages zu erstellen, und die meisten davon haben mit den Inhalten des Webs zu tun und nicht mit der Software, die zum Browsen benutzt wird. Der Inhalt und damit auch der Wert des Webs wird weiterhin bestehen, trotz der Bemühungen von verschiedenen Unternehmen.

Aber bedenken Sie, was in einem oder zwei Jahren geschehen könnte, wenn Suchmaschinen intelligenter werden. Ich klicke auf meiner Tastatur auf die Taste *Suchen* oder teile einer Suchmaschine mit: »Ich möchte ein paar Schuhe kaufen.« Angenommen, die Suchmaschine macht sich tatsächlich auf den Weg, um Schuhläden zu finden, bringt mich jedoch nur zu denjenigen Schuhläden, die einen Vertrag mit der Suchmaschine oder dem Hardwarehersteller haben. Dasselbe gilt für Buchhandlungen, Versicherer, Nachrichten usw. Meine Auswahl von Läden wurde somit durch das Unternehmen beschränkt, das den Computer verkauft oder den Suchdienst betreibt. Dies wäre so, als wenn ein Auto mit dem Schaltknopf *Schuhe kaufen* ausgestattet wäre. Würde ich diesen Schaltknopf drücken, würde ich zu demjenigen Schuhladen gelangen, der in das Armaturenbrett integriert ist.

Während es schon kommerzielle Anreize für die vertikale Integration der Schichten in ein Unternehmen gibt, können gesetzliche Verpflichtungen das Bild noch verkomplizieren. 1998 verurteilte ein bayerisches Gericht Felix Somm, den früheren Geschäftsführer von *CompuServe Deutschland*, der Komplizenschaft bei der wissentlichen Verbreitung von Pornographie über das Internet. Die zweijährige Haftstrafe auf Bewährung kennzeichnete in Deutschland den ersten Fall, in welchem ein Manager eines Onlinedienstanbieters dafür verantwortlich gemacht wurde, Zugriff auf Inhalte zu bieten, die für illegal gehalten wurden. Das Material stammte von Computern in anderen Ländern, wurde aber über *CompuServes* Brücke zum Internet zugänglich gemacht. Wenn die Grenzen zwischen dem Medium und dem Inhalt verwischen, besteht für jeden Internetdienstanbieter und jedes Telekommunikationsunternehmen die Gefahr, für den Inhalt haftbar gemacht zu werden.

Somm sagte, daß er deutsche Behörden sogar über illegales Material in Kenntnis gesetzt habe und ihnen bei ihren Nachforschungen behilflich gewesen sei. *CompuServe* stellte seinen Kunden außerdem Software bereit, über die sie den Zugriff auf anstößiges Material blockieren konnten. Somm hat vielleicht unter dem neuen deutschen Multimediagesetz eine Chance auf Freispruch, das in Kraft trat, nachdem er verurteilt wurde. Es besagt, daß Internetdienstanbieter nur dann für illegales Material auf ihren Servern verantwortlich gemacht werden können, wenn sie davon Kenntnis haben, es technisch verhindert werden kann und wenn sie keine vernünftigen Maßnahmen durchführen, um den Zugriff zu blockieren – Somm und *CompuServe* behaupteten, genau das getan zu haben. Somms Verteidiger argumentierten, daß niemand über alle angebotenen Inhalte des Webs Bescheid wissen könne und daß die Blockierung sämtlicher Inhalte nicht machbar sei.

Weil das Web universell und ungebunden ist, gibt es alle möglichen Arten von Schund. Als Eltern müssen wir unsere Kinder davor schützen, Material zu sehen, das ihnen psychologischen Schaden zufügen könnte. Filtersoftware kann Informationen unter der Kontrolle des Lesers halten und dem Leser das Erlebnis ersparen, etwas lesen zu müssen, was er oder sie als Schund betrachtet. Viele Leute verwenden Filter für E-Mail, um eingehende Informationen automatisch zu kategorisieren. Jeder Mensch hat selbstverständlich das Recht, alles, was er erhält, zu filtern, genau, wie dies auch mit regulärer Post geschehen würde: Manche Sendungen werden geöffnet, andere wandern direkt in den Papierkorb. Ohne dieses Recht würde jeder Tag im Chaos enden. In Zukunft werden gute Browser in der Lage sein, einen Benutzer bei der Vermeidung von Links zu Websites zu unterstützen, mit denen sie nicht konfrontiert werden möchten. Vermeidungskriterien können sein, daß ein bestimmtes Wort auf der Website auftaucht oder die Tatsache, daß die Site Werbung enthält.

Aber wenn jemand anderen unfreiwillige Filter auferlegt, ist dies Zensur. Wenn eine Bücherei einen Computer bereitstellt, der den Bürgern Zugriff zum Internet bietet, aber den Zugriff auf bestimmte Arten von Informationen wie Pornographie verhindert, entscheidet die Bücherei damit für die Bürgerschaft, was diese lesen darf. Hier produziert sich die Bücherei als zentrale Autorität, die es besser weiß als der Leser.

1998 strengten Kunden der öffentlichen Bücherei im Verwaltungsbezirk Loudon, Virginia eine Klage an, um die Entfernung eines Filterprogramms zu erreichen, das auf den Internetcomputern in den sechs Niederlassungen der Bücherei installiert war. Sie führten an, daß der Filter, der den Zugriff auf pornographische Sites blockierte, damit auch den Zugriff auf andere Sites mit Informationen über Sexualerziehung, Brustkrebs und die Rechte von lesbischen und homosexuellen Mitbürgern verhinderte. Hier ist das Prinzip interessanter als der Streit über Details: Die Bürger klagten, weil sie der Meinung waren, daß das Vorgehen der Bücherei eine nicht verfassungsgemäße Form der Zensur durch die Regierung sei.

Wie schwierig diese qualitativen Entscheidungen sein können, wurde 1998 durch einen in der *New York Times* beschriebenen Fall veranschaulicht: »Die *American Family Association*, eine konservative christliche

Gruppierung, ist ein lautstarker Vertreter von Filterprodukten gewesen. Deshalb war sie etwas überrascht, als offizielle Vertreter ihrer Gruppe vor kurzem entdeckten, daß ihre Webseiten mit einer Site, welche eine »weiße Vormachtstellung« vertrat und mit anderen »intoleranten« Sites gruppiert waren, die durch einen populären Filter namens *Cyber Patrol* blockiert wurden. Die Forscher bei *Cyber Patrol* hatten entschieden, daß die Site ihre Definition von Intoleranz erfüllte, welche die Diskriminierung basierend auf sexueller Orientierung beinhaltet. Es scheint, die Forscher hatten Aussagen auf den Webseiten der Gruppe gefunden, die gegen Homosexualität gerichtet waren. *Cyber Patrol* sperrt bis zu zwölf Kategorien von Material, das für typische Zwölfjährige als unangemessen betrachtet wird. Dies reicht von Spieler- bis zu Kultsites.

Die subjektive Natur dieser Entscheidungen ist der Grund, warum wir das PICS-System eingerichtet haben. Mit diesem System kann jeder seine eigenen Ziele verfolgen, ohne sie anderen aufzuerlegen. Der Schlüssel zu PICS und zu jedem Versuch, zu filtern, ist, dem Leser Kontrolle zu verleihen und verschiedene Filter von unterschiedlichen Gruppen verfügbar zu machen. Mit PICS sind Eltern nicht auf einen bestimmten Anbieter für Bewertungen beschränkt, und sogar nicht einmal auf ein vorgegebenes System von Bewertungen. Es steht eine ganze Bandbreite von kommerziellen Überwachungsprogrammen zur Verfügung, aus denen sie auswählen können – je nachdem, wem sie vertrauen wollen.

Es muß festgehalten werden, daß Gesetze in Reaktion

auf Taten, nicht auf Technologien verfaßt werden müssen. Die bestehenden Gesetze, die illegale Aspekte von Information abdecken, sind ausreichend. Aktivitäten wie Betrug und Kinderpornographie sind sowohl offline als auch online illegal. Ich kann mich mit der Idee, daß jemand meinen Informationszugriff kontrollieren kann, nicht anfreunden. Ich glaube jedoch, daß Eltern ihre Kinder im Internet schützen müssen. Aber die Entscheidung, auf welche Informationen Erwachsene zugreifen können, muß ihnen selbst überlassen bleiben. Dieses Prinzip stand im Mittelpunkt der Diskussionen über die Verfassungsmäßigkeit der Zensurgesetze für das Internet. Als die ersten Klagen gegen eine Zensur des Internets vor Gericht verhandelt wurden, wollten die Mitglieder des Konsortiums den Gerichten ein Verständnis dafür vermitteln, daß Filter als effektive Alternative zur Zensur dienen können. Wir stellten während der Beratungen Hintergrundinformationen zur Verfügung. Das Oberste Bundesgericht der USA kippte 1996 das Gesetz zur Zensur teilweise deswegen, weil Filter Eltern die Möglichkeit boten, ihre Kinder zu schützen, ohne daß die Regierung eingreifen und Kindermädchen spielen mußte. Aber 1998 verabschiedete der amerikanische Kongreß ein weiteres Gesetz zur Zensur. Es wurde wieder angefochten. Dieses Thema wird uns also noch lange beschäftigen.

Die Debatte hat an Komplexität zugenommen. Einige Bürgerrechtsgruppen befürchten, daß repressive Regierungen Programme wie PICS nutzen könnten, um unerwünschte politische oder gesellschaftliche Kommunikation über das Web zu unterbinden. Eine Gruppe, die

Global Internet Liberty Campaign (GILC), forderte in einem öffentlichen Brief an das Webkonsortium, daß das W3C *PICS Rules* nicht freigeben sollte, um diese Gefahr zu vermeiden. *PICS Rules* ist ein Bestandteil der PICS-Technologie, welche es einer Person oder Gruppe erlaubt, ihre Präferenzen auf einer Diskette zu speichern und an jemand anderen zur Benutzung weiterzugeben. Die GILC war besorgt, daß die Software von repressiven Regierungen gegen ihre eigenen Leute eingesetzt werden könnte. Sie befürchtete laut Amy Harman von der *New York Times* außerdem, daß eine weite Verbreitung der PICS-Technologie den Kongreß zur Verabschiedung eines Gesetzes bringen könnte, das von Eltern fordert, einen bestimmten Satz von *PICS Rules* zu übernehmen. Da dies eine Kontrolle durch die Regierung bedeuten würde, sollte laut GILC das Konsortium *PICS Rules* nicht zu einem Standard machen. Wir sollten es einfach begraben.

Hier scheinen Liberale Technologie benutzen zu wollen, um die Regierung zu beschränken. Ich finde es besorgniserregend, wenn Amerikaner irgendeiner Partei ihrer Regierung nicht mehr trauen und versuchen, sie zu umgehen. Das Konsortium wird keine schlechten Gesetze verhindern, indem es selektiv kontrolliert, welche Technologie entwickelt und wann diese freigegeben wird. Technologen müssen als verantwortungsbewußte Mitglieder der Gesellschaft agieren, müssen sich jedoch davon fernhalten, die Welt regieren zu wollen. Das Konsortium tut dies absichtlich. Es handelt nie als zentrale Registrierung, als zentraler Nutznießer oder als zentrales Organ, um Werte zu setzen. Es stellt technische Mechanismen bereit, nicht gesellschaftliche Richtlinien. Und so soll es auch bleiben.

Die Offenheit des Webs bedeutet auch, daß wirtschaftliche Standards eine große Rolle spielen müssen. Unternehmen im Online-Handel sind sich dessen sehr bewußt, und einige versuchen, die Auferlegung ethischer Standards durch Regierungen zu vermeiden, indem sie sich selbst regulieren, insbesondere durch Zertifikate. Das *Netcheck Commerce Bureau* ist z. B. eine Site, in der Konsumenten Beschwerden über Firmen einreichen können, die E-Commerce betreiben. Mehr als siebenhundert Firmen haben sich bei *NetCheck* registriert und erhalten ein Prüfsiegel – eine Art Gütesiegel. Das schon seit langem bestehende *U.S. Better Business Bureau* unterhält eine Website, die ein ähnliches Werkzeug zur Verfügung stellt. Im Idealfall werden Beschwerden, die bei dieser Site eingehen, kontrolliert, so daß ein Unternehmen sein Prüfsiegel verliert, wenn es nach Ansicht seiner Kunden nicht korrekt arbeitet.

Einige große Unternehmen sind selbst dabei, eine Art Qualitätssiegel zu entwickeln. Da ein solches Siegel angibt, welcher Site vertraut werden kann, wird eine Person, die einem großen Unternehmen wie IBM vertraut, auch einem Unternehmen vertrauen, welches dieses Qualitätssiegel von IBM erhalten hat. In der Tat hat IBM eine sogenannte *E-Business-Mark* entwickelt, die Unternehmen verliehen wird, mit denen IBM Geschäfte macht und die sich einer sicheren und zuverlässigen Umgebung für E-Commerce verpflichtet haben.

Anders als Regulierung kann eine Zertifizierung von jedem für alles mögliche gemäß irgendwelcher Kriterien erfolgen. Diese Unabhängigkeit in dreifacher Hinsicht macht Zertifizierungssysteme sehr offen. Eine Person kann einem Produkt, einer Institution, die Zertifikate verleiht, oder einem bestimmten Kriterium vertrauen.

Die Selbstregulierung funktioniert, wenn die Freiheit besteht, verschiedene Standards festzulegen und Benutzern die freie Wahl zu überlassen. Wenn »Selbstregulierung« jedoch zu einer Industrieversion der Regierung wird, die vom Big Business regiert wird anstatt von der Wählerschaft, geht die Vielfalt verloren, und wir erhalten ein weniger demokratisches System.

Die *E-Business-Mark* ist vielleicht ein Vorbote der Art und Weise, in der viele Zertifizierungen verlaufen werden. Die Nutzer werden in der Regel nicht herausfinden können, ob sie einem bestimmten Online-Shop vertrauen können. Deshalb werden sie bei den »vertrauten« Markennamen Zuflucht suchen – oder bei Zertifikaten von diesen.

PICS ist der Mechanismus, den das Konsortium anbietet, um die Kodierung und automatische Prüfung von Zertifikaten zu erlauben. Ursprünglich sollte PICS zeigen, daß eine Website bestimmte Kriterien wie z. B. die Abwesenheit von Pornographie, Gewalt und ähnlichem erfüllt. Dieser Mechanismus wurde noch nicht sehr häufig implementiert, weil es keinen großen ökonomischen Anreiz für die Beurteilung von Sites gibt. Ein größerer Anreiz ergibt sich jedoch aus dem Schutz der Privatsphäre persönlicher Daten, die ein Benutzer an ein Online-Bekleidungsgeschäft weitergibt. Die Frage ist, wessen Beurteilungen oder Einstellungen getraut werden soll. Als Konsument würde ich gerne von den Zertifikaten in Kenntnis gesetzt werden, die einer Site verliehen wurden – aber ohne vom Inhalt abgelenkt zu werden. Vielleicht könnten Symbole in einem Fenster angezeigt werden, das geöffnet bleibt, während die Site betrachtet wird, oder die Symbole könnten im Rahmen der betrachteten Seite angezeigt werden. Zertifikate könnten in allen Bereichen vergeben werden, nicht nur im Geschäftsbereich. Es könnten auch akademische »Prüfsiegel« eingerichtet werden: Wenn ein Benutzer wissenschaftliche Veröffentlichungen zu Herzerkrankungen durchsucht, könnte jeweils ein Zertifikat angezeigt werden, das besagt, in welcher angesehenen Zeitschrift die Veröffentlichung erschienen ist. Jeder Leser wählt die Zeitschriften, denen er vertraut. Ein Benutzer würde dasselbe mit Zertifikaten für Vereinigungen in seinem Berufszweig tun. Und wenn seine medizinische Vereinigung zufällig einen bestimmten Zweig alternativer Medizin vernachlässigen würde, an die er glaubt, könnte der Benutzer ein Gütesiegel verwenden, das auf einer Zeitschrift für alternative Medizin basiert. Das ist das Schöne am Web, es ist ein Netz, keine Hierarchie.

Zertifikate als Möglichkeit, Qualitätsbeurteilungen zu übermitteln, funktionieren im Web, weil sie mit Hypertextverknüpfungen erstellt werden können. So wichtig diese Fähigkeit auch ist, man muß auch beachten, daß eine Hypertextverknüpfung keine Zertifizierung enthalten muß. Meinungsfreiheit in Hypertext

impliziert das »Recht, Hypertextverknüpfungen einzurichten«, worauf das Web im wesentlichen basiert.
In Hypertext bestehen *normale* Links zwischen einem Hypertextdokument und einem weiteren externen Dokument. Eingebettete Links sorgen dafür, daß etwas im Dokument erscheint. Ein Bild auf einer Webseite wird durch eine eingebettete Verknüpfung zwischen der Seite und dem Bild angezeigt. Normale Hypertextverknüpfungen beinhalten nicht, daß das verknüpfte Dokument Bestandteil des ersten Dokuments ist, von diesem gebilligt wird oder mit dem Besitzer des ersten Dokuments in Verbindung steht. Dies gilt, solange die Sprache, in welcher die Inhalte der Verknüpfung beschrieben werden, keine Bedeutung übermittelt. Wenn der Ersteller des ersten Dokuments schreibt »siehe *Freds Webseite* [link], die ganz toll ist«, enthält dies ganz klar eine Form der Billigung. Wenn er schreibt »Wir werden dies in unserer *Vertriebsbroschüre* [link] weiter vertiefen«, beinhaltet dies nur die Urheberschaft. Wenn er schreibt »Freds *Nachricht* [link] wurde aus Boshaftigkeit geschrieben und enthält nur Lügen«, verunglimpft er das verknüpfte Dokument. Ein verknüpftes Dokument einzuordnen ist häufig hilfreich für die Leser, aber der Urheber muß seine Aussagen verantworten, so, wie er das auch in jedem anderen Medium tun müßte.
Für eingebettete Verknüpfungen ist der Autor des Dokuments jedoch verantwortlich, auch wenn der Inhalt von einer anderen Website importiert wurde und sogar, wenn das Dokument die URI für den eingebetteten Text oder das Bild anzeigt, so daß ein Browser die Ori-

ginalquelle prüfen kann. Wenn ich das Wachstum des Webs beschreibe und dabei ein Diagramm verwende, ist dieses Diagramm Bestandteil meines Dokuments. Natürlich kann man von mir erwarten, daß ich für das Bild die gleiche Verantwortung wie für meinen Text übernehme. Diagramm und Text sind eindeutig Bestandteile desselben Dokuments. Die in Sites eingebettete Werbung bildet eine Ausnahme. Es wäre natürlich toll, wenn HTML automatisch zwischen Links zu verschiedenen Arten von Dokumenten unterscheiden könnte: Links zu Dokumenten, die einen identifizierbaren Urheber haben, und zu solchen, die quasi gemeinfrei sind. Dann könnten die Browser diese Urheberinformation dem Nutzer mitteilen.
Aber über die Unterscheidung zwischen normalen und eingebetteten Links hinausgehend existieren noch immer einige Mißverständnisse. Es folgen drei Mythen, die sich in das »Allgemeinwissen« über das Web eingeschlichen haben, und meine Meinung dazu, wie Hypertextprotokolle interpretiert werden sollten.

Mythos eins: »Eine normale Verknüpfung (Link) ist eine Anstiftung, das verknüpfte Dokument in einer das Urheberrecht verletzenden Weise zu kopieren.« Die Möglichkeit, sich auf ein Dokument zu beziehen (oder eine Person oder sonstiges) ist ein fundamentales Recht der Meinungsfreiheit. Wird dieser Verweis mittels einer Hypertextverknüpfung vorgenommen, ist dies effizient, sonst ändert sich aber nichts.
Trotzdem berichtete *ABC News* im September 1998 von einem Fotografen, der versuchte, das Kaufhaus *JC*

Penny zu verklagen. Dieses hatte eine Verknüpfung auf die Site von *Movie Database Ltd.* hergestellt, die wiederum eine Verknüpfung auf eine Website enthielt, die vom *Swedish University Network* betrieben wurde, und das hatte angeblich illegal ein Bild des Fotografen kopiert. Glücklicherweise wurde die Anklage abgewiesen. Eine gute Standardregel ist die, daß Gesetze online und offline gleich sind. Benutzer, Informationsanbieter und Rechtsanwälte müssen hierüber einen Konsens erzielen. Ansonsten werden Webbenutzer aus Furcht vor rechtlichen Konsequenzen keine Verknüpfungen zu anderen Websites mehr einrichten. Es wäre bald nicht einmal mehr möglich, über die Dinge zu diskutieren.

Mythos zwei: »Die Herstellung einer Verknüpfung zu einem externen Dokument wertet das erste Dokument auf und muß deshalb bezahlt werden.« Es stimmt, daß ein Dokument durch Verknüpfungen zu relevanten Dokumenten mit einer hohen Qualität aufgewertet wird, aber deswegen müssen keine Gebühren an diejenigen bezahlt werden, die das Dokument erstellt haben. Wenn überhaupt, sollten die Autoren sich darüber freuen, daß mehr Menschen an sie verwiesen werden. Wenn mich jemand bei einem Treffen als guten Kontakt empfiehlt, erwartet er doch auch nicht, daß er dafür bezahlt wird, oder?

Mythos drei: »Die Herstellung einer Verknüpfung zu den öffentlich zugänglichen Dokumenten einer Person stellt eine Verletzung der Privatsphäre dar.« Webserver bieten die Möglichkeit, den Zugriff auf eine Gruppe berechtigter Benutzer zu beschränken. Diese Technologie sollte eingesetzt werden, und Hostingdienste für Websites sollten Autoren die Möglichkeit bieten, den Zugriff zu kontrollieren. »Sicherheit durch Unklarheit« – eine seltsame URI zu wählen und niemanden darüber zu informieren – ist nicht üblich, und deshalb muß mit jedem der die URI erhält, eine klare Vereinbarung getroffen werden. Wurde etwas einmal veröffentlicht, kann man sich später nicht darüber beschweren, daß die Adresse herumgereicht wird. Ich bin der Meinung, daß vertrauliche Informationen, die durch Zufall, durch einen illegalen Akt oder durch einen Gesetzesakt wie die Vorladung von Zeugen öffentlich gemacht wurden, geschützt werden sollten. Die momentan vorherrschende Annahme, daß Informationen, die durch »Zufall« an die Öffentlichkeit gelangt sind, auch frei benutzt werden können, ist eine Fehlentwicklung.

Dies ist meine persönliche Einstellung dazu, wie Hypertext interpretiert werden sollte. Ich bin kein Experte für länderspezifische Gesetze. Das Recht auf die Erstellung von Hypertextverknüpfungen muß jedoch aufrechterhalten werden, da sonst die fundamentalen Prinzipien der Meinungsfreiheit gefährdet sind.

Kapitel 11

Die Privatsphäre

Anfangs verzögerte sich die Entwicklung des Webs durch die ablehnende Haltung der Leute, weil sie sich wehrten, ihre Arbeit – samt Quellen und Hintergründen – öffentlich zugänglich zu machen. Ich fand dies frustrierend und sprach mich für die Öffentlichkeit von Informationen aus, während ich für das Web als eine Möglichkeit warb, diese Öffentlichkeit zu fördern. Ich trennte die beiden Dinge jedoch bald, da im Web nicht alle Informationen freigegeben werden müssen oder sollen. Für die Bewahrung ihrer Integrität benötigen Gruppen eine respektierte Grenze, die im Web die Grenze des Informationsflusses ist. Gruppen müssen intern kommunizieren und bei Bedarf ihre eigene Daten der Öffentlichkeit vorenthalten können.

Die vielleicht größten Bedenken hinsichtlich der Privatsphäre treten jedoch bei Onlinekunden auf, da Unternehmen, nachdem Kunden häufig genug Produkte bestellt haben, über genügend persönliche Informationen verfügen, um den Kunden Schaden zufügen oder diese ausnutzen zu können. Die Konsequenzen reichen von der Bedrohung durch Junk-E-Mail bis zur Verweigerung einer Lebens- oder Krankenversicherung. Das ist ein ernstes Problem und zwei Aspekte des Webs verschärfen es noch. Zum einen können Informationen im Web erheblich leichter gesammelt werden, als dies auf herkömmliche Weise möglich wäre. Der zweite Aspekt besteht darin, daß die gesammelten Informationen sehr leicht auf die zukünftigen Erlebnisse einer Person Einfluß nehmen können. Um mich über die Verwendung meiner persönlichen Daten zu informieren, verfolgte ich, wie einige Onlinehändler meine Adresse benutzten. Bei der Eingabe meiner Adresse auf einer Website fügte ich jeweils eine Kennzahl ein. Der Computer des Anbieters gibt die Adresse wörtlich wieder. Wenn ich also später eine Junk-E-Mail erhielt, konnte ich genau sagen, wer meine Adresse weitergegeben hatte.

Es gibt bedrohlichere Szenarien. Einbrecher würden gerne wissen, wer vor kurzem etwas gekauft hat. Wahrscheinlicher ist jedoch die Art von Mißbrauch, die auftritt, wenn ein Arzt auf Anfrage den medizinischen Zustand eines Patienten an dessen Versicherungsgesellschaft weitergibt. Zwei Jahre später verwendet die Versicherungsgesellschaft die Informationen aus ihrer Datenbank, wenn ein potentieller Arbeitgeber die Personaldaten dieser Person prüfen möchte. Die Person erhält den Job wegen eines veralteten medizinischen Befundes nicht und wird noch nicht einmal wissen, was geschehen ist.

Software kann sogar die Klickmuster einer Person auf einer Website aufzeichnen. Wenn ein Benutzer ein Onlinemagazin öffnet, können die Verleger beobachten, welche Artikel er liest, feststellen, welche Bilder er abruft, in welcher Reihenfolge dies geschieht und so Informationen über ihn beziehen, die er niemals freiwillig auf einem Formular angeben würde. Dies wird als »Klickstrom«-Information bezeichnet. Das Unternehmen *Net Perceptions*, das von einem ehemaligen Leiter der Programmiersprachenabteilung bei *Microsoft* gegründet wurde, stellt Software her, mit der Unternehmen alle Arten von Onlineverhalten überwachen können. Dies reicht von der Zeitdauer, die ein Kunde mit dem Lesen einer Produktbeschreibung zubringt, bis zu den Seiten, die der Kunde ausdruckt.

Ein Werbetreibender, der Anzeigen auf verschiedenen Sites schaltet und einen Klickstrom einer Person bei einer bestimmten Auswahl von Sites feststellt, kann ein genaues Profil von Sites erstellen, welche diese Person besucht. Diese Information kann an Direktmarketing-Agenturen oder wen auch immer verkauft werden. Ein berühmter Cartoon, der in den frühen Tagen des Internets gezeichnet wurde, zeigt zwei Hunde, die vor einem Computer sitzen. Einer erklärt dem anderen: »Das Großartige am Internet ist, daß niemand weiß, daß Du ein Hund bist.« Ihm folgte kürzlich ein weiterer Cartoon, in dem ein Hund auf eine Webseite mit einem Bild von Hundefutter klickte. Deshalb weiß der Server nun, daß der Benutzer ein Hund ist. Der Server bringt dann auch sehr schnell in Erfahrung, daß dieser Hund Ulmen und Siamkatzen bevorzugt.

Im herkömmlichen Webdesign geht der Browser, wenn jemand auf einen Link klickt, immer wieder neu von Server zu Server, ohne sich auf vorherige Transaktionen zu beziehen. Das ändert sich durch ein umstrittenes Werkzeug für die Aufzeichnung von Verbraucheraktivitäten, das *Cookie*. Ein *Cookie* ist nur ein Stück Code, ähnlich einer Referenz- oder Kontennummer, die der Server dem Browser zuweist, um die Rückkehr derselben Person wiederzuerkennen. Ein *Cookie* ähnelt einer Kontonummer, die bei der Eröffnung eines Bankkontos zugewiesen wird. Das *Cookie* wird automatisch, ohne Wissen des Verbrauchers, auf seiner Festplatte gespeichert.

Die meisten Transaktionen zwischen einem Verbraucher und einem Onlineshop beinhalten eine gewisse Kontinuität, und *Cookies* ermöglichen es, Waren in einem Warenkorb zu sammeln oder Produkte an dieselbe Adresse wie bei der letzten Bestellung zu senden. Normalerweise wissen die Händler, mit denen wir Handel treiben, was wir gekauft haben, bei welcher Bank wir sind und wo wir leben – und wir vertrauen ihnen. Die Tatsache, daß *Cookies* auf der Festplatte der Kunden installiert werden und mit dem Server ohne jede Form von Erlaubnis kommunizieren, ist auch nützlich. Sie entspricht der Zuschreibung von Kreditwürdigkeit beim Betreten eines Ladens, anstatt immer wieder Identifizierungsformulare ausfüllen zu müssen.

Einige Kommentatoren bewerten *Cookies* jedoch als etwas vollkommen Bösartiges. Standardmäßig können Browser alle *Cookies* automatisch akzeptieren, aber die meisten Browser bieten dem Benutzer auch die Option, einen Warnhinweis auszugeben, bevor der Computer ein *Cookie* akzeptiert oder die Opiton, die Annahme von *Cookies* generell zu verweigern. Das Problem ist nicht das *Cookie*, über das der Benutzer Kontrolle hat. Das Problem ist, daß der Benutzer nicht weiß, welche Informationen der Server sammelt und wie diese Informationen verwendet werden. Ohne darüber Bescheid zu wissen, kann der Benutzer seine Wahl nur auf der Basis von Ängsten und Zweifeln treffen: keine stabile Basis für den Aufbau einer Gesellschaft im Web.

Eine Webseite kann sich auch chamäleonartig an den Betrachter anpassen, so als ob sie eine Broschüre wäre, die nur für diese Person gedruckt wurde. Stellen Sie sich eine Person vor, welche die Webseite eines kandidierenden Politikers oder die eines umstrittenen Unternehmens besucht. Durch eine kurze Prüfung des Datensatzes des Besuchers kann der Politiker oder das Unternehmen dem Besucher genau die richtige Mischung aus Propaganda zeigen, die das Herz dieses Besuchers erwärmt – und taktvoll Punkte unterdrücken, gegen die der Besucher Einwände haben könnte. Ist dies nur effektives, zielgerichtetes Marketing oder Betrug? Es hängt davon ab, ob wir wissen, was vor sich geht.

Europa hat versucht, einen Teil dieses Problems durch strenge Regulierungen zu lösen. Europäische Unternehmen müssen ihre Kundeninformationen sichern. Die Kombination von Datenbanken mit Kundeninformationen in einer Form, die momentan in den USA legal ist, ist nicht zulässig. Kunden in Europa haben auch das Recht, Datenbanken, die Informationen über sie enthalten, einzusehen und Daten zu korrigieren. In den USA sind die Gesetze zum Schutz der Kunden vor dem Verkauf oder der Weitergabe ihrer persönlichen Daten sehr schwach. Die US-Regierung hatte gehofft, daß hier eine Form der Selbstregulierung in Kraft treten würde. Aber das Web kann auch hier behilflich sein. Ich glaube, daß ich über die Stufe der Geheimhaltung von mir weitergegebener Informationen selbst entscheiden sollte. Es sollte möglich sein, anonym im Web zu surfen oder als wohldefinierte Einheit, und ich sollte zwischen beiden Möglichkeiten wählen können. Ich möchte entscheiden können, wer meine persönlichen Informationen zu welchen Zwecken benutzen darf.

Im Augenblick wird eine verantwortliche Website Richtlinien zur Privatsphäre einen Klick vom unteren Rand der Homepage entfernt bereithalten. Eine Site verkauft vielleicht alle Informationen, die sie erhalten kann, an Direct-Mail-Firmen oder Inserenten. Eine andere zeichnet vielleicht alles auf, was ein Besucher betrachtet. Oder sie leitet Informationen unter keinen Umständen weiter. Ich könnte diese Angaben sorgfältig lesen und entscheiden, ob ich die Site weiterhin benutze, aber in der Praxis habe ich dafür normalerweise nicht die Zeit.

Der nächste Schritt besteht darin, es meinem Browser zu ermöglichen, mir diese Aufgabe abzunehmen – der Browser sollte nicht nur die vorhandenen Richtlinien prüfen, sondern auch eine andere Privatsphärenrichtlinie verhandeln können, und zwar eine, welche die Basis für alle zukünftigen Freigaben von Informationen sein würde. Mit der entsprechenden Software können ein Websiteanbieter und ein Browser genau das tun. Denken Sie z. B. an eine Firma, die Bekleidung über das Internet verkauft. Sie beschreibt ihre Privatsphärenrichtlinien möglicherweise wie folgt: »Wir erfragen ihren Namen, Ihr Alter und Ihr Geschlecht, um unsere Katalogseiten so anzupassen, daß Ihnen die Art von Kleidung gezeigt wird, an der Sie höchstwahrscheinlich am meisten interessiert sind und um unsere Produktentwicklung entsprechend anzupassen. Wir stellen diese Informationen niemandem außerhalb unserer Organisation zur Verfügung. Wir erheben auch Ihre Zustelladresse. Diese Information geben wir möglicherweise an andere weiter.«

Damit diese Dinge automatisch ausgehandelt werden können, müssen die Präferenzen, die ein Benutzer wählt und die Privatsphärenrichtlinie in maschinenlesbarer Form eingerichtet werden, wobei allgemein übliche Kategorien für unterschiedliche Datensorten und deren Verwendungsform benutzt werden.

Das *World Wide Web Consortium* (W3C) entwickelt gerade eine Technologie, die genau dies erlaubt: die automatische Verhandlung zwischen dem Browser eines Benutzers und dem Server eines Onlineshops zur Vereinbarung von Privatsphäre. Das *Platform for Privacy Preferences Project* (P3P) wird einem Computer die Möglichkeit bieten, Präferenzen und Anforderungen anzugeben, und ein Server wird die Privatsphärenrichtlinien beschreiben und alles so einrichten können, daß die beiden Computer einander verstehen und miteinander verhandeln können, ohne daß eine Person involviert sein müßte. Meiner Meinung nach müßte es für Sites, die nicht über Privatsphärenrichtlinien verfügen, zum Schutz des Individuums gesetzlich vorgeschriebene Standardrichtlinien geben. Diese Sichtweise ist vielleicht auf meine europäischen Wurzeln zurückzuführen und scheint eher gegen meine normalerweise minimalistischen Tendenzen gerichtet zu sein. Aber ihr Fehlen bietet Unternehmen die Möglichkeit, alle irgendwie erhaltenen privaten Daten beliebig zu verwenden.

1998 fand das US-Kartellamt (FTC – *Federal Trade Commission*) bei einer Untersuchung von Websites, auch solchen, die Informationen von Kindern erfragten, heraus, daß nur sehr wenige Websites mit Privatsphärenrichtlinien ausgestattet waren. Die Ergebnisse waren so alarmierend, daß Präsident Clinton zu diesem Thema ein zweitägiges Treffen mit der Industrie und Regierungsvertretern einberief. Es wurde auch die Regulierung der Privatsphärenrichtlinien erwogen.

Wie so oft hat die Androhung einer Regulierung bei der Industrie dazu geführt, eine Selbstregulierung einzuführen. Im Juni 1998 gründete Christine Varney, eine frühere FTC-Kommissarin, eine Gruppe aus fünfzig Unternehmen und Handelsgruppen namens *Online Privacy Alliance*. Zu den Mitgliedern gehörten *AOL, AT&T, Microsoft, Netscape,* die *Direct Marketing Association* und die US-Handelskammer *(U.S. Chamber of Commerce)*. Die Mitglieder der *Online Privacy Alliance* sagten zu, daß sie veröffentlichen würden, welche Informationen sie auf ihren verschiedenen Websites sammelten und wie Sie diese verwendeten. Sie versprachen auch, den Verbrauchern eine gewisse Wahl zu überlassen, wie die persönlichen Daten verwendet werden sollten, inklusive der Möglichkeit, den Verkauf der Informationen an dritte zu untersagen. *Better Business Bureau Online* geht dieses Problem mit einem

Beglaubigungsdienst an – ein Privatsphärensiegel wird an Websites mit entsprechenden Richtlinien vergeben. Das Projekt unterstützt die Erstellung von Privatsphärenstandards, deren Überprüfung und Überwachung sowie die Überprüfung von Beschwerden.

Einige sind immer noch der Meinung, daß Bemühungen ohne Zwang nicht ausreichen werden. Sie fordern eine stärkere Kontrolle, insbesondere, wenn es um den Schutz von Informationen über Kinder gehe. Sie bestehen darauf, daß jeder Mißbrauch von Informationen über Erwachsene oder Kinder illegal sein sollte. Aber die *Online Privacy Alliance* ist ein guter Anfang, zumindest für die Erstellung eines Beglaubigungssystems, und es wird dazu führen, daß immer mehr Verbraucher diese Sites bevorzugen. Andere Sites werden nachziehen müssen. Im Idealfall werden solche Gruppen Privatsphärenstandards einrichten, die automatisch mit P3P überprüft werden können.

Selbstverständlich ist jede Verhandlung über die Privatsphäre nur so vertrauenswürdig wie der Besitzer der Site. Wenn ein Unternehmen über seinen Webserver die Wahrung der Privatsphäre zugesichert hat, und dieses Versprechen nicht einhält hat es betrügerisch gehandelt. Es gibt konventionelle Gesetze, um derartige Verstöße zu ahnden. Software kann dieses Problem nicht lösen. Und es sollte nicht dem Konsortium oder einer technischen Körperschaft überlassen bleiben, dieses Problem in den Griff zu bekommen.

Die vielleicht berüchtigste Verletzung der Privatsphäre im Web war die Veröffentlichung von Details aus dem Bericht des Untersuchungsausschusses über Präsident

Clintons sexuelle Aktivitäten Ende 1998. Diese Informationen wurden absichtlich Millionen von Menschen offengelegt, was der Vorstellung vieler Menschen von Respekt vor Einzelpersonen oder der Familie widerspricht. Wir können die Macht des Webs, alles miteinander zu verbinden, zu großem Nutzen oder zerstörerisch einsetzen. Episoden wie diese helfen uns, zu erkennen, wie schnell die weitgestreute Verteilung von Informationen unsere Gesellschaft beeinträchtigen könnte – und jeden einzelnen von uns –, wenn absolut alle Informationen öffentlich wären.

Niemand wird an der neuen, netzartigen Arbeitsweise teilhaben wollen, wenn er nicht sicher sein kann, daß gewisse private Informationen auch privat bleiben. Auch in Gruppen werden die Leute vorsichtig bleiben, wenn ihre Aussagen eventuell nicht vertraulich behandelt werden oder wenn sie nicht sicher sein können, mit wem sie kommunizieren.

Public Key Cryptography (PKC), d. h. Kryptographie mit öffentlichen Schlüsseln, bietet eine Methode, um die vier grundlegenden Aspekte von Sicherheit zu erreichen: Authentizität, Vertrauen, Integrität von Nachrichten und Anerkennung. Jede Person verfügt über eine Nummer, die jeder kennt (der *öffentliche Schlüssel*), und eine weitere, darauf bezogene Nummer, die niemand sonst hat (der *private Schlüssel*). Das PKC-System wurde vor mehr als zwei Jahrzehnten entwickelt und bietet eine Form der Verschlüsselung, bei der eine ausgehende Nachricht gemäß des öffentlichen Schlüssels des Empfängers verschlüsselt wird. Die verschlüsselte

Nachricht kann dann nur von einem Empfänger dekodiert werden, der über einen eindeutigen privaten Schlüssel zur Entsicherung der Nachricht verfügt. Eine führende Rolle bei der PKC hat RSA, das nach seinen Entwicklern Ron Rivest, Adi Shamir und Leonard Adleman benannt wurde. Diese drei Männer arbeiteten 1977 alle im *Laboratory for Computer Science* am MIT, als sie dieses Verschlüsselungsverfahren entwickelten. Die Ableitung, ob jemand oder ein Ort echt ist, beginnt mit dem gesunden Menschenverstand. Wenn eine Website ein Geschäft anbietet, das zu gut erscheint, um wahr zu sein, dann ist wahrscheinlich auch etwas faul. Es läßt sich jedoch nur schwer ermitteln, ob die Website eines bekannten Bekleidungsgeschäfts tatsächlich von diesem Geschäft geführt wird. Jeder könnte eine Site einrichten, die wie die des Bekleidungsgeschäfts aussieht. Gauner könnten sogar eine umfangreiche betrügerische Site einrichten, die Bestellungen annimmt, sie an ein echtes Geschäft übergibt, die Kommunikation des Geschäfts zurücksendet und in der Zwischenzeit die Kreditkartennummer stehlen. Und anders als eine physische Fassade läßt sich das Betrügergeschäft nicht vom echten unterscheiden. Momentan werden einige Versuche unternommen, um das Domänennamensystem sicherer zu machen, aber im Augenblick vertraut die Echtheitsbestätigung im wesentlichen der Sicherheit der Domänenserver (die dem Browser mitteilen, wo sich z. B. *www.acme.com* im Internet befindet) und den Verbindungen zwischen ihnen. Die Echtheitsbestätigung mit öffentlichen Schlüsseln wäre viel besser.

Vertraulichkeit ergibt sich aus dem Wissen, daß niemand sonst Zugriff auf den Inhalt einer Unterhaltung erhalten kann. Auch hier können Kriminelle oder Spione die Kommunikation mit einem Bekleidungsgeschäft unterbrechen und die Kreditkartennummern abfangen, die elektronisch gesendet werden oder die von den Teilnehmern als privat betrachtete Kommunikation zwischen Mitgliedern einer Gruppe belauschen. Die Verschlüsselungstechnologie verhindert dies, indem sie die Nachrichten chiffriert. Jeder, der eine Site besucht, deren URI mit *http:* beginnt, benutzt eine Verschlüsselungstechnologie namens *Secure Sockets Layer* (SSL). Normalerweise wird die PKC jedoch nur benutzt, um sicherzustellen, daß niemand außer dem Server die Kommunikation lesen kann – nicht, um zu überprüfen, ob der Server wirklich derjenige ist, der er zu sein vorgibt. Die Integrität von Nachrichten beinhaltet die Sicherstellung, daß niemand eine Nachricht im Internet unentdeckt ändern kann, und Anerkennung bedeutet, daß ich nach dem Versand einer Nachricht dies später nicht bestreiten kann. Die PKC bietet eine Technologie, um diese Aspekte ebenfalls sicherzustellen. Wenn ich die Software verwende, um einer meiner Nachrichten (oder Webseiten) eine Nummer zuzuweisen, die als *digitale Signatur* bezeichnet wird, kann der Empfänger überprüfen, daß die Nachricht von mir stammt und sie nicht manipuliert wurde. Das Konsortium unterhält ein Projekt für die Anwendung von digitalen Signaturen auf Dokumenten.

Wenn PKC so gut bekannt ist, warum wird diese Technologie dann nicht eingesetzt? Weil die US-Regierung befürchtet, die Kontrolle zu verlieren. Diese Verschlüsselungstechnik läßt sich leicht anwenden und praktisch nicht knacken – sie ist so sicher, daß die US-Regierung seit ihrer Entwicklung vor mehr als zwanzig Jahren den Export von leistungsfähiger Kryptographie (128 Bit-Schlüssel) blockiert, indem diese als »Waffe« deklariert wurde. Einige andere Regierungen haben in ähnlicher Weise reagiert, indem sie den Export blockierten und die Verwendung von Verschlüsselung verboten, aus Angst, daß die Mitglieder terroristischer Organisationen miteinander kommunizieren könnten, ohne daß die Regierungen in der Lage wären, deren Unterhaltungen abzuhören.

Das Gegenargument verweist auf George Orwells Vision in seinem Buch *1984*, in welchem die Staatspolizei zum »Großen Bruder« wird und jeden Schritt ihres Bürgers überwacht. In dem Buch vertritt Orwell den Standpunkt, daß die Staatsbürger ohne ihre demokratischen Grundrechte der Willkür einer potentiell diktatorischen Tendenz in der Regierung schutzlos ausgeliefert sind.

Die Balance der Regierungsgewalt ist immer eine schwierige Sache. Aber die Debatte ist in diesem Fall fragwürdig, weil die Verschlüsselungstechnologie in vielen freien Ländern erstellt wurde. Das US-Exportverbot frustriert diejenigen, die z. B. einfach in einem anderen Land Bekleidung kaufen wollen. Es macht manche Softwarehersteller wütend, die zwei Versionen jedes Produkts unterhalten müssen; eine mit einer starken PKC und eine mit einer speziell abgeschwächten Version für den Export, und dann noch verhindern müssen, daß die Version mit der starken Verschlüsselung die Grenzen überschreitet. Es legt der Open-Source-Gemeinde Fesseln an, die auf dem Prinzip der Verteilung des Quellcodes (in der ursprünglichen Form) von Programmen basiert. Um das Exportgesetz lächerlich zu machen, wurden PKC-Programme auf T-Shirts und in maschinenlesbarer Form in Büchern abgedruckt, die nicht den Exportkontrollen unterworfen werden können.

Es gibt noch einen weiteren Grund dafür, warum PKC nicht akzeptiert wurde: Es kann nur in Verbindung mit einem System verwendet werden, das Ihrem Computer mitteilt, welchen öffentlichen Schlüsseln für welche Art von Dingen vertraut werden soll. Das ist natürlich sehr wichtig, aber auch sehr schwierig zu bestimmen. Die Fähigkeit eines Individuums, Vertrauen auszudrücken, ist jedoch wesentlich, da ohne dieses Vertrauen viele Anwendungsgebiete des Webs, von der Teamarbeit bis zum E-Commerce, gesellschaftlich nicht funktionieren werden. Echtheitsbestätigung und Vertraulichkeit sind im Web keine neuen Probleme. Für E-Mail wurden sie im Prinzip gelöst. *Pretty Good Privacy* (PGP) und *Secure MIME* (S-MIME) sind zwei Standards für die digitale Signatur von E-Mail (um die Person, welche die E-Mail-Nachricht sendet, zu authentifizieren) und für die Verschlüsselung von E-Mail-Nachrichten (damit niemand sonst sie lesen kann).

PGP ist mehr oder weniger ein Basissystem. Es ist ein »Web of Trust« (Netz des Vertrauens). Als Alternative ist *Public Key Infrastructure* (PKI) eine im wesentlichen hierarchisch organisierte Lösung. Sowohl bei PGP als auch bei PKI verbindet der Computer eines Benutzers einen Schlüssel mit einer Person, indem er eine Datei speichert, die als Zertifikat bezeichnet wird. Die Datei enthält normalerweise den Namen der Person, die Adresse und den öffentlichen Schlüssel. Das Zertifikat selbst ist digital mit einem weiteren öffentlichen Schlüssel signiert, dem der Benutzer vertraut. Er weiß, daß es der Schlüssel der anderen Person ist, weil dies ein Zertifikat besagt, das mit einem Schlüssel einer dritten vertrauenswürdigen Partei signiert wurde. Und so geht die Kette weiter.

Die von PGP vorausgesetzte Sozialstruktur sieht vor, daß Ketten des Vertrauens von jedermann aufgebaut werden – der Familie, den Freunden, den Kollegen und dem Arbeitgeber. Wollte jemand die Nachricht eines Kollegen authentifizieren, würde er wahrscheinlich ein Zertifikat benutzen, das von seinem Arbeitgeber signiert ist. So verläuft der Pfad des Vertrauens.

Das PKI-System, das von der Industrie für E-Commerce entwickelt wurde, geht davon aus, daß Personen nur ein paar »Stammzertifizierungsstellen« vertrauen, von denen alle Autorität ausgeht. Ein paar Zertifizierungsstellen delegieren das Recht, Zertifikate auszustellen, an ihre Geschäftspartner. Diese können wiederum das Recht, Zertifikate zu vergeben, an andere, kleinere Zertifizierungsstellen delegieren. Auf diese Weise entsteht eine Baumstruktur, entlang derer Geld und Autorität nach oben und unten fließen.

Browser werden nur langsam so ausgestattet, daß sie mit PKI funktionieren. Wenn ich die Internetoptionen in meinem *Internet-Explorer* öffne, kann ich zwischen den vertrauenswürdigen Stammzertifizierungsstellen von *Microsoft, AT&T, GTE, MCI, Keywitness, Canada Inc., Thawte* und *Verisign* wählen. Bei *Netscape* sehe ich eine äquivalente Liste mit den Stammzertifizierungsstellen *AT&T, BBN, BelSign, Canada Post, Certisign, GTE, GTIS, IBM, Integration, Keywitness, MCI Mall, Thawte, Uptime* und *Verisign.* Diese Zertifizierungsstellen verbürgen sich alle für die Identität von Personen und ihren Schlüsseln. Sie verkaufen im allgemeinen Zertifikate, die nach einer bestimmten Zeitdauer verfallen. Ich sehe jedoch keine Schaltfläche, über die ich einem Freund oder einem Bekannten, dem ich vertraue, ein Zertifikat ausstellen könnte. PGP würde dies erlauben.

Das Web funktionierte nur, weil jedermann Verknüpfungen einrichten konnte, und deswegen alle möglichen Informationen und Beziehungen repräsentiert werden konnten. Der Grund, warum Kryptographie für die Darstellung von Vertrauen im Web nicht konstant benutzt wird, ist, daß es noch keine netzartige, dezentralisierte Infrastruktur gibt.

Das PGP-System basierte auf E-Mail und ging davon aus, daß jeder Kopien der Zertifikate auf seiner Festplatte speicherte. Es gab keine Hypertextverknüpfungen, die es ermöglichten, auf ein Zertifikat im Web zu verweisen. Es sollte jetzt erheblich leichter sein, ein »Netz des Vertrauens« einzurichten, nachdem es das Web nun gibt.

Ich erwähnte bereits, daß PGP und PKI zwei Annahmen machen: daß wir einer Person vertrauen und in diesem Fall nur eine Verknüpfung zu einer Person mit einem

Schlüssel herstellen müssen. Zahlreiche sinnlose Diskussionen drehten sich um die Frage, was genau eine Person ausmacht und wie die Identität einer Person überprüft werden kann. In den meisten Situationen spielt es eigentlich keine Rolle, wer die Person »ist«. Ein Nutzer ist nur an der Rolle interessiert, welche die Person spielt und die durch einen öffentlichen Schlüssel repräsentiert wird. Wir müssen nur eine Sprache finden, in der die Wirkungen der unterschiedlichen Schlüssel repräsentiert werden können, und schon existiert eine technische Infrastruktur für ein *Web of Trust* (Netz des Vertrauens). Wenn wir es richtig anpacken, dann wird die Arbeit des Konsortiums an den Spracherweiterungen für das Web (die ich in Kapitel 13 beschreibe) zur Entstehung eines *Web of Trust* führen. Mehr noch: Das Web und das *Web of Trust* werden dasselbe sein – ein Netz von Dokumenten, einige davon mit digitaler Signatur, alle miteinander verknüpft und völlig dezentralisiert. Das Konsortium strebt nicht danach, die Zentrale oder die Kontrollinstanz eines *Web of Trust* zu sein. Es will der Netzgemeinschaft lediglich bei der Formulierung allgemein verbindlicher Regeln und technische Konventionen helfen, mittels derer sich Vertrauen (und Vertrauenswürdigkeit) ausdrücken lassen.

Das *Web of Trust* ist ein Grundmodell dafür, wie wir als Menschen wirklich funktionieren. Jeder von uns bildet sich sein eigenes Netz des Vertrauens, während er heranwächst. Wenn wir beschließen, eine Verbindung zum Web herzustellen, etwas im Web zu lesen oder zu kaufen, wird die Entscheidung zum Teil dadurch bedingt, wie sehr wir den dort angebotenen Informationen vertrauen. Können wir dem Namen des Herausgebers, den Privatsphärenrichtlinien oder politischen Motivationen trauen? Manchmal lernen wir durch eine üble Erfahrung, wem man nicht vertrauen darf, aber häufiger übernehmen wir das Vertrauen von einer anderen Person – einem Freund, einem Lehrer oder einem Familienangehörigen – oder von veröffentlichten Empfehlungen oder Beglaubigungen einer dritten Partei, wie unserer Bank oder dem Arzt. Das Ergebnis all dieser Aktivitäten schafft ein Netz des Vertrauens in unserem Teil der Gesellschaft. Automatisierte Systeme werden auftauchen, so daß Verhandlungen und Transaktionen auf unseren Kriterien für Vertrauen basieren können. Wenn diese Werkzeuge einmal verfügbar sind, werden wir in der Lage sein, nicht nur Informationen über den Computer abzufragen, sondern auch die Begründung, warum wir ihnen glauben sollten. Stellen Sie sich eine »O-ja?«-Schaltfläche in einem Browser vor. Hier stehe ich nun und schaue auf eine fantastische Sache, die mein sein kann, wenn ich meine Kreditkartennummer eingebe und auf eine Schaltfläche klicke. Ich klicke auf die »O-ja?«-Schaltfläche. Mein Browser fordert den Server auf, seine Zertifikate zu liefern. Vielleicht ist dies eine Liste mit Dokumenten, die digital von der Bank des Unternehmens und einem Zulieferer signiert sind, zusammen mit Schlüsseln, die sie verifizieren. Mein Browser durchwühlt diese und scheint nun davon überzeugt zu sein, daß der Server vertrauenswürdig ist. Wenn der Browser zufrieden ist, ist das gut für mich, denn ich kann nun das Geschäft tätigen.

Ist der Browser nicht zufrieden, habe ich mich wahrscheinlich selbst vor Problemen bewahrt.
Es wäre falsch, anzunehmen, daß das *Web of Trust* hauptsächlich für E-Commerce wichtig sei. Als wenn Sicherheit nur dann wichtig wäre, wenn es um Geld geht. Das *Web of Trust* wird für alle Arten von Beziehungen auf allen Ebenen benötigt – von den persönlichen über Gruppen aller Größen bis zur globalen Bevölkerung. Wenn wir in einem Team arbeiten, teilen wir uns Dinge mit, die wir außerhalb dieser Gruppe nicht freigeben würden – wie z. B. unausgegorene Ideen oder sensible Informationen. Wir verhalten uns so, weil wir den Mitgliedern des Teams und damit darauf vertrauen, daß sie diese Informationen nicht an andere weitergeben. Bisher war es schwierig, solche Teams im Web zu verwalten, weil es schwierig ist, den Zugriff auf Informationen zu kontrollieren. Das *Web of Trust* muß sich entwickeln, bevor das Web als echtes Medium zur Zusammenarbeit eingesetzt werden kann. Das *Web of Trust* muß existieren, bevor wir automatisierten Agenten trauen können, die uns bei unserer Arbeit behilflich sind. Diese Entwicklungen, die ich in den nächsten zwei Kapiteln besprechen werde, sind für mich die nächsten wichtigen Entwicklungen für das Web als Gesamtheit.

Kapitel 12

Das Web als Werkzeug für Zusammenarbeit

Ich habe einen Traum für das Web ... und er besteht aus zwei Hälften.

In der ersten Hälfte wird das Web zu einem wesentlich leistungsfähigeren Werkzeug für die Zusammenarbeit von Menschen. Ich habe mir den Informationsraum immer als etwas vorgestellt, auf das jeder sofortigen und intuitiven Zugriff hat, und das nicht nur durchsucht, sondern in dem etwas erstellt werden kann. Das ursprüngliche Programm *WorldWideWeb* startete mit einer fast leeren Seite, bereit für die Notizen des Benutzers. Robert Cailliau und ich hatten sehr viel Spaß damit, nicht nur, weil wir uns viele Dinge ansahen, sondern weil wir unsere Ideen niederschrieben und austauschten. Außerdem muß es für Gruppen aller Größen möglich sein, elektronisch leicht miteinander zu kommunizieren.

In der zweiten Hälfte des Traums erweitert sich die Zusammenarbeit auf Computer. Computer werden in der Lage sein, alle Daten im Web zu analysieren – Inhalte, Links und Transaktionen zwischen Menschen und

Computern. Ein »semantisches Web«, das dies ermöglichen sollte, muß sich noch entwickeln. Aber wenn dies geschieht, werden die alltäglichen Mechanismen des Handels, der Bürokratie und unseres Alltags von Computern übernommen werden, die mit anderen Computern kommunizieren. Den Menschen bleibt es überlassen, die Inspiration und die Intuition zu liefern. Die intelligenten »Agenten«, von den Menschen schon immer herbeigewünscht, werden schließlich auftauchen. Das von Computern interpretierbare Web wird sich durch die Implementierung einer Folge von technischen Verbesserungen und gesellschaftlichen Übereinkünften entwickeln, die nun im Entstehen begriffen sind (und die im nächsten Kapitel beschrieben werden). Wenn der gesamte Traum einmal verwirklicht ist, wird das Web ein Ort sein, an dem die emotionalen Fähigkeiten eines Menschen und das logische Denken eines Computers in einer idealen, leistungsfähigen Mischung nebeneinander existieren.

Die Realisierung dieses Traums wird eine Menge Arbeit erfordern. Das Web ist weit davon entfernt, »vollendet« zu sein. Es befindet sich in einem unordentlichen Zustand der Konstruktion, und gleichgültig, wie groß der Traum auch sein mag, muß er Stück für Stück umgesetzt werden, wobei viele Teile nicht besonders glanzvoll sind.

Es ist wesentlich leichter, sich ein verbessertes, leistungsfähigeres Web vorzustellen, wenn wir einen Teil der gegenwärtigen Annahmen über die Benutzung von Computern aufgeben. Wenn ich mit einem Computer interagieren möchte, muß ich nach dem Einschalten mehrere Minuten warten, bevor ich mit ihm kommunizieren kann. Das ist absurd. Die Computer sollen für uns da sein und nicht umgekehrt. Deshalb sollten wir uns bei unseren Überlegungen über eine neue Welt vorstellen, daß der Bildschirm des Computers jederzeit verfügbar ist.

Im selben Sinne sollten wir unsere Annahmen über den Zugriff auf das Internet überdenken. Warum sollten wir warten müssen, während der Computer eine Verbindung zum Internet über eine Telefonverbindung herstellt? Das Internet ist so gestaltet, daß jederzeit ein kleines postkartenartiges Paket mit ein paar hundert Zeichen von einem Computer aufgegeben und innerhalb von Bruchteilen einer Sekunde an seinem Zielort auf der anderen Seite der Welt ankommen kann. Deshalb führt ein Klick auf ein Symbol so schnell zu einer Website. Sich um eine Telefonverbindung kümmern zu müssen, stört das Konzept der sofortigen Verfügbarkeit.

Ein wesentliches Ziel für die Telekommunikationsbranche (und die Regulierungsbehörden) sollte darin bestehen, alle mit einem *permanenten* Zugriff zu versehen. Das Problem bis heute ist nicht die Technologie, sondern Regulierungen, die festlegen, was Telefongesellschaften für den Zugang berechnen können, und das Fehlen einer Übereinkunft, wie andere Unternehmen, die einen Zugang zum Internet anbieten möchten, das Kabel in die einzelnen Haushalte mieten können. Mit etwas sinnvolleren Regelungen, die in einigen Fällen vom Wettbewerb der Kabelanbieter beschleunigt werden, sollte es nicht mehr allzu lange dauern, bis es möglich ist, vor einem Bildschirm zu sitzen und die eigene Homepage sofort betrachten oder einer Hypertextverknüpfung unmittelbar folgen zu können. Dieser einfache Unterschied im Timing wird die Art und Weise, wie wir Computer benutzen, dramatisch ändern. Die Erfahrung im Umgang mit dem Computer wird dann mehr der Benutzung eines Stiftes als der eines Rasenmähers entsprechen. Mit Computern werden wir Ideen sofort einfangen können und dadurch verhindern, daß sie der Welt verlorengehen.

Wir sollten uns Gedanken darüber machen, was wir auf diesen wundervollen neuen Computern sehen werden. Heutzutage gibt es einen Desktop mit verschiedenen Ordnern und »Anwendungen«. Eine dieser Anwendungen ist der Webbrowser. Nach diesem Schema wird mein gesamter Bildschirm von meinem lokalen Computer eingenommen, während der Rest der Welt auf einen kleinen Bereich oder ein Symbol auf meinem Desktop beschränkt ist. Das ist genau verkehrt herum. Die Aufgabe von Computern und Netzwerken ist es, zu verschwinden, unsichtbar zu werden. Das bedeutet, daß die Anzeige von Information und die Werkzeuge, die für den Zugriff benutzt werden, unabhängig davon sein sollten, wo Informationen gespeichert werden – das ist das Konzept der *Standortunabhängigkeit*. Ob es sich um Hypertextseiten oder um Ordner handelt, beide sind gültige Gattungen der Informationsverwaltung und sollten gleich aussehen, unabhängig davon, wo sie physisch gespeichert sind. Dateinamen sollten verschwinden. Sie sollten zu einer Form von URI werden. Dann sollten die Leute die URIs vergessen können, indem nur die Hypertextverknüpfungen angezeigt werden. Die Technologie sollte transparent sein, um eine intuitive Interaktion zu ermöglichen.

Der nächste Schritt wäre die Unabhängigkeit von Protokollen. Momentan muß ich jedesmal, wenn ich mit einem Computer etwas schreibe, wählen, ob ich die »E-Mail«-Anwendung, die »Newsgroups«-Anwendung oder die »Web-Editor«-Anwendung öffne. Die Mail-, News- und Websysteme verwenden unterschiedliche Protokolle für die Kommunikation zwischen den Computern, und entsprechend werde ich aufgefordert, auszuwählen, welches Protokoll benutzt werden soll. Der Computer sollte dies selbst herausfinden.

Die Unabhängigkeit von Standort und Protokoll wäre sehr leicht zu realisieren, wenn die gesamte Software auf einem Computer von Grund auf neu geschrieben würde. Leider ist dies nicht der Fall. Die erforderliche Änderung des modularen Designs von Betriebssystemen und Anwendungen wäre signifikant. Es ist sogar nicht einmal klar, ob die Begriffe *Betriebssystem* und *Anwendung* überleben würden. Aber da Informatiker sehr erfinderisch sind und viel auf dem Spiel steht – eine intuitive Benutzeroberfläche –, bin ich optimistisch.

Wenn wir betrachten, wie das Web benutzt wird, läßt sich die Wahrnehmung von Information am leichtesten durch die Integration neuer Formen von Bildern und von Multimedia verbessern. Schwieriger ist schon, wie eine Person am besten mit Informationen interagieren, sie verändern und erstellen kann. Und noch komplizierter ist die Überlegung, wie der Computerbildschirm benutzt werden könnte, um einer Person die Interaktion in einer Gruppe zu erlauben. Dies ist die Reihenfolge, in der bisher Entwicklung stattgefunden hat, und so wird es auch bleiben.

Die XML-Revolution, die, wie in Kapitel 9 erwähnt, in den letzten Jahren stattgefunden hat und nun den Mainstream erreicht, bietet für einen Großteil des neuen Designs innerhalb und außerhalb des Konsortiums eine solide Grundlage. Selbst wenn die Markierungssprachen für Hypertext und Graphik dafür entwickelt wurden, Texte und Bilder zu präsentieren, und Datensprachen dafür, von Computern verarbeitet zu werden, teilen sie den Bedarf nach einem allgemeinen, strukturierten Format. Dies ist XML.

XML ist sowohl ein Segen als auch eine Bedrohung für den Traum vom Web. Das Großartige an XML ist, daß ein riesiger Informationsverlust verhindert wird. Jeder kann jede Art von Markierungstag erstellen, die ihm nützlich sein könnte. Das Protokoll eines Meetings könnte z. B. ein »Action Item« enthalten. XML erlaubt dem Protokollführer, einen neuen Dokumenttyp zu erstellen, der das neue Tag »action« beinhaltet. Werden die Protokolle in HTML aufgezeichnet, könnte dies verlorengehen, weil HTML kein *action*-Tag enthält und der Protokollführer kein solches Tag erstellen kann. Ein XML-Dokument ist normalerweise reichhaltiger: Die Information, die es enthält, ist wohldefinierter.

So lassen sich Tabellen einer Tabellenkalkulation, Kalenderdateien, E-Mail-Adreßbücher sowie Bankanweisungen, für die bisher kein Standardformat benutzt wurde, schnell entwickeln. Dadurch erhöht sich die Interoperationalität z. B. typischer Bürodokumente. Dies ist die primäre Faszination, die sich hinter der XML-Revolution verbirgt: die Vermeidung von Informationsverlusten, wenn solche Dokumente in HTML übersetzt werden und somit nicht mehr als Tabellen, Kalender, Bankanweisungen oder was auch immer interpretiert werden.

Es ist jedoch problematisch, daß, wenn ein Unternehmen einen neuen Dokumenttyp einführt, niemand sonst ihn verstehen wird. XML erleichtert die Erstellung eigener Tags oder gesamter Markierungssprachen. Die idyllische Situation, die bisher im Web vorherrschte, wird somit wahrscheinlich ein Ende finden – die Vorherrschaft von HTML, das uns allen dabei behilflich war, Dokumente leicht freizugeben. Kann es sein, daß uns XML zehn Jahre nach der Einführung des Webs eine Freiheit verleihen wird, die uns wieder zurück zu Myriaden inkompatibler Sprachen führt? Dies ist in der Tat ein ernsthaftes Problem, aber eines, das bereits bedacht wurde. Das X bei XML bedeutet, daß jeder neue Tags entwickeln, sie aber nicht zu den Tags einer anderen Person hinzufügen kann. Ein XML-Dokument kann aus einer Mischung von Tags aus mehr als einem Namensraum bestehen, aber jeder Namensraum wird durch eine URI identifiziert. Somit wird jedes XML-Dokument komplett mittels des Webs definiert. Dies ist ein großer Schritt seit den alten HTML-Tagen, in denen jeder seine eigene Version davon bilden konnte, was z. B. »table« bedeutete. Die XML-Namensräume verändern die Regeln der technologischen Evolution, indem sie jeden Schritt, gleichgültig, ob offen oder proprietär, zu einem wohldefinierten Schritt machen.

Wichtig ist jedoch, daß XML HTML nicht ersetzen wird. Es ersetzt dagegen SGML, die Sprache, auf der HTML basiert. HTML kann jetzt in XML geschrieben werden. Es ist sogar möglich, ein XML-Dokument zu erstellen, das von einem alten HTML-Browser gelesen werden kann.

Als ich das Web 1989 anstieß, war die treibende Kraft die Kommunikation durch Freigabe von Wissen, und der treibende »Markt« war die Zusammenarbeit von Menschen bei der Arbeit und zu Hause. Durch den Aufbau eines Hypertext-Webs konnte eine Gruppe von Leuten, gleich welcher Größe, sich sehr leicht ausdrücken, Wissen schnell erwerben und weitergeben, Mißverständnisse überwinden und doppelte Arbeit verringern. Die Leute hatten ein funktionsfähiges Modell ihrer Pläne und ihres logischen Denkens verfügbar. Ein Netz von Wissen, das über Hypertext verbunden war, würde eine Momentaufnahme ihrer gemeinsamen Kenntnisse enthalten. Wenn neue Leute dazukamen, standen ihnen alle Entscheidungen und Begründungen zur Verfügung. Wenn Leute die Gruppe verließen, war ihre Arbeit bereits aufgenommen und integriert. Als faszinierender Bonus könnte die maschinelle Analyse des Wissensnetzes den Mitgliedern vielleicht erlauben, Schlußfolgerungen über die Verwaltung und Organisation ihrer kollektiven Aktivität zu ziehen, die sie ansonsten nie in Betracht gezogen hätten.
Das Ziel war, daß das Web als persönliches Informationssystem und als Werkzeug für die Gruppenarbeit eingesetzt würde, vom Team, das ein Flugblatt für die Auf-

führung der örtlichen Grundschule erstellt bis zur Weltbevölkerung, die Entscheidungen über ökologische Themen fällt.

Ich wollte außerdem, daß das Web sowohl »intern« als auch extern verwendet wird. Obwohl die meisten der ersten zehn Webserver, zu denen auch die am CERN oder SLAC gehören, heutzutage als Intranetserver bezeichnet würden, sind Organisationen und Familien erst dabei, die großen Möglichkeiten zu entdecken, die das Web in ihre vier Wände bringen kann. Es ist zwar etwas Arbeit erforderlich, um die Zugangskontrolle für ein Unternehmens- oder Familienintranet einzurichten, ist dies jedoch einmal geschehen, kann die Nützlichkeit des Webs erhöht werden, weil die Teilnehmer eine Vertrauensebene teilen. Dies ermutigt eine spontanere und direktere Kommunikation.

Um im Web wirklich zusammenarbeiten zu können, benötigen wir wesentlich bessere Werkzeuge: bessere Formate für die Präsentation von Informationen, intuitivere Benutzeroberflächen für deren Bearbeitung und Änderung, die nahtlose Integration anderer Werkzeuge wie Chaträume und Audio- und Videokonferenzen in die Webbearbeitung. Wir benötigen die Möglichkeit, auf einem Server einen Kommentar zu einer Webseite auf einem anderen Server zu speichern, einfache Zugriffskontrolle für die Mitgliedschaft in Gruppen und für die Verfolgung von Änderungen an Dokumenten. Während ein Teil dieser Arbeit weiterer Forschung bedarf, besteht ein großer Teil bereits in dem Versuch, bestehende Computersysteme an die globale Hypertextwelt anzupassen.

Damit Menschen Wissen gemeinsam nutzen können, muß das Web ein universeller Raum sein, den Nutzer über alle Hypertextverknüpfungen durchwandern können. Ich verbringe einen Großteil meines Lebens damit, diese Kerneigenschaft auf die eine oder andere Weise zu verteidigen.

Universalität muß unterschiedliche Dimensionen umfassen. Zunächst einmal müssen alle Dokumente – vom Entwurf bis zur Endfassung – miteinander verknüpft sein. Oft gehen Informationen verloren, wenn innerhalb eines Unternehmens eine »Endversion« eines Dokuments als Resultat aller Bemühungen erstellt wird. Häufig verschwindet alles hinter der Endversion: die Sitzungsprotokolle, die Forschung, die im Hintergrund stattfand, und die logischen Schlußfolgerungen, welche die Gruppe zu dem Ergebnis brachten. Diese Dinge existieren vielleicht noch irgendwo auf irgendwelchen Disketten, aber sie sind nutzlos, weil die Endversion des Dokuments keinen Bezug darauf nimmt. Zusätzlich trennen auch noch verschiedene soziale und praktische Systeme Dokumente unterschiedlicher Ebenen voneinander: Wir fügen keine Kommentare in fertige Bücher ein, doch warum eigentlich nicht, wenn sie relevant sind und Einsichten bieten? Heutzutage darf im Konsortium in einem Meeting niemand ein Dokument erwähnen, wenn er nicht auch eine URI dazu angeben kann. Unsere Richtlinie lautet: »Wenn sich das Dokument nicht im Web befindet, existiert es nicht.« Und wenn eine neue Idee präsentiert wird, lautet der Appell oft: »Steck das in den Teamraum!« – ein Verzeichnis, in dem Dokumente vertraulich archiviert werden, die ansonsten nicht im Web zu finden sind. Alle E-Mail-Nachrichten werden sofort mit einer beständigen URI im Web archiviert. Es ist schon kaum mehr vorstellbar, wie es einmal anders sein konnte. Das Web, das zum Arbeiten und zum Spielen benutzt wird, muß unausgegorene und voll ausgereifte Ideen unterscheiden können, und die Webtechnologie muß dies unterstützen.

Eine für die Universalität immens wichtige Dimension ist die Fähigkeit, lokales Material mit globalem zu verbinden. Wenn sich Gruppen aus unterschiedlichen Bereichen für ein Projekt zusammenfinden – ob es sich nun um ein Informatikprojekt wie meines am CERN handelt oder um ein Grundschulprojekt, das als Bestandteil der Initiative einer Stadt öffentliche Mittel nutzt –, die Informationen stammen von unterschiedlichen Ebenen und müssen miteinander verknüpft werden.

In ähnlicher Weise muß Universalität über ein Spektrum von Kosten und Absichten hinweg existieren. Einzelpersonen und Organisationen haben unterschiedliche Gründe, Dinge ins Web zu stellen: zu ihrem eigenen Vorteil, um kommerziellen Gewinn zu erzielen, zum Wohle der Gesellschaft oder ähnlichem. Ein universelles Informationssystem darf zwischen diesen Motivationen nicht unterscheiden. Das Web muß alle, von kostenlosen bis sehr teuren Informationen, enthalten. Es muß den verschiedenen Interessensgruppen die unterschiedlichsten Kosten- und Zugriffsstrukturen erlauben … und dem Nutzer, »einfach nein zu sagen«.

Wir benötigen Universalität auf all diesen Ebenen, weil die Menschen so auch in der realen Welt vorgehen.

Wenn das World Wide Web das Netz des Lebens repräsentieren und unterstützen soll, müssen wir mit verschiedenen Gruppen unterschiedlicher Größe und Reichweite überall auf verschiedene Weise agieren können: zu Hause, in Büros, in Schulen, Kirchen, Städten, Ländern und Kulturen. Es muß Grenzen überschreiten können, weil kreative Menschen das auch tun. Auf diese Weise lösen wir Probleme und führen Innovationen ein.

Informationen müssen auch gesellschaftliche Grenzen überwinden können. Unser Familienleben wird durch unsere Arbeit beeinflußt. Unsere Existenz in einer Gruppe beeinflußt die in einer anderen. Unsere Werte und Taten werden durch Vorstellungen aus diesen unterschiedlichen Bereichen beeinflußt. Durch die Verbindung über Gruppen hinweg wird auch Organisation und Konsistenz geboten. Eine Person, die sich für Umweltpolitik engagiert, werden kaum planen, Chemikalien in den örtlichen Fluß einzuleiten.

Meine Ursprungsvision eines universellen Web sollte die Menschen bei der Bewältigung ihres wirklichen Lebens unterstützen. Es sollte ein Spiegel sein, der Nachrichten, Unterhaltung, Kunst und die Abbildung sozialer Beziehungen wiedergibt. Aber das Modell des Spiegels ist zunehmend falsch, weil Menschen das Web benutzen, um Dinge aufzubauen, die noch nicht bestehen, noch nicht geschrieben, gezeichnet oder anderswo veröffentlicht wurden. Da sich viele Aktivitäten zum ersten Mal im Web abspielen, müssen wir aufpassen, daß es eine gleichberechtigte und faire Gesellschaft ermöglicht. Das Web muß allen den gleichen Zugang bieten, wie z. B. Menschen, die sich in unterschiedlichen ökonomischen und politischen Situationen befinden; Menschen mit körperlichen oder geistigen Behinderungen; Menschen in verschiedenen Kulturen und Menschen, die verschiedenartige Sprachen sprechen und andersartige Schriftzeichen benutzen.

Als Kommunikationsmedium läßt sich das Web nirgends leichter kontrollieren als mittels der Leistungsfähigkeit der Datenformate, die verwendet werden, um Hypertext, Graphiken und andere Medien darzustellen. Unter dem Druck ihrer direkten Sichtbarkeit und ihres Einflusses auf die Weberfahrung des Nutzers haben sich diese Datenformate relativ schnell weiterentwickelt.
Man hätte die Standardisierung von Graphikformaten bereits vor langer Zeit erwarten können, aber das Web hat neue Akzente gesetzt, die eine ziemliche Evolution erfordern. Marc Andreessen verlieh Browsern die Fähigkeit, Graphiken direkt in einem Dokument anzuzeigen, anstatt sie in ein separates Fenster zu verbannen. Er benutzte dazu das GIF-Format (GIF – *Graphic Interchange Format*), das von *CompuServe* definiert wurde. Schon sehr bald begannen Benutzer, das Standard-JPEG-Format (JPEG – *Joint Photographic Experts Group*) für Fotografien zu benutzen. Diese beiden Formate herrschten vor, bis *Unisys* den Besitz eines Patents für eine Komprimierungstechnologie ankündigte, mit deren Hilfe GIF-Bilder weniger Platz beanspruchten und sich somit schneller herunterladen ließen. Eine kleine Gruppe von Enthusiasten schlug eine Alternati-

ve namens PNG (PNG – *Portable Network Graphics*) vor, die auf einer offenen Komprimierungstechnologie basiert und *GIF* im allgemeinen überlegen ist. Die Mitglieder des Konsortiums stimmten zu, PNG als W3C-Empfehlung aufzunehmen.

Die neuesten Anstrengungen, das Web überall – vom Fernseher bis zum Mobiltelefon – verfügbar zu machen, haben den Bedarf an Geräteunabhängigkeit sehr deutlich gemacht. Neuere Graphikformate wurden entwickelt, die Bilder auf Bildschirmen unterschiedlicher Größen und Technologien noch besser ausgeben können. Sowohl JPEG als auch PNG beschreiben ein Bild in Form eines Gitternetzes aus *Pixeln*, aus dem ein Computerbildschirm aufgebaut ist. Das Konsortium entwickelt gerade ein neues Format, mit dem sich Zeichnungen als abstrakte Formen beschreiben lassen; so kann der Browser die Pixel so anordnen, daß ein Bild mit optimaler Klarheit auf einer Armbanduhr oder der Leinwand eines Autokinos angezeigt wird. Das Format, *skalierbare Vektorgraphik* (*Scalable Vector Graphics)* genannt, basiert auf XML. Es wird auch die Geschwindigkeit der Übermittlung von Dokumenten dramatisch beschleunigen, was eine Vielzahl neuer Interaktionen zwischen den Nutzern und einer Website ermöglichen wird. Und weil es sich um XML handelt, wird es für Einsteiger leicht lesbar und zu erstellen sein. Es könnte schon bald eine Vielzahl von einfachen animierten graphischen Benutzeroberflächen geben.

VRML (VRML – *Virtual Reality Markup Language*) ist ein weiteres Hilfsmittel für die Darstellung dreidimensionaler Szenen. Ich war von einem Durchbruch bei 3D ausgegangen, und verstehe noch immer nicht so genau, warum dies nicht der Fall war. Der Versand von Einheiten einer 3D-Szene beansprucht relativ wenig Bytes im Vergleich etwa zu einem Video. Der Benutzer benötigt jedoch einen schnellen Computer, damit die Szene verändert werden kann, wenn sich der Benutzer bewegt. Vielleicht ist die Leistung der durchschnittlichen Prozessoren momentan noch nicht groß genug.

Die Integration verschiedener Text-, Bild-, Audio- und Videomedien in einer Webseite oder Webshow wird durch SMIL (SMIL – *Synchronized Multimedia Integration Language*) sehr erleichtert werden. SMIL wird die nahtlose Koordination einfach machen, selbst für Autoren mit begrenzter Weberfahrung. Die notorischen Tonbandaufnahmen von Clinton, die über das Web in einem Fenster mit einer Mischung aus Graphik, Text und Video übertragen wurden, waren ein Stapellauf für SMIL. SMIL kann auch effektiv Bandbreite einsparen. Häufig enthält ein TV-Signal – z. B. bei einer Nachrichtenübertragung – einen Sprecher, der ein Viertel des Bildschirms beansprucht, ein Hintergrundbild und vielleicht noch eine Überschrift, ganz zu schweigen von den Basketballergebnissen, die im US-Fernsehen als Laufschrift über den unteren Bildrand flimmern. Die Übertragung all dieser Videodaten beansprucht jede Menge Bandbreite. SMIL ermöglicht es, die relativ kleinen Datenmenge von Bildern, die sich tatsächlich bewegen, als Video zu senden und ihre Integration in die Hintergrundbilder, die so auf den Bildschirm des Benutzers übertragen werden, daß erheblich weniger Bandbreite beansprucht wird.

Die Arbeit an Hypertext, Graphiken und Multimediasprachen wird von Überlegungen bezüglich des Zugangs aller begleitet, unabhängig von Kultur, Sprache oder körperlicher Verfassung. Die »Initiative für den Zugriff aufs Web« (*Web Accessibility Initivative*) des Webkonsortiums bringt Leute aus der Industrie, von Behindertenorganisationen, der Regierung und Forschungseinrichtungen an einen Tisch, um Protokolle und Software zu entwickeln, die das Web für Blinde, Gelähmte und Menschen mit anderen Behinderungen zugänglich machen soll. Das Spektrum dieser Arbeit ist sehr breit. Es reicht von der Überprüfung der vom W3C verabschiedeten Technologien im Hinblick auf ihre Behindertengerechtigkeit über die Ausarbeitung von entsprechenden Entwicklungsrichtlinien für Websites, Browser und Programmiertools bis hin zur Entwicklung von Tools, mit denen sich die Behindertengerechtigkeit vom Websites und Software testen läßt. Ein Großteil davon wird aber nur funktionieren, wenn sich die Ersteller von Websites etwas mehr Gedanken über diese Dinge machen. Die Behindertenorganisationen und die technische Gemeinde haben Richtlinien für die effektivste und praktischste Vorgehensweise festgelegt: Eine empfehlenswerte Lektüre für Webmaster. Das Konsortium unterhält auch Aktivitäten zur Internationalisierung, wobei man prüft, ob neue Spezifikationen mit unterschiedlichen Alphabeten in Ost und West, mit Leserichtungen von links nach rechts, von rechts nach links, von oben nach unten und von unten nach oben funktionieren. Die Umstellungen können kompliziert werden, aber die Computerindustrie unternimmt große

Anstrengungen, um Betriebssysteme so zu erweitern, daß sie die Anzeige aller Arten geschriebener Sprachen einschließlich Arabisch, Hindu, Koreanisch, Chinesisch, Japanisch, Thailändisch und Hebräisch erlauben. HTML 4.0 bietet auch eine Anzahl von Funktionen zur Internationalisierung, wie z. B. die Möglichkeit, Text und Zeichensetzung zu übersetzen und von rechts nach links anzuordnen. Das Grundprinzip hinter Geräteunabhängigkeit und allgemeinem Zugang ist die Trennung von *Inhalt* und *Form*. Wenn die Bedeutung eines Dokuments von der Anzeigeart getrennt gespeichert wird, lassen sich Geräteunabhängigkeit und der allgemeine Zugang erheblich leichter realisieren. Das wird großteils mit *Style Sheets* erreicht – einem Satz von Anweisungen, wie eine gedruckte Seite angezeigt oder transformiert werden soll. Hakon Lie, der mit mir am CERN und auch später zusammengearbeitet hatte, leitete zu diesem Zweck die Entwicklung der *Cascading Style Sheets* (CSS). Eine neue, verwandte Sprache mit unterschiedlichen Funktionen namens XSL ist ebenfalls in Arbeit. Es gibt sogar eine »auditive« Style-Sheet-Sprache namens ACSS, um einen Browser anzuweisen, wie eine Website klingen sollte.

Die wachsende Liste von Graphikformaten bezieht sich hauptsächlich auf die statische Anzeige. Aber einige Leute empfinden eine Website erst dann als wirklich aufregend, wenn sich auf ihr etwas bewegt. Sie sollte sich zumindest während der Interaktion mit dem Benutzer ändern können. Popup-Sprechblasen und -Menüs sowie Formulare, die sich selbst ausfüllen, sind einfache Beispiele, die wir heutzutage im Web finden.

Dazu wird ein kleines Programm oder *Skript* zusammen mit der Seite geladen. Das Skript betreibt die Seite in Reaktion auf die Handlungen des Benutzers. Dies hat jedoch eine Krise in der Interoperabilität ausgelöst, weil die Verbindung zwischen dem Skript und der Webseite für die verschiedenen Arten von Style Sheets nicht standardisiert ist. Um dieses Problem zu beheben, arbeitet das Konsortium an einem *Document Object Model* (DOM), einem Satz von Standards für diese Schnittstelle. Leider ist es erheblich schwieriger, Browsern mit Sprachausgabe und Vorleseprogrammen den Zugriff auf diese animierten Seiten zu ermöglichen. Die DOM-Schnittstelle sollte jedoch Werkzeugen wie Vorleseprogrammen für Dokumente eine leistungsfähige Methode bieten, um auf die Dokumentstruktur innerhalb eines Browsers zuzugreifen.

Die Medien porträtieren das Web als wundervollen, interaktiven Ort, an dem eine unbegrenzte Auswahl besteht, weil kein TV-Produzent bestimmt, was wir als nächstes sehen sollten. Aber meine Definition von Interaktivität beinhaltet nicht nur die Möglichkeit, auszuwählen, sondern auch die, etwas zu erstellen. Wir sollten die verschiedensten Dokumente im Web finden und erstellen können. Wir sollten nicht nur in der Lage sein, jeder Art von Hypertextverknüpfung zu folgen, sondern auch, sie zu erstellen – und zwar zwischen unterschiedlichen Medien. Und wir sollten mit anderen Menschen interagieren und zugleich etwas mit ihnen gemeinsam erstellen können. *Interkreativität* ist der Prozeß, bei dem Aktivitäten gemeinsam ausgeführt oder Probleme gemeinsam gelöst werden. Wenn *Interaktivität* bedeutet, nicht nur passiv vor einem Bildschirm zu sitzen, dann bedeutet *Interkreativität*, nicht nur vor etwas »Interaktivem« zu sitzen.

Bei unserer ganzen Arbeit zur Darstellung von Inhalten haben wir immer nur das Lesen von Informationen, nicht aber das Schreiben, angesprochen. Es gibt wenig Unterstützung für die Nutzung des Webs als Treffpunkt. Das Konsortium bemerkte dies schon sehr früh und hielt einen Workshop ab, um die Bedürfnisse abzuklären. Das Ergebnis war eine lange Wunschliste mit Funktionen, z. B. einer leistungsfähigen Echtheitsbestätigung für Gruppenmitglieder, guten Hypertexteditoren, Kommentarsystemen (ähnlich wie die gelben Klebezettel) und Werkzeugen für Vorgänge wie Wahlen, die online durchgeführt werden. Einige der Ergebnisse waren zufriedenstellend. SMIL zum Beispiel ermöglichte die Integration verschiedener Medien und die Schaffung einer Umgebung für die Zusammenarbeit in Echtzeit, indem ein virtuelles Besprechungszimmer eingerichtet werden konnte. Seit langem war es mein Ziel gewesen, einen intuitiven Browser zu finden, mit dem man wie mit meinem Programm *WorldWideWeb* Hypertext bearbeiten konnte. Es wurden ein paar solcher Browser/Editoren erstellt, wie z. B. *Arena* oder *AOLpress*, aber augenblicklich wird keiner davon als kommerzielles Produkt unterstützt. Nur wenige Dinge auf unserer Wunschliste für Werkzeuge konnten realisiert werden. Beim Konsortium wunderten wir uns, was schieflief. Wollten die Leute diese Werkzeuge nicht haben? Waren Programmierer nicht in der Lage, die

Dinge umzusetzen? Warum hatten die Jahre des Predigens, Schreibens von Spezifikationen und Ermutigens zu fast nichts geführt?

Meine Überzeugung wuchs, daß wir nur durch die eigene Entwicklung dieser Werkzeuge herausfinden konnten, was ihre bisherige Entwicklung behinderte. Wir hatten immer die verfügbaren kommerziellen Werkzeuge benutzt, um unsere Arbeit zu erledigen. Bei einem Treffen des Konsortiums in Cambridge schlug ich vor, alle experimentellen Lösungen, an denen in der Gemeinde herumgebastelt wurde, auszuprobieren und sie sogar weiterzuentwickeln. Vielleicht würden wir dann über die wirklichen Probleme stolpern und uns damit einer Lösung nähern.

Dazu sollte ein Kern von Leuten die verschiedenen neuen Technologien zur Zusammenarbeit erst einmal ausprobieren. Sie sollten sämtliche Mitarbeiter des Konsortiums dazu bringen, frühe Benutzer experimenteller Software zu werden. Diese neue Politik nannten wir *Live Early Adoption and Demonstration* (was nicht nur zufällig die Abkürzung LEAD ergibt), und sie bedeutete, daß wir die Suppe, die wir uns eingebrockt hatten, selbst auslöffeln müßten, sofern dies unsere beschränkten Ressourcen zuließen. Wir würden neue Protokolle nicht isoliert, sondern im Kontext unserer alltäglichen Arbeit testen. Es bedeutete auch, daß wir mit nur einer Handvoll Programmierer versuchen würden, die Zuverlässigkeit dieser experimentellen Produkte auf einem für deren Nutzung ausreichendem Niveau zu halten. Wir stehen noch immer am Anfang, aber inzwischen unterstützen uns Leute, indem sie Hypertext schreiben und bearbeiten und die Ergebnisse wieder auf unserem Server speichern. *Amaya*, der Browser/Editor, verarbeitet HTML, XML, Cascading Stylesheets, PNG und einen Prototyp von SVG (SVG – *Scalable Vector Graphics*). Während *Amaya* bisher nur für das Betriebssystem *Linux* entwickelt wurde, hat das Entwicklerteam *Amaya* nun auch auf die *Windows NT*-Plattform, die häufig in der Wirtschaft eingesetzt wird, portiert. Ich prüfe nun die neuesten Versionen dieser Werkzeuge, sobald ich sie erhalten kann, und sende an schlechten Tagen Berichte über Abstürze zurück und an guten Tagen auch gelegentlich eine Flasche Champagner.

Wir verwenden unseren *Java*-basierten Server *Jigsaw* für die Zusammenarbeit. *Jigsaw* erlaubt die direkte Bearbeitung, speichert verschiedene überarbeitete Versionen eines Dokuments und zeichnet auf, was sich zwischen den einzelnen Versionen verändert hat. Ich kann eine Liste aller Versionen mit Details abrufen, wer wann welche Änderungen vorgenommen hat, und bei Bedarf zu einer älteren Version zurückkehren. Dies verleiht jedem ein Gefühl der Sicherheit, und alle haben mehr Lust darauf, Arbeiten gemeinsam durchzuführen. *Jigsaw* und *Amaya* erlauben es unserem Teamraum, als Gemeinschaftsraum, interne Bibliothek und virtuelle Kaffeemaschine zu agieren, um die sich Mitglieder versammeln können, die sich in Frankreich, Massachusetts, Japan oder in einem Flugzeug aufhalten.

Zusammenarbeit zu ermöglichen ist eine Herausforderung. Aber es macht auch Spaß, weil es dabei um die Basis und die kollegiale Seite der Webgemeinde geht. Seit meiner ersten Freigabe im Jahre 1991 war der gesamte Webcode Software mit offenem Quellcode (*Open Source Software*): Jeder kann den Quellcode – die einzelnen Zeilen eines Programms – kostenlos herunterladen, ihn bearbeiten und neu erstellen. Die Mitglieder der ursprünglichen Mailingliste *www-talk* holten sich routinemäßig neue Versionen der ursprünglichen Webbibliothek *libwww*. Dieser Raum existiert noch immer auf dem öffentlichen Server *www.w3.org* des Konsortiums und wird von Henrik Nielsen verwaltet, dem lebenslustigen Dänen, der den Server bereits am CERN und nun am MIT verwaltete. Die Bibliothek *libwww* wird als Bestandteil von *Amaya* verwendet, und der Rest von *Amaya* und *Jigsaw* sind ebenfalls offener Quellcode. Es gibt viele Leute, die sich nicht an Arbeitsgruppen beteiligen und Spezifikationen erstellen möchten, die aber gerne gute Software verbessern. Jeder, der *Amaya* oder *Jigsaw* ausprobieren, bei der Verbesserung helfen, ein darauf basierendes Produkt entwickeln oder einen Teil des Codes übernehmen und einen besseren Client oder Server erstellen möchte, kann sich bei der *w3.org*-Site den Code einfach holen, gleichgültig, ob er Mitglied des Konsortiums ist oder nicht.

Wir erstellen weitere Werkzeuge, wenn wir sie benötigen, und unsere Mannschaft dafür ist immer sehr gefragt. Die Registrierung für Meetings, die Verwaltung von Mailinglisten und die Kontrolle unserer Website sind typische Beispiele. Wir freuen uns auf die Zeit, wenn wir PKC (*Public Key Cryptography*) nutzen können, um eine Echtheitsbestätigung bei unseren Mitarbeitern durchzuführen. Hin und wieder stürzt das System ab, und wir zahlen dann den Preis für unsere Vorreiterrolle, indem wir dazu verdammt sind, auf die Schadensbehebung zu warten. Aber wir entwickeln ein immer größeres Verständnis dafür, was erforderlich ist, um den Traum der Zusammenarbeit durch die gemeinsame Nutzung von Wissen zu erreichen.

Ich erwarte, daß diese Werkzeuge sich zu einer herkömmlichen neuen Art im Web entwickeln werden. Das wirkliche Leben ist voller gesellschaftlicher Beschränkungen und muß es auch sein – dies ist der Prozeß, in dem sich die »Gesellschaft« bildet. Computer sind dabei behilflich, wenn wir sie dazu benutzen, abstrakte »Gesellschaftsmaschinen« im Web zu erzeugen: Prozesse, in denen die Menschen kreativ arbeiten und die Computer die Verwaltung übernehmen. Viele gesellschaftlichen Prozesse lassen sich besser durch Computer ausführen, weil sie immer verfügbar sind, keine Vorurteile haben und überhaupt niemand sonst diese Systeme verwalten möchte. Die Onlinewahl ist ein Beispiel, das bereits realisiert wird: *ADP Investor Communications* und *First Chicago Trust* bieten Dienste an, die Onlinewahlen bei Aktionärstreffen durchführen – und mehr als eintausend Unternehmen nutzen diese Dienste.

Die Menschen experimentieren bereits mit neuen Strukturen, während sich andere Werkzeuge wie Chaträume ziemlich unabhängig und bereits vor dem Web entwickelt haben. *MUDs* sind gesellschaftliche Werkzeuge, die von Mehrbenutzerspielen wie *Dungeons & Dragons* abgeleitet wurden, bei denen Tausende Menschen Rollen übernehmen und in einer globalen Phantasiewelt online interagieren. Durch das Experimentieren mit solchen Strukturen werden wir vielleicht Möglichkeiten finden, neue Gesellschaftsmodelle zu organisieren, die sich nicht nur gut anpassen, sondern auch zu umfassenderen Strukturen zusammenfassen lassen.

Vor fast zehn Jahren bat ich Ari Luotonen, ein Diskussionstool für das im Entstehen begriffene Web zu schreiben. Es sollte ähnlich wie eine Newsgroup sein, aber die Logik einer Diskussion aufzeichnen. Ich war schon immer frustriert darüber, daß bei Diskussionen die Inhalte einzelner Stellungnahmen häufig verlorengingen. Als Ari fertig war, war auf dem von uns erstellten CERN-Server ein Unterverzeichnis namens *Discussion*, ein neues, interaktives Forum, vorhanden. Das Forum bot Leuten die Möglichkeit, Fragen zu einem bestimmten Thema zu stellen, zu lesen und zu beantworten. Eine Person konnte nicht einfach »antworten«. Sie mußte entweder zustimmen, ablehnen oder um Klärung eines Punktes bitten. Der Status der Diskussion sollte für jeden, der involviert war, sichtbar sein.

Jedes ernsthafte Thema sollte als Hypertext im Web existieren. Ich wünschte mir Kommentarserver, auf denen Gruppen Verknüpfungen (oder gelbe Zettel) zu den Dokumenten hinzufügen könnten, zu denen sie Kommentare wünschen. Kommentarserver sind ein Dienst von Dritten, die es einer Gruppe ermöglichen, ihre gegenseitigen Kommentare zu Dokumenten, die sich irgendwo im Web befinden, gemeinsam zu nutzen. Der Browser ruft die Originalseite ab und prüft dann auf dem Kommentarserver, ob Kommentare vorliegen, die dann über die Seite gelegt werden. Stellen Sie sich vor, es gäbe Server für Kommentare in unterschiedlichen Foren, wie z. B. Familien, Schulen und Unternehmen. Jeder Standpunkt und jede Gegendarstellung wären miteinander verknüpft, so daß jeder auf einen Blick Übereinstimmungen, Widersprüche und Beweise einer Sichtweise sehen und damit alles bewerten könnte. Wenn es einen rechtlichen oder demokratischen Prozeß gäbe, um Probleme zu lösen, könnte die Diskussion sehr offen und klar geführt werden, wobei der Computer die Argumente aufzeichnen würde. Auch hier gilt, daß Menschen denken und die Computer ihre Arbeit in einem größeren Zusammenhang bringen. Weisheit wird dadurch natürlich nicht ersetzt.

Das ursprüngliche Konzept des Systems »Discussion« und zukünftige Mechanismen, die daraus im Web hervorgehen würden, sollten uns über die herkömmliche Situation hinwegbringen, in der Leute Schlammschlachten führen und ihre Argumente mit persönlicher Abneigung und Bosheit bereichern, und all dies durch eine etwas vernünftigere »sokratische« Debatte ersetzen, in der einzelne Ideen, Anschuldigungen und Beweise in Frage gestellt oder unterstützt werden könnten.

Ari und ich wollten eine Maschine erstellen, die die Verwaltung für beispielsweise ein Gericht, eine Arbeitsgruppe oder ein Parlament übernehmen könnte. Der anfängliche Versuch war eine Diskussion um der Diskussion willen und erzeugte nicht viel Wirbel. Es gibt nun einige Softwareprodukte, welche diese Funktionen erfüllen. Um jedoch tatsächlich einen Gerichtssaal oder einen demokratischen Wahlprozeß abzubilden, müssen die Werkzeuge erheblich weiter entwickelt werden. Ich sehne mich nach einem Schritt von der Beweisführung durch die Wiederholung stimmiger Häppchen zu einer Darstellung in Hypertext, die bestätigt oder angegriffen werden kann – einer, die uns die Möglichkeit bietet, nachzuschlagen und zu vergleichen, was Politiker, Kläger und Beklagte wirklich sagen, unabhängig davon, was in kommerziellen TV-Sendungen und Interviews in den Nachrichten behauptet wird.

Wegen der geringen Kostenbelastung werden uns soziale Computer Dinge erlauben, zu denen wir vorher einfach nicht in der Lage waren. So werden z. B. Volksentscheide ermöglicht, die ansonsten durch ihre Kosten verhindert worden wären. Selbstverständlich wären die Vorteile dieser neuen Technologie auf diejenigen mit einem Zugang zum Internet beschränkt. Mit diesem Beispiel möchte ich nur zeigen, daß wir das Machbare neu überdenken sollten. Ich plädiere nicht für einen Wechsel von der repräsentativen zur direkten Demokratie. Wir sollten uns davor hüten, Dinge einfach nur deshalb zu realisieren, weil sie machbar sind.

Vielleicht wird das Web eine organischere Verwaltung ermöglichen, in der Gruppen innerhalb eines Unternehmens sich lokal und ad hoc bilden. Wie bei den Newsgroups könnte der Bildungsprozeß den Gruppen selbst überlassen bleiben, jedoch mit der Einschränkung, daß alle Teilnehmer für die Arbeit des Unternehmens benötigt werden und von einem ausreichenden Budget gedeckt sind. Darüber hinaus hat dieses zukünftige Unternehmen nicht viel mit konventionellen Strukturen gemein. Für die Erfüllung einer Aufgabe schließt man sich mit allen zusammen, die man dafür benötigt. Mitarbeiter gehen Verpflichtungen ein und verhandeln diese zwischen Gruppen, ohne einen Manager hinzuziehen zu müssen. Die gesamte organische Organisation könnte aus der Saat von ein paar digital unterschriebenen Dokumenten im Web entstehen, über das Substrat einer elektronischen Konstitution, welche die Funktionsweise der sozialen Maschine definiert. Vorkehrungen für die Verbesserung der Konstitution würden für Erweiterungen sorgen. Ein paar minimalistische Regeln würden die Fairneß sicherstellen.

Diese neuen Sozialsysteme üben zwar eine große Faszination aus, weil sie unabhängig von der geographischen Lage, von Rassen und Religion sind, sie isolieren jedoch natürlich die Menschen in Entwicklungsländern, die sich einen Internetzugang nicht leisten können oder keine Möglichkeit dazu haben. Und sofort hebt das Web, das so viel Einigkeit und Uneinigkeit zugleich produziert – wie klares Wasser und das Gesundheitssystem –, hervor, daß diejenigen, denen es besser geht, für diejenigen sorgen müssen, die benachteiligt sind, ohne sie einfach zu kontrollieren. Ich möchte diese dringende Debatte hier nur kurz berühren.

Es ist alles für das evolutionäre Wachstum neuer Sozialsysteme bereit. Die ganze Welt könnte neue Formen gesellschaftlicher Prozesse kreieren, und die Entwicklung würde sehr schnell verlaufen, genauso, wie die Offenheit der Webtechnologie deren Florieren ermöglichte.

Meine Kollegen und ich fragen uns, ob wir diesen Prozeß über das Konsortium einleiten sollten. Wir könnten die Sozialmaschinerie des Konsortiums aus den zahlreichen Maschinerien hervorstellen, die Arbeitsgruppen, Treffen von Mitarbeitern usw. ausmachen. Wir könnten einigen Arbeitsgruppen zeigen, wie sie ein selbstbewußtes Cluster bilden, um sich dann abzuspalten und ein neues, gleichgestelltes »Klon«-Konsortium zu bilden. Die Regeln müssen mehr als eine Newsgroup-ähnliche Abstimmung umfassen; Budgets und Beiträge müßten ausgeglichen werden, und die Verantwortlichkeit müßte akzeptiert werden. Theoretisch könnten wir diese neue Gesellschaftsform generalisieren. Dann könnte jeder ein Konsortium starten, indem er ein paar Schaltflächen auf der Webseite einer virtuellen »Konsortiumfabrik« betätigt.

Kapitel 13

Computer und das Web

Bei der Kommunikation von Menschen über das Web haben Computer und Netzwerke die Aufgabe, den Informationsraum zur Verfügung zu stellen und ansonsten unsichtbar zu bleiben. Aber wäre es nicht sinnvoll, die Computer stärker ins Geschehen mit einzubeziehen und ihre analytischen Fähigkeiten zu nutzen, um einen Sinn aus dem riesigen Inhalt und dem menschlichen Diskurs im Web zu ziehen?

Im ersten Schritt müssen Daten in einer Form ins Web gebracht werden, die Computer verstehen können oder in eine solche Form konvertiert werden. Dadurch wird erzeugt, was ich *semantisches Web* bezeichne – ein Netz aus Daten, welche direkt oder indirekt von Computern verarbeitet werden können.

Bedenken Sie, was für eine eingeschränkte Hilfe wir im Web bisher von Computern erhalten haben. Suchmaschinen haben sich für die Kombination umfangreicher Indizes und für das Auffinden von ungenauen Dokumenten als bemerkenswert nützlich erwiesen. Aber sie haben sich für die Qualitätsbewertung von Dokumenten auch als auffallend nutzlos erwiesen. Sie liefern eine Menge Müll, denn sie suchen nach dem Auftreten von Wörtern in Dokumenten – das kann ein Hinweis sein, aber auch sehr wenig über den Inhalt des Dokuments aussagen.

Etwas fortschrittlicher sind automatische Brokerdienste, die im Jahr 1998 aufkamen. Dies sind Websites, die Käufer und Verkäufer zusammenbringen wollen. Aus der Perspektive des Käufers kann solch ein Dienst wie ein Metashop aussehen – das Warenhaus der Warenhäuser. Ein solcher Metashop ist *webmarket.com*: Wenn Sie einen Buchtitel eingeben, werden alle dem Metashop bekannten Online-Buchhandlungen durchsucht, die Preise werden geprüft und es wird eine Vergleichsliste angelegt. Um die Kataloge der Buchhandlungen zu durchsuchen, muß der Metashop vorgeben, ein suchender Käufer zu sein, die Suchmaschinen der Buchhandlung benutzen und dann die resultierenden Daten über das Produkt, den Preis und die Lieferbedingungen extrahieren. Dann kann der Metashop eine Tabelle erzeugen, in der alle Einkaufsmöglichkeiten verglichen werden.

Den Trick einen Computer dazu zu bringen, Informationen aus einem Onlinekatalog abzurufen, bezeichnet man als *Screen Scraping*. Man versucht dabei, etwas Nützliches aus Informationen zu ziehen, die eigentlich nur in einer für Menschen geeigneten Form vorliegen. Dieser Ansatz ist schwach, weil der Katalog sein Format über Nacht ändern könnte – indem z. B. die ISBN-Nummer an die Stelle des Preises gesetzt wird –, und schon wäre der automatische Broker verwirrt.

Während die Menschen lernen, mit dem Web umzugehen, analysieren sie es auf zahlreiche Weisen. Das *Egosurfing* – die Suche nach dem Auftreten des eigenen Namens – ist ein einfaches Beispiel. Es mag narzistisch erscheinen, aber es ist ein vernünftiges Unterfangen, weil wir eine gewisse Verantwortung darüber haben, wo wir in der Welt stehen. Die Online-Recherche ist ein ernsthafteres Beispiel: Jemand versucht, nicht nur die Antwort auf eine Frage zu finden, sondern auch, welche Strukturen der Information zugrunde liegen könnten.

Jemand möchte z. B. die verantwortlichen Politiker in Pakistan und Indien beeinflussen, die mit dem Gedanken an einen möglichen Einsatz von Nuklearwaffen spielen. Er möchte ihnen ein Bewußtsein für die furchtbaren Nachwirkungen des Atombombenabwurfs über Nagasaki vermitteln. Dazu muß er die Foren kennen, in denen sich diese Leute bewegen, und ihren Lesestoff. Er benötigt Informationsquellen über Nuklearwaffen. Er benötigt die aktuellen Verbindungen zwischen den Menschen, den Foren und den Informationsquellen. Die Strukturen und Verbindungen sind wichtig.

Dieselbe Art von Webanalyse könnte neue Märkte enthüllen. Sie könnte dem Leiter eines Projektteams dabei behilflich sein, die Arbeitsweise seines Teams auszuwerten, indem alle Abhängigkeiten und Beziehungen zwischen den Teammitgliedern, den Protokollen von Treffen, den wissenschaftlichen Ergebnissen und anderen Materialien, die die Gruppe betreffen, einander zugeordnet werden, und sie zusammengenommen definieren, wie das Projekt verläuft. Ein Geschäftsführer würde gerne die Arbeitsweise seines gesamten Unternehmens analysieren. Stellen Sie sich vor, er erhielte einen Bericht mit dem Inhalt: »Das Unternehmen steht insgesamt gut da, bis auf ein paar Dinge. Es gibt eine Niederlassung in Omaha, die genau dieselbe Struktur und dieselben Geschäftsvorgänge hat wie ein Unternehmen in Detroit, das soeben eingegangen ist: Vielleicht möchten Sie einen Blick darauf werfen. Sie stellen ein Produkt her, das vollständig dokumentiert ist, aber überhaupt nicht benutzt wird. Und es scheint, daß es ein paar Angestellte gibt, die nichts tun, was für das Unternehmen nützlich sein könnte.«

Keine dieser Analysen kann heutzutage automatisch erstellt werden. Das liegt zum Teil daran, daß eine Form von Intelligenz verlangt wird, die schon bei Menschen schwer zu finden ist, ganz zu schweigen bei einem Computerprogramm. Aber ein einfacherer Grund ist, daß nur ein sehr geringer Teil des im Web verfügbaren Wissens in für Maschinen verständlicher Form vorliegt. Das semantische Web nimmt dieses einfachere Problem in Angriff – was vielleicht später die Basis dafür bilden wird, um das größerere Problem anzugehen. Wenn jemand heutzutage eine Notiz auf einer Website ablegt, um z. B. einen gelben Wagen zu verkaufen, ist es für andere Personen beinahe unmöglich, diese zu finden. Die Suche nach »Gelbes Auto, das in Hamburg verkauft wird« wird in ein Durcheinander ausarten, in einer nutzlosen, umfangreichen Liste von Seiten, die zufällig die einzelnen Wörter der Suche enthalten, während die gesuchte Seite den Inhalt »Honda in gutem Zustand, Verhandlungsbasis« hat. Die Suchmaschine versteht den Inhalt der Seite nicht, weil diese für einen menschlichen Leser geschrieben wurde, der die deutsche Sprache beherrscht und über einen gesunden Menschenverstand verfügt.

Dies ändert sich, wenn der Verkäufer ein Programm (oder eine Website) benutzt, mit dem er ein Formular zum Verkaufsobjekt ausfüllen kann. Daraus resultiert eine Webseite in einem maschinenlesbaren Format, welche die Bedeutung des Dokuments und seiner verschiedenen Bestandteile enthält. Wenn alle Anzeigen über Autoverkäufe mit demselben Formular abgelegt würden, wäre es für Suchmaschinen leicht, das Gewünschte zu finden. Dies ist der erste Schritt, den wir gehen müssen, damit Daten maschinenlesbar werden können.

Der nächste Schritt wäre eine Suchmaschine, die aufgrund logischer Schlußfolgerungen prüfen könnte, wie viele der erhaltenen Antworten nützlich sind. Dies würde es uns erlauben, unserem Computeragenten allgemeine Fragen zu stellen, wie »Spielte gestern ein Baseballteam an einem Ort, an dem eine Temperatur von 22 °C herrschte?« Ein Programm – das z. B. Logikmaschine genannt werden könnte – würde mathematische Schlußfolgerungsverfahren auf jedes gefundene Element anwenden. Die Suchmaschine würde vielleicht 6000 Fakten über Baseballteams finden und zwei Millionen Daten über Temperaturen in verschiedenen Städten. Die Logikmaschine würde dann analysieren, welche Datenbits sich darauf beziehen, wo das Team spielte und dann feststellen, welche Temperatur in der betreffenden Stadt herrschte. Beide Datensätze würden aus dem ganzen Müll herausgefiltert werden, und die Antwort würde lauten: »Die Red Sox spielten gestern in Boston, und die Temperatur betrug 22 °C.« Eine einfache Suche hätte eine endlose lange Liste möglicher Antworten geliefert, die ein Nutzer hätte durchgehen müssen. Wenn wir Logik dazufügen, erhalten wir eine korrekte Antwort.

Während Webseiten im allgemeinen nicht für Maschinen geschrieben werden, gibt es eine riesige Menge von Daten, z. B. Aktiennotierungen und große Teile von Onlinekatalogen, mit einer wohldefinierten Semantik. Ein Beweis für den dringenden Bedarf an einem semantischen Web sind die zahlreichen Screen-Scraping-Produkte, wie diejenigen, die von den Brokern verwendet werden, um Daten wie z. B. Preise aus normalen Webseiten zu extrahieren. Was für eine Verschwendung: Es besteht ganz klar ein Bedarf dafür, Daten veröffentlichen und direkt lesen zu können. Heutzutage sind hauptsächlich *relationale Datenbanken* in Gebrauch – Datenbanken mit Informationskategorien, die miteinander in Beziehung stehen, wie die Temperatur, der barometrische Druck und der Standort in einer Wetterdatenbank. Die Beziehungen zwischen den Spalten werden als die *Semantik* – die Bedeutung – der Daten bezeichnet. Diese Daten sind reif für die Publikation als *semantische* Webseite. Damit dies möglich ist, wird eine allgemeine Sprache benötigt, die es Computern erlaubt, Daten darzustellen und freizugeben, genau wie HTML es Computern erlaubt, Hypertext darzustellen und freizugeben. Das Konsortium ist dabei, eine solche Sprache zu entwickeln, das *Resource De-*

scription Framework (RDF), das selbstverständlich auf XML basiert. Eigentlich handelt es sich um XML, mit einigen Hinweisen darauf, welche Bits Daten sind und wie sich die Bedeutung der Daten ermitteln läßt. RDF kann in Dateien in und außerhalb des Webs eingesetzt werden. RDF kann auch in reguläre HTML-Webseiten eingebettet werden. Die RDF-Spezifikation ist ziemlich grundlegend und bereits eine W3C-Empfehlung. Was wir nun benötigen, ist ein praktikabler Plan für den Einsatz.

Die erste Form von semantischen Daten, die im Web existierte, waren die Metadaten, d. h. Informationen über Informationen. Metadaten bestehen aus einem Satz von Eigenschaften eines Dokuments. Definitionsgemäß sind Metadaten Daten über Daten. Sie beschreiben Kataloginformationen darüber, wer Webseiten erstellt hat und ihren Inhalt; Informationen darüber, wie Webseiten zusammenpassen und sich als Versionen, Übersetzungen oder Neuformatierungen aufeinander beziehen; und sie enthalten auch soziale Informationen wie die Vertriebsrechte und Privatsphärencodes. Die meisten Webseiten enthalten selbst einige Bits Metadaten. HTML-Seiten enthalten einen verborgenen Raum im Dokument, in dem bestimmte Dinge kodiert werden können, wie z. B. der Autor der Seite, die Software, die zur Erstellung benutzt wurde, das Erstellungsdatum und der Zeitpunkt der letzten Änderung. Sehr häufig wird dies ebenso in einer am Menschen orientierten Form, d. h. in Englisch oder Deutsch, am unteren Rand der Webseite als Kleingedrucktes angegeben. Rechtliche Informationen wie die

Urheberrechte und die Privatsphärenpraktiken können ebenfalls enthalten sein. Metadaten enthalten auch Kataloginformationen wie Schlüsselwörter und Klassifikationsnummern und auch andere Dinge, die Bibliotheken gerne auf ihre Benutzerausweise schreiben. Es gibt Beglaubigungsinformationen wie PICS-Auszeichnungen. Und es gibt Strukturinformationen darüber, welche Webseiten als Eröffnungsseiten, als Inhaltsverzeichnis und als Index dienen. Für Metadaten gibt es keine Beschränkung, und eine allgemeine RDF-Sprache für Meßdaten sollte der Konsistenz dieser Daten dienen.

Die Einführung von RDF war nicht einfach, und es gab viele Diskussionen darüber, wie und sogar ob RDF eingeführt werden sollte. Denn es stellt, wie viele neue Sprachen, ein Dilemma dar, das im Design jeder Sprache enthalten ist. HTML ist eine beschränkte Sprache: Sie läßt sich nur für die Erstellung von Hypertextdokumenten einsetzen. *Java* ist das dagegen nicht: Sie können *Java* für fast alles einsetzen. Beschränkte Sprachen sind nützlich, weil sie eine HTML-Seite z. B. Element für Element analysieren, in andere Formate konvertieren, indizieren und sonstiges damit tun können. Es ist klar, wofür jedes einzelne Bit dient. HTML-Seiten werden für alle möglichen Zwecke eingesetzt, die ursprünglich nicht geplant waren. Mit einem *Java-Applet* verhält es sich anders. Da Java eine *vollständige* Programmiersprache ist, können Sie damit alles machen, inklusive der Erstellung eines Pinguins, der Purzelbäume schlägt. Weil *Java* jedoch so leistungsfähig ist, können Sie nur herausfinden, was ein Java-Applet tun wird, wenn Sie es ausführen und beobachten, was passiert. Als ich HTML für das Web entwickelte, beschloß ich, die am wenigsten leistungsfähige Sprache zu erstellen – dem »Prinzip der geringsten Leistung« folgend, bei dem ich seither geblieben bin. Ich hätte auch eine Sprache wie Donald Knuths »*T$_e$X*« verwenden können, das zwar wie eine Markierungssprache aussieht, aber eigentlich eine Programmiersprache ist. *TeX* hätte eine hübsche Typographie ermöglicht und alle Arten von Spielereien, aber man hätte kein Glück damit gehabt, Webseiten umwandeln zu wollen. *TeX* hätte die Darstellung von absolut allem auf einer Seite erlaubt, es hätte aber auch Webseiten produziert, die abstürzen oder in Endlosschleifen laufen.

Es gibt die Befürchtung, daß der große Bruder von RDF eines Tages zu einer Programmiersprache werden wird, Bibliothekskarten werden zu komponieren beginnen, und Schecks werden auf eine Person ausgeschrieben werden, deren Name nur mittels zweihundert Jahre Computerzeit berechnet werden kann. Wenn sie meine Pläne für das semantische Web betrachten, haben Informatiker am MIT und Mitglieder des Konsortiums bisher immer die Augenbrauen hochgezogen und vorgeschlagen, daß wir die Leistungsfähigkeit der Sprache gering halten sollten. Sollten wir dann auch eine leistungsfähige Beschreibungssprache für das Web verhindern? Wir sollten es bei vielen Anwendungen im Web tun, aber nicht für das Web als Ganzes. Warum? Ausgehend von der Komplexität der Welt, die das semantische Web beschreiben können soll, muß es in der

Lage sein, das gesamte benötigte Potential zu nutzen. Ein Grund für den Erfolg des Webs ist, daß Hypertext als Medium so flexibel ist, weswegen das Web das Wissen, das es zu repräsentieren versucht, nicht beschränkt. Dasselbe muß auch für das semantische Web gelten. Das Netz aus allem, was wir wissen und Tag für Tag nutzen, ist komplex: Wir benötigen die Leistungsfähigkeit einer starken Sprache, um es zu repräsentieren.

Dabei muß Sorge getragen werden, daß jeder begrenzte mechanische Teil des Webs, jede Anwendung, selbst aus einfachen Teilen besteht, die niemals zu mächtig werden. An vielen Stellen benötigen wir die transparente Einfachheit von HTML – so daß jede Anwendung, wie eine ATM-Maschine, in wohldefinierter Weise funktioniert. Die Mechanismen für Metadaten, Privatsphäre, Bezahlung usw. werden alle in wohldefinierter Weise funktionieren. Die Kunst, eine Anwendung zu entwickeln, wird zukünftig darin bestehen, sie in das neue Web in all seiner Komplexität einzupassen und sie trotzdem so zu gestalten, daß sie einfach genug ist, um jederzeit zuverlässig zu funktionieren. Trotzdem wird das Web aller Daten aus jeder der Anwendungen von RDF eine ziemlich komplexe Welt bilden, in der es möglich sein wird, unbeantwortbare Fragen zu stellen. So ist die Welt. Die Existenz solcher Fragen wird die Welt nicht daran hindern, sich zu drehen oder dafür zu sorgen, daß seltsame Dinge mit Ampeln passieren. Aber sie wird das Tor zu einigen sehr interessanten neuen Anwendungen öffnen, die durch das gesamte, undurchdringliche, nicht kalkulierbare Web ziehen werden und, während sie nichts versprechen, doch eine Menge liefern.

Um eine Anwendung einfach zu halten, können RDF-Dokumente so beschränkt werden, daß sie nur bestimmte Formen annehmen können. Jedes RDF-Dokument enthält einen Zeiger auf den Anfang seines RDF-*Schemas* – einer Hauptliste der Datenbegriffe, die in dem Dokument verwendet werden. Jeder kann ein neues Schemadokument erzeugen. Zwei miteinander verwandte Schemasprachen befinden sich in Arbeit: eine für XML und eine für RDF. Sie teilen jeder Person und jedem Programm mit, welche Elemente einer Webseite sie beschreiben – z. B., daß der Name einer Person eine Zeichenfolge ist, aber deren Alter eine Zahl. Dies bietet alles, was für die Definition erforderlich ist, wie Datenbanken repräsentiert sind, und auch dafür, alle bestehenden Daten verfügbar zu machen. Die Schemasprachen bieten auch Werkzeuge, um die Ausdruckskraft eines RDF-Dokuments zu beschränken und dessen Verhalten vorhersagbar zu halten. Sie erlauben uns auch, das Monster einer expressiven Sprache Stück für Stück zu entfesseln.

Während diese Kraft entfesselt wird, erhalten Computer im semantischen Web als erstes die Fähigkeit, etwas zu beschreiben, dann, etwas abzuleiten und dann, logische Schlußfolgerungen zu ziehen. Dieses Schema stellt einen riesigen Schritt dar, der eine immense Interoperabilität und zusätzliche Funktionalität bietet. Und trotzdem werden nur Daten kategorisiert. Es wird nichts über die Bedeutung oder das Verständnis ausgesagt.

Menschen verständigen sich, indem sie ausreichend viele konsistente Assoziationen zwischen Wörtern bilden. Dadurch können Menschen zusammenarbeiten. Einige Kenntnisse, die wir als absolute Wahrheiten betrachten, wie z. B. der mathematische Lehrsatz, daß eine Linie durch zwei unterschiedliche Punkte definiert wird, sind einfache Muster. Andere Kenntnisse, wie mein Verständnis für den Ärger einer anderen Person über eine Ungerechtigkeit, basieren auf komplexen Mustern von Assoziationen, deren vollständiger Zusammensetzung wir uns nicht bewußt sind. Wenn Menschen etwas Neues »verstehen«, bedeutet dies, daß sie es zu anderen Dingen in Beziehung setzen können, die sie bereits gut kennen. Zwei Menschen von unterschiedlichen Planeten können den Unterschied zwischen Rot und Blau dadurch festlegen, daß sie ein Prisma erstellen, Licht durchscheinen lassen und sehen, welche Farbe stärker gebrochen wird. Aber der Unterschied zwischen Liebe und Respekt wird sich nur in endlosen Diskussionen herausfinden lassen. Wie die Wörter in einem Wörterbuch wird alles durch andere Dinge definiert – bis wir Dinge an der körperlichen Welt festmachen.

Dies ist auch die Basis dafür, wie Computer etwas »verstehen« können. Wir lernen einfache Dinge – wie die Assoziation des Begriffs *heiß* mit dem Gefühl des sich Verbrennens – durch die frühe »Programmierung« unseres Gehirns. In ähnlicher Weise können wir einen Computer so programmieren, daß er einfache Dinge, wie eine Kontoüberweisung vornimmt, und dann sagen, daß er das Prinzip eines elektronischen Scheck »verstehe«. Alternativ dazu könnte ein Computer den Prozeß vervollständigen, indem er den Verknüpfungen im semantischen Web folgt, die ihm mitteilen, wie er jeden unverständlichen Begriff in einem Dokument in einen Begriff umwandeln kann, den er versteht. Ich verwende das Wort *semantisch* für die Art von »Bedeutung«, die sich durch Maschinen verarbeiten läßt. Das semantische Web ist ein Web der Verknüpfungen zwischen unterschiedlichen Datenformen, das einem Computer etwas ermöglicht, das er direkt nicht hätte ausführen können. Dies mag langweilig klingen, bis es auf das gesamte Web angewendet wird. Stellen Sie sich vor, was Computer verstehen können, wenn es ein immenses Gewirr von miteinander verknüpften Begriffen und Daten gibt, die automatisch verfolgt werden können. Das sich hier bietende Potential wird ehrfurchtgebietend sein. Computer werden etwas in dem Sinn »verstehen«, daß sie durch die Verknüpfung vielen Bedeutungen einen dramatischen Zuwachs an Funktionen erhalten werden.

Um Verständnis aufzubauen, müssen wir Begriffe miteinander verknüpfen können. Dies wird durch *Schlußfolgerungssprachen* möglich sein, die auf einer Ebene oberhalb der Schemasprachen arbeiten. Schlußfolgerungssprachen erlauben es Computern, einander zu erklären, daß zwei Begriffe, die unterschiedlich zu sein scheinen, in gewisser Weise gleich sind – so ähnlich wie ein Deutsch-Englisch-Wörterbuch. Schlußfolgerungssprachen werden es Computern erlauben, Daten von einem Format in ein anderes zu konvertieren.

Datenbanken werden kontinuierlich von unterschiedlichen Gruppen und Unternehmen produziert, ohne daß eine von der anderen weiß. Es kommt selten vor, daß jemand den Prozeß stoppt, um global konsistente Begriffe für die Spalten in den Tabellen der Datenbank zu definieren. Wenn wir Begriffe miteinander verknüpfen können, wird ein Computer verstehen, daß die Bezeichnung »Mittlere Diurnaltemperatur« eines Unternehmens von einem anderen Unternehmen »Durchschnittliche Tagestemp.« genannt wird. Wenn HTML und das Web dafür gesorgt haben, daß alle Onlinedokumente wie ein riesiges Buch aussehen, werden RDF-, Schema- und Schlußfolgerungssprache dafür sorgen, daß alle Daten auf der ganzen Welt wie eine immense Datenbank wirken.

Wenn wir über die Schlußfolgerungsschicht verfügen, werden wir das gelbe Auto, das zum Verkauf steht, finden, auch wenn nach einem gelben Wagen gefragt wurde. Wenn mein RDF-fähiger Computer versucht, ein Steuerformular auszufüllen, kann er den Verknüpfungen zum Schema folgen, das die Regierung dafür anbietet und Zeiger auf die Regeln finden. Anschließend kann er alle Zeilen für mich durch Schlußfolgerungen aus Daten ausfüllen, die er bereits kennt.

Wie beim derzeitigen Web ist die Dezentralisierung das Grundprinzip, das dem semantischen Web ermöglichen wird, zu mehr als der Summe seiner Teile zu werden. Es gab viele Projekte, um miteinander in Beziehung stehende Bedeutungen auf einem Computer zu speichern. Dieses Forschungsgebiet wurde als *Wissensrepräsentation* bezeichnet. Die Ansätze verwenden normalerweise einfache logische Definitionen wie die folgende: Ein

Vehikel ist eine Sache, ein Auto ist ein Vehikel, ein Rad ist eine Sache, ein Auto hat vier Räder – usw. Wurden genügend Definitionen eingegeben, könnte ein Programm Fragen beantworten, indem es die Verknüpfungen der Datenbank verfolgt und zu denken vorgibt. Das Problem ist, daß diese Systeme um eine zentrale Datenbank herum aufgebaut sind, die nur Platz für eine konzeptuelle Definition von »Auto« hat. Sie sind nicht darauf ausgelegt, Verknüpfungen zu anderen Datenbanken herzustellen.

Das Web versucht im Gegensatz dazu nicht, ein Gesamtsystem zu definieren, sondern immer nur eine Webseite. Jede Seite kann mit jeder anderen verknüpft werden. Auf diese Art und Weise erlaubt das semantische Web den unterschiedlichen Sites, ihre eigenen Definitionen von »Auto« zu unterhalten. Das kann es, weil die Schlußfolgerungsschicht es Computern ermöglichen wird, Definitionen miteinander zu verknüpfen. Auf diese Weise ist es nicht mehr erforderlich, daß zwei Menschen dieselbe starre Vorstellung davon haben, was etwas »ist«. So kann die Europäische Kommission aufzeichnen, was sie als Steuerformular betrachtet. Die US-Regierung kann ihr eigenes Steuerformular entwerfen. So lange die Information in von Maschinen interpretierbarer Form vorliegt, kann ein semantisches Webprogramm die Felder in den Steuerformularen vergleichen und, von Verknüpfung zu Verknüpfung, die Parallelen finden. Auf diese Weise kann es ableiten, daß die Zeile 2 im Steuerformular der Europäischen Kommission der Zeile 3A des US-amerikanischen Formulars entspricht, die wiederum der Zeile 1 des Steuerformulars des Staates New York entspricht. Angenommen, ich fordere meinen Computer auf, mir eine Visitenkarte von Piedro von *Quadradynamics* zu geben, aber er hat keine. Er kann eine Rechnung mit dem Firmennamen, der Adresse und der Telefonnummer einscannen und die E-Mail-Adresse von Piedro aus einer E-Mail-Nachricht entnehmen, die er mir gesendet hat. Nun habe ich alle Informationen, die für eine Visitenkarte benötigt werden. Ich bin vielleicht der erste, der diese Zuordnung zwischen Feldern erstellt, aber jeder, der etwas von dieser Verknüpfung erfährt, kann in Zukunft eine Visitenkarte aus einer per E-Mail gesendeten Rechnung ableiten. Wenn ich die Beziehungen, die Verknüpfungen zwischen den Feldern, als einen Teil von RDF veröffentliche, kennt das semantische Web als Ganzes die Entsprechung.

Vergeben Sie mir die vereinfachten Beispiele, aber ich hoffe, das Wesentliche ist klar geworden: Es entstehen Verknüpfungen zwischen Konzepten. Wenn schließlich Tausende von Formularen über das Feld für »Familienname« oder »Nachname« miteinander verbunden wären, würde jeder, der das Web analysiert, feststellen, daß hier ein wichtiges allgemeines Konzept vorliegt. Das Schöne daran ist, daß keiner diese Analyse explizit vornehmen muß. Das Konzept des »Familiennamens« beginnt einfach, als wichtige Eigenschaft einer Person hervorzutreten. Wie ein Kind, das ein Konzept durch eine häufige Konfrontation lernt, »lernt« das semantische Web ein Konzept aus den häufigen Beiträgen unterschiedlicher unabhängiger Quellen. Das semantische Web leistet das, ohne eine natürliche Sprache für sein Verständnis zu benutzen. Es wird keine Poesie übersetzen, aber dafür Rechnungen, Kataloge und andere Unterlagen bezüglich Handel, Verwaltung, Reisen, Steuern und vieles mehr.

Der Grund für diesen Ansatz ist das Fehlen einer zentralen Ablage von Informationen und die Abwesenheit einer zentralen Autorität. Durch die Verknüpfung von Daten können wir uns auf dem Weg zu einer »gegenseitigen Einigung« einen großen Schritt voran bewegen. Das semantische Web wird funktionieren, wenn eine allgemeine Übereinstimmung über Begriffe besteht und auch, wenn dies nicht der Fall ist, so wie dies in dem Durcheinander der Begriffe meistens der Fall ist, die im wirklichen Leben einen unterschiedlichen Grad an Akzeptanz haben, egal, ob in undurchsichtigen Feldern oder globalen Kulturen.

Die Einrichtung globaler Standards ist sehr schwierig. Je mehr Leute involviert sind, desto schlimmer ist es. Im richtigen Leben können Menschen schon mit ein paar globalen und vielen lokalen und regionalen Übereinkünften zusammenarbeiten. Wie bei den nationalen und internationalen Gesetzen und dem Web kommt das minimalistische Designprinzip zum Einsatz: Versuchen, so wenig wie möglich zu beschränken, um das allgemeine Ziel zu erreichen. Der internationale Handelsverkehr funktioniert durch die Verwendung globaler Konzepte des Handels und von Schulden, aber es muß nicht jeder dieselbe Währung benutzen oder dieselben Strafen für Diebstahl verhängen. Zahlreiche Gruppen haben unabhängig vom W3C herausgefunden, wie schwierig es ist, unter dem Druck lokaler Abweichungen allgemeine Übereinkünfte zu erzielen. Bibliotheken verwenden ein System namens MARC-Datensatz, um den Inhalt einer Karteikarte aus dem Bibliothekskatalog zu übermitteln. *Electronic Data Interchange* (EDI) wurde vor zehn Jahren entwickelt, um elektronischen Handel mit standardisierten elektronischen Entsprechungen von Dingen wie Bestellformularen und Rechnungen zu tätigen. In beiden Fällen gab es nie eine vollständige Übereinstimmung bei allen Feldern. Einige Standards wurden definiert, aber in der Praxis gab es regionale und unternehmensbezogene Abweichungen. Bei normalen Standardisierungsprozessen besteht immer das Dilemma, ob nur eine 1:1-Übereinstimmung erreicht werden sollte, so daß eine Rechnung von *Boeing* und eine von *Airbus* zwar beide wohldefiniert, aber ziemlich unterschiedlich sind, oder ob der Versuch, elektronischen Handel zu betreiben, so lange zurückgestellt werden sollte, bis global definiert werden konnte, was eine Rechnung ist.

Das semantische Web soll es ermöglichen, leicht von einer Situation in eine andere überzugehen und mit einer Mischung zu arbeiten. XML-Namensräume werden es Dokumenten erlauben, mit einer Mischung von globalen Standardbegriffen und lokal abgestimmten Begriffen zu arbeiten. Die Schlußfolgerungssprachen werden es einem Computer erlauben, vielleicht nicht das gesamte Dokument, aber doch genug davon zu übersetzen, daß auf dieser Basis agiert werden kann. Die Arbeit auf Basis eines solchen »teilweisen Verständnisses« ist absolut wichtig, und wir gehen in der nicht elektronischen Welt die ganze Zeit so vor. Wenn jemand aus Uruguay einem Amerikaner eine Rechnung sendet, kann der Empfänger das meiste davon nicht lesen, weil die Rechnung in portugiesischer Sprache verfaßt wurde. Er kann jedoch herausfinden, daß es sich um eine Rechnung handelt, weil sie Bezüge zu einer Auftragsnummer, einer Teilenummer, der zu bezahlenden Summe und demjenigen, der bezahlt werden soll, aufweist. Das reicht für die Entscheidung aus, daß es sich um eine Rechnung handelt, die der Empfänger bezahlen sollte. Die beiden Einheiten arbeiten mit sich überlappendem Vokabular. Die Rechnung stimmt mit solchen überein, die in Uruguay erstellt werden, und US-amerikanische Rechnungen sind ebenfalls konsistent. Es gibt genug Gemeinsamkeiten zwischen beiden, damit die Transaktion erfolgen kann. Dies geschieht ohne zentrale Autorität, die festlegt, wie eine Rechnung formuliert werden muß.

Solange Dokumente innerhalb desselben logischen Rahmens erstellt werden, wie z. B. RDF, ist ein teilweises Verständnis möglich. Auf diese Weise werden Computer über Grenzen hinweg arbeiten, ohne daß Menschen sich treffen müssen, um global bei jedem spezifischen Begriff eine Übereinstimmung zu erzielen. Es wird noch immer Anreize dafür geben, daß Standards entwickelt werden, sie werden sich jedoch Schritt für Schritt entwickeln können und nicht durch eine Folge von Auseinandersetzungen. Wenn eine Industrievereinigung z. B. einen Standard für Metadaten für Rechnungen, Visitenkarten, Bestellformulare, Lieferanschriften und eine Handvoll anderer E-Commerce-

Formulare entwickelt, werden plötzlich Millionen von Leuten und Unternehmen mit allen Arten von Computern, Software und Netzwerken Geschäfte elektronisch tätigen können. Wer wird festlegen, welches die Standardfelder für eine Rechnung sein sollten? Nicht das Webkonsortium. Die Standards könnten auf unterschiedliche Weise entstehen, durch Ad-hoc-Gruppen, einzelne Unternehmen oder Einzelpersonen. Das Webkonsortium muß nur die grundlegenden Protokolle erstellen, welche die Definition von Schlußfolgerungsregeln erlauben werden. Und jeder spezialisierte Bereich wird die allgemeinen Übereinkünfte selbst treffen, die für eine Zusammenarbeit benötigt werden.

Der vielleicht wichtigste Beitrag des semantischen Web wird die Bereitstellung einer Basis für die allgemeine zukünftige Entwicklung des Webs sein. Die zwei ursprünglichen Ziele des Konsortiums waren es, die Interoperabilität und die Entwicklungsfähigkeit des Webs zu erhalten. Wir wußten, was wir für die Interoperabilität benötigen würden. Entwicklungsfähigkeit war nur ein Modewort. Aber wenn das Konsortium nun eine Umgebung einrichten kann, in der Standardisierungsprozesse mit dazu beitragen, wie die Gesellschaft und das Web zusammenarbeiten, dann haben wir etwas Wunderbares erstellt, das sogar noch besser werden kann.

Das Web muß sich langsam, Schritt für Schritt, ändern können, ohne daß es gestoppt und von Grund auf neu entwickelt werden muß. Das gilt nicht nur für das Web, sondern auch für Webanwendungen – Konzepte, Maschinen und Gesellschaftssysteme, die darauf aufbauen. Wenn das Web sich ändert, werden sich Webanwendungen noch viel stärker ändern. Anwendungen im Web werden nicht einfach plötzlich entwickelt, sondern sie entstehen aus kleinsten Ideen und werden stärker oder komplexer.

Um dieses Schlagwort der Entwicklungsfähigkeit konkreter zu machen, brauchen Sie nur an das allzu häufig vorkommende frustrierende Erlebnis denken, daß eine Textverarbeitung der Version 4 auf ein Dokument der Version 5 stößt und dieses nicht lesen kann. Das Programm stoppt, weil es feststellt (ziemlich vernünftig), daß es die Sprache der Version 5 wahrscheinlich nicht verstehen kann, denn diese war noch nicht erfunden, als das Programm der Version 4 geschrieben wurde. Mit der Schlußfolgerungssprache wird ein Dokument der Version 5 jedoch »selbstbeschreibend« sein. Es wird eine URI für das Version-5-Schema bereitstellen. Das Version-4-Programm kann das Schema finden und, damit verknüpft, auch Regeln für die Konvertierung eines Version-5-Dokuments in ein Version-4-Dokument. Die Version 4-Software muß nur so geschrieben worden sein, daß sie die Sprache verstehen kann, in der die Regeln geschrieben wurden. Diese RDF-Schlußfolgerungssprache muß also ein Standard sein.

Wenn wir das Protokoll von RDF entfesseln, so daß wir damit Schlußfolgerungsregeln ausdrücken können, können wir sie noch immer beschränken, um Menschen damit keine Angst einzujagen. Die Schlußfolgerungsregeln müssen keine vollständige Programmiersprache sein. Sie werden analysierbar und unterteilbar sein und sollten keine Bedrohung darstellen. Um jedoch einige Aufgaben des wirklichen Lebens automatisieren zu können, wird die Sprache leistungsfähiger werden müssen.

Um noch einmal das Steuerformular heranzuziehen: Stellen Sie sich vor, daß die Anweisungen zum Ausfüllen des Formulars voll von »*Wenn*-und-*aber*«-Bedingungen wären. Sie enthalten Berechnungen und Alternativen. Dies ist kein HTML-Klon. Eine Maschine muß Schlußfolgerungen ziehen können, um diesen Anweisungen zu folgen. Sie wird herausfinden müssen, was in jede einzelne Zeile eingetragen werden muß, indem sie den Verknüpfungen folgt, um Beziehungen zwischen Daten wie den elektronischen Bankanweisungen, Gehaltsabrechnungen und Quittungen herzustellen. Was ist der Vorteil dieses Ansatzes gegenüber einem Steuerprogramm oder der Erstellung eines Java-Programms, das denselben Zweck erfüllt? Der Vorteil, die Regeln in RDF zu schreiben, liegt in der Offenlegung aller Schlußfolgerungen. Ein Steuerprogramm ist eine Black Box: Man sieht nicht, was darin vor sich geht. Als ich ein Steuerprogramm benutzte, um meine Steuern für das Jahr 1997 auszurechnen, war das Ergebnis falsch. Ich konnte auch nicht genau herausfinden, wo der Fehler lag. Ich überschrieb das Ergebnis, aber ich konnte den Fehler im Programm nicht beheben, weil ich nicht sehen konnte, wie es funktioniert. Ich hätte das Programm nur testen können, indem ich die Steuern von Hand ausgerechnet und dann die einzelnen Schritte verglichen hätte. Durch die Eingabe aller Daten in eine Schlußfolgerungsmaschine hätte ich sie fra-

gen können, warum sie Berechnungen in einer bestimmten Weise durchführt und die Ursache des Problems beheben können.
Es ist wichtig, »Warum?« fragen zu können. Der Benutzer hat so die Möglichkeit, alle Annahmen sowie die verwendeten Regeln und Daten zurückzuverfolgen. Schlußfolgerungsmaschinen werden es erlauben, Daten in einem weiten Feld von Anwendungen zu verändern, zu berechnen, zu finden und logische und numerische Sachverhalte zu beweisen. Mit Schlußfolgerungsmaschinen werden wir Daten behandeln können, die nicht in eindeutige Kategorien wie »Finanzen«, »Reiseplanung« und »Kalender« fallen. Und sie sind wesentlich für unser Vertrauen in Onlineergebnisse, weil wir damit feststellen können, wie die Ergebnisse abgeleitet wurden.

Der Nachteil von Schlußfolgerungsmaschinen ist, daß leicht Fragen formuliert werden können, deren Antwort endlos lange gesucht wird, weil sich Daten aus dem gesamten Web für die Suche kombinieren lassen. Obwohl wir über wohldefinierte Regeln darüber verfügen, wer auf die nur den Mitgliedern vorbehaltene Website des Konsortiums zugreifen kann, kann nicht jeder einfach um Zugriff bitten. Der Webserver würde dann eine Suche mit offenem Ende starten. Wir können es nicht zulassen, daß unser Webserver seine Zeit mit solchen Dingen verschwendet. Ein Benutzer muß mit einigen Beweisen ankommen. Im Augenblick werden Benutzer gefragt, nach welchen Regeln oder durch welches Mitglied sie die Berechtigung zum Zugriff haben. Ein Mensch prüft die Logik. Wir würden dies gern automatisieren. In solchen Fällen benötigen wir eine Spezialform von RDF, in der die Erklärung übermittelt werden kann – wenn Sie möchten, ein Protokoll, in dem alle Warum-Fragen beantwortet werden. Während die Suche nach guten Gründen, warum jemand Zugriff haben sollte, eine umfangreiche Suche beinhalten kann oder Insiderwissen oder komplexe Schlußfolgerungen, kann die Prüfung mechanisch erfolgen, nachdem einmal die Gründe gefunden wurde. Diese Prüfung könnte auch ein einfaches Programm übernehmen. Aus diesem Grund brauchen wir eine Sprache, die einen Abzug über das Internet trägt. Ein Abzug besteht einfach aus einer Liste von Informationsquellen mit Zeigern auf die Schlußfolgerungsregeln, die benutzt wurden, um von einem Schritt zum Nächsten zu kommen. In der Komplexität der realen Welt kann das Leben weitergehen, auch wenn Fragen existieren, die Schlußfolgerungsmaschinen nicht beantworten können. Wir achten einfach darauf, daß nicht ein Großteil unseres Alltagsgeschäfts auf der Beantwortung dieser Fragen basiert. Wir können die Zusammenarbeit mit einer technischen Infrastruktur unterstützen, welche die Bedürfnisse der Gesellschaft in ihrer gesamten Komplexität berücksichtigen kann.

Selbstverständlich wird unser Vertrauen in jedes Dokument zukünftig auf digitalen PKC-Signaturen basieren. Eine »Trust-Maschine« wird eine Schlußfolgerungsmaschine mit einem Signaturprüfer sein, mit dem die Maschine die Signatur überprüfen kann. Die Trust-Maschine gehört zur leistungsfähigsten Art von Agenten im semantischen Web. Es gab Projekte, in denen eine Trust-Maschine eine weniger leistungsfähige Sprache benutzte, aber in Anbetracht des realen Lebens denke ich, daß wir eine sehr ausdrucksfähige Sprache benötigen werden, um echtes Vertrauen auszudrücken, und daß Trust-Maschinen in der Lage sein müssen, eine solche Sprache zu verstehen. Der Trick, der für das Funktionieren dieses Systems in der Praxis sorgen wird, wird im Versand von Erklärungen bestehen, anstatt zu erwarten, daß der Empfänger selbst herausfindet, ob und warum er etwas glauben sollte.

Die Erstellung der eigentlichen digitalen Signatur für ein Dokument ist der einfachere Teil der Trust-Technologie. Dies kann unabhängig von der Sprache erfolgen, mit der das Dokument erzeugt wurde. Die Technologie bietet die Möglichkeit, ein Dokument oder einen Teil des Dokuments mit einem Schlüssel zu versehen und diesen Vorgang zu verifizieren. Es sollte einen Standard für die Signatur von XML-Dokumenten geben. Das Konsortium hat dieses Projekt vor kurzem ins Leben gerufen und frühere Erfahrungen mit der Signatur von PICS-Etiketten mit neuen Ideen aus dem Bankwesen kombiniert.

Der andere Teil des Vertrauens, der eigentlich das Netz des Vertrauens darstellt, ist die Kombination aus Aussagen darüber, wer Aussagen welcher Form vertrauen wird, wenn sie mit einem bestimmten Schlüssel signiert sind. Dies ist die Essenz der Sache, der eigentliche Spiegel der Gesellschaft in der Technologie. Wenn wir dies schaffen, wird auch alles andere möglich sein: von der Zusammenarbeit zweier Personen bis zum Handel zwischen Unternehmen, und die Technologie wird es uns ermöglichen, auf Maschinen zu vertrauen, die für unsere Zwecke arbeiten. Wenn das Web benutzt wird, um immer stärker unser wirkliches Leben zu repräsentieren, wird die Entwicklung von Vertrauen komplizierter. Im Augenblick ist das echte Leben zu kompliziert für unsere Onlinewerkzeuge.

In unserem Alltag sollte jeder Schritt, selbst in einer komplexen Welt, einfach sein. Wir werden nicht das gesamte Potential von RDF entfesseln müssen, um unsere Arbeit zu erledigen. Man braucht nicht zu befürchten, daß der Einsatz von RDF Computer in Rateaufgaben verwickeln wird.

Nachdem wir nun den komplexesten Fall betrachtet haben, dürfen wir nicht die Fälle ignorieren, in denen Computer versuchen, die bestmöglichen Antworten auf offene Fragen zu geben. Die Technik, die dazu eingesetzt wird, ist die Heuristik – eine Vorgehensweise, mit der Entscheidungen getroffen werden, wenn nicht alle Alternativen erkundet werden können. Wenn jemand eine Suchmaschine benutzt und einen Blick auf die erste Seite der gelieferten Ergebnisse wirft, um einen vielversprechenden Eintrag zu finden, verwendet er eine heuristische Regel. Vielleicht betrachtet er die Titel oder die ersten Zeilen, die zitiert werden oder die URI. Auf jeden Fall handelt es sich beim Einsatz heuristischer Regeln um eine erworbene Fähigkeit. Heuristische Programme in einer Bank sind diejenigen, die eine Warnung ausgeben, wenn das Geldausgabemuster einer Kreditkarte vom üblichen Muster abweicht.

Das Zusammenspiel zwischen Heuristiken und streng

logischen Systemen wird interessant werden. Heuristiken werden Einschätzungen abgeben, und die logischen Systeme werden diese prüfen. Roboter werden das Web durchsuchen und Indizes für bestimmte Datenformen erstellen. Diese Indizes werden nicht definitiv sein, aber zumindest so gut, daß sie für viele Zwecke eingesetzt werden können. Heuristiken können so gut werden, daß sie perfekt wirken. Das semantische Web wird sorgfältig entwickelt werden, so daß es keine offenen Fragen stellen muß. Und darum wird es funktionieren und wachsen, und letztendlich wird es auch eine Grundlage für Programme bieten, die Heuristiken verwenden können, um das vorher nicht Machbare anzugehen.
Ab hier wird es schwierig, vorherzusagen, was im semantischen Web geschehen wird. Weil wir in der Lage sein werden, Grenzen für Vertrauen zu definieren, werden wir innerhalb dieser Grenzen dazu neigen, Werkzeugen mehr Macht zu verleihen. Techniken wie Viren und Kettenbriefe, die wir im Augenblick als destruktiv betrachten, werden zu einer Methode werden, Aufgabe zu erledigen. Wir werden nur dann Heuristiken einsetzen und offene Fragen stellen, wenn wir eine solide Grundlage vorhersagbarer Methoden für die Beantwortung einfacher Fragen eingerichtet haben. Wir werden erst dann die Hexenmeister unserer neuen Welt sein, wenn wir gelernt haben, die von uns geschaffenen Geister zu kontrollieren.

Auch wenn der Entwurf der Technologien für das neue Web nicht glasklar ist, sollte die von mir präsentierte makroskopische Sichtweise zumindest klarstellen, daß noch sehr viel Arbeit erforderlich ist. Einiges steht noch in ferner Zukunft.

Während sich unsere Arbeit weiterentwickelt, werden wir genauer sehen, wie die einzelnen Teile zusammenpassen. Im Augenblick ist die endgültige Struktur noch hypothetisch. Ich behaupte, es *könnte* zusammenpassen oder es *sollte* zusammenpassen. Wenn ich versuche, die Architektur zu erklären, bekommen die Leute den gleichen entrückten Blick, den ich schon 1989 feststellte, als ich erklären wollte, wie globaler Hypertext funktionieren würde. Aber ich habe ein paar Menschen gefunden, die meine Vision teilen. Ich kann dies an der Art und Weise sehen, in der sie gestikulieren und sprechen. In diesen seltenen Fällen habe ich auch dasselbe Gefühl im Bauch wie vor zehn Jahren: Sie werden mit wem auch immer zusammenarbeiten und alles tun, um den Traum Realität werden zu lassen. Und wieder wird dies eine Arbeit der Basis werden.

Der Entwurf für das neue Web ähnelt stark meinem Vorschlag für das ursprüngliche Web im Jahre 1989. Er umfaßt eine gesellschaftliche Basis, einen technologischen Plan und einige Grundphilosophien. Ein paar Leute verstehen ihn, und die meisten verstehen ihn nicht. Am Anfang schrieb ich den World-Wide-Web-Code, dann ging ich in die Welt hinaus, um meine Vision zu verbreiten. Ich stellte die Technologie kostenlos zur Verfügung, damit die Leute anfangen konnten, selbst damit zu arbeiten, und ich ermutigte sie.

Heute schreibt vielleicht das Konsortium einen Teil des Codes oder es koordiniert zumindest die Erstellung des Codes. Möglicherweise wird die Computergemeinschaft die Vision teilen und die Teile gemäß eines Geschäftsmodells, das mehrere Jahre umfaßt, fertigstellen. Oder vielleicht wird jemand, der von außen zusieht, feststellen: »Ich weiß, wie man das lösen kann. Ich weiß nicht, wie man ein Geschäftsmodell dafür entwickeln kann, aber ich denke, ich kann den Code in zwei Wochen schreiben.«

Die Arbeit am ersten Web wurde von Leuten an unterschiedlichen Orten ziemlich koordiniert durchgeführt, weil ich den frühen Code geschrieben hatte, an dem dann andere weiterarbeiten konnten. Nun haben wir zwei Werkzeuge zur Verfügung, die es damals nicht gab. Eines ist das Konsortium – ein Ort, an dem Menschen zusammenkommen können und das auch fortschrittliche Softwareplattformen wie *Jigsaw* und *Apache* bietet, welche die Leute nutzen können, um ihre Ideen auszuprobieren. Das zweite Werkzeug ist das Web selbst. Es wird erheblich einfacher sein, die Botschaft zu verbreiten. Ich kann diesen Plan der ganzen Welt bekanntmachen, auch wenn er nur halb fertig ist. Die einzige Möglichkeit, die Robert Cailliau und ich hatten, um unseren ursprünglichen Vorschlag zu verbreiten, war, ihn in die Verfahren der Hypertextkonferenz einzubringen – und er wurde zurückgewiesen. Dieser Entwurf ist noch nicht so weit, um bei einer Konferenz eingereicht werden zu können, und ich habe auch nicht vor, dies zu tun. Wir verbreiten einfach die Informationen, so daß Leute darauf verweisen und sie diskutieren können. Wenn der Same einmal ausgesät ist, wird es viele Rückverweise geben, und die Ideen werden sich erheblich schneller verbreiten.

Zyniker haben schon zu mir gesagt: »Glaubst Du wirklich, daß es auch diesmal Leute gibt, welche die Architektur aufgreifen und wie Pei Wei und all die anderen ihre ganze Zeit darauf verwenden?« Ja, das glaube ich, und zwar, weil das die Zyniker auch schon 1989 gesagt haben. Sie sagten: »Dieses Vorhaben ist zu umfangreich.« Aber wie Sie sich erinnern werden, braucht es nur ein halbes Dutzend guter Leute am richtigen Ort. Damals hat es sehr lange gedauert, dieses halbe Dutzend zu finden. Heute kann die ganze Welt zum Konsortium kommen, Ideen einfließen lassen und sie verbreiten. Die eigentliche Gefahr ist diesmal, daß vielleicht sechshundert Leute im ganzen Land in ihren Garagen anfangen, Schlußfolgerungsmaschinen zu erstellen. Aber wenn sie versuchen, ihr Erzeugnis patentieren zu lassen, weil jeder von ihnen denkt, er hätte die Lösung zuerst gefunden, oder wenn sie Pallisaden mit proprietären Formaten bilden und ganz bestimmte, nicht dokumentierte Methoden einsetzen, werden sie nur im Weg sein. Wenn sie über das Konsortium offen an den Diskussionstisch kommen, könnte die Zusammenarbeit jedoch sehr schnell funktionieren.

Ich erwähne die Anmeldung von Patenten so nebenbei, aber in Wirklichkeit stehen sie der Entwicklung des Webs sehr im Wege. Programmierer stellen ihre Bemühungen in einer bestimmten Richtung ein, wenn das Gerücht aufkommt, daß ein Unternehmen ein Patent mit dieser Technologie haben könnte. Im Augenblick ist es in den USA (anders als in anderen Ländern) möglich, den Teil einer Problemlösungsmethode eines Programms patentieren zu lassen. Dies ähnelt der Patentierung einer Methode in der Wirtschaft: Es läßt sich nur schwer feststellen, wann etwas wirklich »neu« ist. Unter den Patenten, die ich mir angesehen habe, konnte ich nur schwer etwas finden, das zu einem »Aha«-Erlebnis geführt hätte. Einige Patente benutzen einfach einen wohlbekannten Prozeß (wie z. B. das Verleihen zwischen Bibliotheken oder die Wette bei Rennen), den sie als Programm kodieren. Andere kombinieren ganz offensichtlich zufällig wohlbekannte Techniken, ohne daß dadurch zusätzliche Effekte entstehen würden. Das ist in etwa so, als wenn jemand ein Patent darauf anmelden würde, daß er donnerstags in einem gestreiften Auto einkaufen fährt. Die Programme überstehen den Test auf Neuheit, weil bisher kein Dokument existiert, das genau diesen Prozeß beschreibt. 1980 mag ein Programm, mit dem man Bücher elektronisch bestellen oder online spielen konnte, vielleicht neu gewirkt haben. Aber nun sind diese Dinge einfach Webversionen altbekannter Dinge. Das US-Patentamt ist schlecht dafür ausgerüstet, »Neuartigkeit« in diesem Bereich zu überprüfen, was dazu zu führen scheint, daß Patente standardmäßig durchgehen.

Es ist häufig schwierig, zu verstehen, um was es in einem Patent überhaupt geht, weil die Patente oft ziemlich undurchsichtig sind und eine Sprache benutzt wird, die stark von der abweicht, die ein Programmierer normalerweise verwendet. Dafür gibt es einen Grund: Die Waffe ist die Angst vor einer Patentklage, die fast mehr wert ist als das Patent selbst. Unternehmen lizenzieren Patente untereinander, ohne jemals vor Gericht verhandelt zu haben, was diese Patente tatsächlich beinhalten. Die Angst wird durch Unsicherheit und Zweifel noch erhöht, und so gibt es einen Anreiz dafür, alles undurchsichtig zu halten. Nur die Gerichte können feststellen, was ein Patent bedeutet, und die rechtlichen Anstrengungen und die Zeit, die dafür benötigt wird, stellen die Programmierbemühungen in den Schatten.

Diese Stimmung ist neu. Softwarepatente sind neu. Der Internetethos in den Siebzigern und Achtzigern war, ein gemeinschaftliches Gut zu teilen, und es wäre undenkbar gewesen, daß jemand für die Implementierung eines Standardprotokolls wie HTTP Gebühren verlangt. Nun ändern sich die Dinge. Große Unternehmen halten Patente auf Lager, um mit einer Vergeltung drohen zu können, wenn Konkurrenten eine Klage anstrengen. Kleine Firmen schrecken vielleicht davor zurück, sich in diesem Bereich zu engagieren.

Die Verlockung, ein Stück vom großen Kuchen der neuen Infrastruktur abzubekommen, ist groß. Einige Unternehmen (und sogar einige Einzelpersonen) bestreiten ihren Lebensunterhalt damit, daß sie Patente anmelden und größere Unternehmen verklagen. Sie selbst sind immun gegen Vergeltungsschläge, weil sie weder ein Produkt herstellen noch eines verkaufen. Das ursprüngliche Ziel von Patenten – die Publikation und Entwicklung von Ideen zu unterstützen und den Anreiz für Forschung zu schützen – ist nobel, aber der Mißbrauch ist inzwischen zu einem echten Problem geworden. Es scheint nun der Ethos vorzuherrschen, daß es bei Patenten darum geht, damit durchzukommen. Ingenieure, die von den Rechtsanwälten ihrer Firmen aufgefordert werden, alle paar Monate patentierbare Ideen vorzulegen, liefern resigniert »Ideen«, vor denen es ihnen selbst graust.

Es sollte nun ein Wechsel zu einem Ethos stattfinden, in dem Unternehmen Patente benutzen, um ihre eigenen wertvollen Produkte zu verteidigen, anstatt einen Spürsinn für Klagen zu entwickeln, die auf Ansprüchen beruhen, die sie selbst nicht einmal für korrekt halten. Die Schwelle dafür, was als »Innovation« gilt, ist zu niedrig. Die Rechtsanwälte von Unternehmen sind in der Gewohnheit verhaftet, jeden möglichen Vorteil einzuklagen, und wahrscheinlich kann nur eine energische wirtschaftliche Führung die Industrie wieder auf einen gesunden Pfad bringen. Die Mitglieder des Konsortiums haben bereits über Lösungsansätze beraten, aber es ist noch nicht klar, was sich daraus ergeben wird.

Das semantische Web wird, wie auch schon das Web, viele Dinge ganz selbstverständlich werden lassen, die bisher unmöglich zu sein schienen. Während ich über diese neue Technologie schreibe, frage ich mich, ob es ein technischer Traum oder ein juristischer Alptraum werden wird.

Kapitel 14

Das Web weben

Kann das zukünftige Web die Art und Weise ändern, in der Menschen zusammenarbeiten und das Wissen in kleinen und großen Unternehmen oder sogar einem ganzen Land erweitern? Wenn es in einer kleinen Gruppe funktioniert und sich auf einen größeren Maßstab übertragen läßt, kann es dann die ganze Welt ändern? Wir wissen, daß sich mit dem Web Dinge schneller erledigen lassen. Aber kann es zu einer Phase der gesellschaftlichen Veränderung und zu einer neuen Art zu denken führen? Und wird sich diese Veränderung positiv oder negativ auswirken?

In einem Unternehmen mit sechs Angestellten können sich alle um einen Tisch setzen, ihre Visionen über die Zukunft austauschen und zu einer Übereinkunft über die gemeinsame Sprache kommen, die sie zukünftig verwenden werden. In einem großen Unternehmen definiert irgend jemand die gemeinsame Sprache und das Verhalten, mit dem das Unternehmen als Einheit auftritt. Diejenigen, die dies bereits einmal durchgemacht haben, wissen nur zu gut: Normalerweise tötet das die

Vielfalt ab. Die Struktur ist zu starr. Und sie läßt sich nicht anpassen, weil die bürokratischen Beschränkungen die interne Kommunikation eines Unternehmens, d. h. seine Lebensader, mit zunehmenden Wachstum mehr und mehr abschneiden. Das andere Extrem ist die utopische Gemeinschaft ohne Struktur, die auch nicht funktioniert, weil niemand den Müll entfernt.

Ob sich eine Gruppe weiterentwickeln kann, hängt davon ab, ob zwischen den Mitgliedern die richtigen Verbindungen bestehen, gleichgültig, ob es sich dabei um eine Familie, ein Unternehmen, ein Land oder die ganze Welt handelt. Wir versuchen schon seit Jahren, mehr darüber herauszufinden. In vielerlei Hinsicht mußten wir nichts entscheiden, weil dies bereits die Geographie für uns übernommen hatte. Unternehmen und Nationen wurden schon immer durch eine physische Gruppierung von Menschen definiert. Die militärische Stabilität einer Nation basierte auf der Stationierung von Truppen und Wegstrecken. Die Vielfalt unserer Kultur entstammte ebenfalls einem zweidimensionalen Raum. Der einzige Grund dafür, warum Menschen in einem kleinen Schweizer Dorf begannen, einen einzigartigen Dialekt zu sprechen, liegt daran, daß sie von Bergen umgeben waren. Die Geographie verlieh der Welt ihre militärische Stabilität und die Trennung der Kulturen. Die Menschen mußten nicht darüber entscheiden, wie groß ihre Gruppen sein würden oder wo die Grenzen zu ziehen seien. Da das Maß nun nicht mehr die physische Distanz ist, und nicht einmal mehr die Zeitzone, sondern nur der Mausklick, müssen wir diese Entscheidungen nun explizit treffen. Das Internet und das

Web haben uns aus dem zweidimensionalen Raum herausgerissen. Sie haben uns von der Vorstellung abgebracht, daß wir niemals von jemandem gestört werden könnten, der mehr als einen Tagesmarsch entfernt ist. Zuerst kann dieser Bruch unserer schon seit langem gültigen Regeln verwirrend wirken und unseren geographischen Sinn für Identität zerstören. Das Web durchbricht die Grenzen, auf deren Schutz wir uns bisher verlassen haben und über die wir uns definiert haben, aber es lassen sich auch neue Grenzen aufbauen.
Wenn ein Unternehmen wächst, läßt sich eine Sache nicht an den neuen Maßstab anpassen: die Intuition, d. h. die Möglichkeit, Probleme ohne wohldefinierte, logische Methoden zu lösen. Eine Person oder eine kleine Gruppe kann ein Brainstorming durchführen und so lange über den Problemen grübeln, bis eine Lösung gefunden ist. Die Antworten lassen sich nicht notwendigerweise dadurch finden, daß ein logischer Pfad verfolgt wird, sondern eher, indem geprüft wird, welche Verbindungen sich herstellen lassen. Bei einem größeren Unternehmen schlägt der Versuch, intuitiv zu sein, fehl, wenn die Person, die die Antwort kennt, nicht mit der Person spricht, welche die Frage hat.
Es ist wichtig, daß das Web Menschen dabei unterstützt, sowohl intuitiv als auch analytisch zu sein, weil unsere Gesellschaft beide Funktionen benötigt. Bei Menschen ist der Einsatz der kreativen und analytischen Teile des Gehirns ausgewogen. Wir werden umfangreiche analytische Probleme lösen, indem wir die Computerleistung ziellos auf Harte-Daten im semantischen Web loslassen.

Die Anpassung der Intuition an einen neuen Maßstab ist schwierig, weil in unserem Denken gleichzeitig Tausende von flüchtigen, unverbindlichen Assoziationen vorherrschen. Damit Gruppen intuitiv sein können, müßte das Web diese Fäden auffangen – halbfertige Gedanken, die plötzlich aufkommen, ohne offensichtliche rationale Gedanken oder Schlußfolgerungen. Das Web müßte diese Fäden einem anderen Leser als natürliche Ergänzung zu einer halbfertigen Idee präsentieren. Der intuitive Schritt tritt auf, wenn jemand, der den Verknüpfungen mehrerer unabhängiger Personen folgt, auf eine relevante Beziehung stößt und eine Direktverknüpfung einrichtet, um diese festzuhalten.

All das funktioniert nur, wenn alle beim Browsen Verknüpfungen einrichten. Deshalb müssen die Erstellung von Verknüpfungen, das Schreiben von Dokumenten und das Browsen völlig integriert sein. Wenn jemand eine Beziehung entdeckt, aber keine Verknüpfungen herstellt, ist zwar diese Person schlauer, nicht aber die Gruppe.

Um eine solche Direktverknüpfung herzustellen, laufen im Denken einer Person zwei Arten von Schlußfolgerungen gleichzeitig ab. Das neue Web wird die Wahrscheinlichkeit erhöhen, daß jemand eine Quelle findet, die nur die Hälfte der Schlüsselidee enthält, vor kurzem aber zufällig auf die andere Hälfte der Idee gestoßen ist. Damit so etwas passieren kann, müssen die Verknüpfungen im Web sehr gut sein. So etwas versuchen Wissenschaftler immer zu erreichen – soviel wie möglich aufzunehmen, sich schlafen zu legen und dann zu hoffen, daß sie mitten in der Nacht mit einer brillanten Idee aufwachen, die sie dann eilig niederschrei-

ben. Aber mit der wachsenden Größe von Problemen wächst auch der Wunsch, den Brainstorming-Ansatz in einem größeren Stil einzusetzen. Das Web muß so gestaltet sein, daß Rückmeldungen von den Personen möglich sind, die neue intuitive Verknüpfungen eingerichtet haben.
Wenn uns dies gelingt, wird Kreativität auch in größeren und vielfältigeren Gruppen möglich sein. Diese Aktivitäten auf hoher Ebene, die bisher nur im Gehirn von Menschen vorgekommen sind, werden in immer größeren Gruppen von Menschen auftreten, die miteinander verbunden sind, und die so handeln, als würden sie ein riesiges, intuitives Gehirn teilen. Diese Analogie ist faszinierend. Vielleicht ist das Surfen zu später Stunde doch keine so große Zeitverschwendung: Das Web ist einfach nur dabei, zu träumen.

Atome verfügen alle über *Valenz* – die Fähigkeit, mit einer bestimmten Anzahl von Atomen eine Verbindung einzugehen. Jeder Mensch greift ein paar Kanäle auf, in die er involviert ist, und wir können mit dieser Anzahl von Kanälen umgehen. Der Vorteil, Dinge über das Web schneller erledigen zu können, ist nur in dem Maß ein Vorteil, in dem wir Informationen schneller aufnehmen können. Und dafür gibt es klare Grenzen. Wenn wir die Menge vergrößern, die wir lesen und schreiben müssen, und die Anzahl der E-Mails, die wir bewältigen müssen, sowie die Anzahl der Websites, die wir besuchen müssen, werden wir vielleicht ein paar Bytes mehr an Wissen zusammenkratzen, aber uns selbst auslaugen und das Ziel verfehlen.

Wenn eine Gruppe zusammenarbeitet, beginnen die Mitglieder ein gemeinsames Verständnis zu erlangen. Dieses beinhaltet neue Konzepte, die nur die Mitglieder der Gruppe kennen. Manchmal können diese Konzepte so stark werden, daß die Gruppe gegen den Rest der Welt ankämpfen muß, um ihre Entscheidungen zu verteidigen. An dieser Stelle werden die Mitglieder der Gruppe vielleicht erstmals feststellen, daß sie angefangen haben, Wörter in einer bestimmten Weise zu benutzen. Bevor sie anfingen, ihre Entscheidungen Kollegen außerhalb der Gruppe zu erklären, haben sie vielleicht nicht bemerkt, wie sie eine kleine Subkultur gebildet haben. Sie haben ein neues Verständnis entwickelt und gleichzeitig eine Barriere um sich herum aufgebaut. Die Grenzen des Verständnisses wurden aufgebrochen, aber es haben sich neue um diejenigen gebildet, die das neue Konzept teilen.

Es wurde eine Wahl getroffen, und im Sinne des gemeinsamen Verständnisses gibt es Gewinne und Verluste. Was sollte uns bei der Wahl leiten? Auf welche Art von Struktur zielen wir ab und welche Prinzipien werden uns dabei helfen, diese zu erreichen? Das Web ist als Medium so flexibel, daß alle Entscheidungen uns überlassen bleiben. Neben der Wahl der Verknüpfungen, die wir individuell erstellen, haben wir auch die Wahl über die Sozialmaschinen, die wir erstellen, die verschiedenartigen Bestandteile unseres Konstruktionsspiels. Wir wissen, daß wir eine Struktur mit guten Verbindungen erreichen möchten, in der Gruppenintuition möglich ist. Wir wissen, daß die Struktur dezentralisiert, unverwüstlich und fair sein sollte.

Das menschliche Gehirn übertrifft Computer durch seine enorme Fähigkeit zur Parallelverarbeitung. Die Gesellschaft löst Probleme in ähnlicher Weise parallel. Damit die Gesellschaft im Web effizient funktionieren kann, ist massiver Parallelismus erforderlich. Jeder muß in der Lage sein, etwas zu veröffentlichen und zu kontrollieren, wer Zugang zu der veröffentlichten Arbeit hat. Es sollte keine Struktur (wie ein Highway-System oder das zwingende Dewey-Dezimalsystem) geben oder Beschränkungen, die irgendeine Art von Idee oder Lösung nur deshalb ausschließen, weil sie im Web nicht formuliert werden kann.

Das Internet entwickelte bereits vor dem Web eine dezentralisierte technische und soziale Architektur. Diese bildeten sich schrittweise durch die Entwicklung der technischen und sozialen Maschinerie heran. Die Gemeinschaft verfügt über ausreichend Verhaltensregeln, um mit den einfachen Sozialmaschinen zu funktionieren, die sie erfunden hat. Der Ausgangspunkt war eine flache Welt, in der jeder Computer eine Internetadresse hatte und jeder als gleichwertig betrachtet wurde. Im Laufe der Zeit bildete sich durch die große Anzahl miteinander kommunizierender Menschen eine gewisse Ordnung heraus. Newsgroups verliehen Informationen und Menschen Struktur. Auch beim Web fehlte zunächst eine vordefinierte Struktur, es bildete sich jedoch sehr schnell durch verschiedene Arten von »Besten«-Listen eine auf Wettbewerb basierende Struktur heraus, bevor Anzeigen eingeführt wurden. Während das Internet eine Flucht vor der Hierarchie zu repräsentieren schien, gab es ohne Hierarchie zu viele Grade der Trennung, und Dinge mußten immer wieder neu erfunden werden. Es schien einen Bedarf für etwas zu geben, das weder eine Baumstruktur noch ein flacher Raum war.

Wir benötigen selbstverständlich eine Struktur, die zwei Arten von Katastrophen vermeiden wird: die globale, uniforme Monokultur von McDonald's und die isolierte Kultur der »Heaven's-Gate-Sekte«, die nur sich selbst verstand. Wenn jeder von uns seine Aufmerksamkeit gleichmäßig auf persönliche und globale Gruppierungen unterschiedlicher Größe verteilt, helfen wir dabei, diese Extreme zu vermeiden.

Von Verknüpfung zu Verknüpfung bauen wir den Pfad des Wissens im Web der Menschlichkeit auf. Wir sind die Fäden, welche die Welt zusammenhalten. Wenn wir dies tun, ergeben sich daraus natürlich ein paar Websites mit sehr hohen Zugriffsraten und ein Kontinuum bis hinunter zur riesigen Anzahl an Websites mit nur wenigen Besuchern. Mit anderen Worten, eine solche Struktur, obwohl sie durch ihre Gleichheit zwischen verschiedenen Anbietern anziehend erscheint, ist nicht optimal. Die globale Koordination wird nicht in ausreichendem Maße berücksichtigt, und es können zu viele Klicks erforderlich sein, um vom Problem zur Lösung zu gelangen.

Wenn sich jedoch die meisten Zugriffe mehr oder weniger gleichmäßig auf die Top-Ten-Websites verteilen, der Rest auf die Top-100, die Top-1000 usw. würde die Belastung der Server eine Verteilung aufweisen, die dem so häufig vorkommenden Muster von »Fraktalen« entspricht und auch dem berühmten mathematischen

Muster der »Mandelbrotmenge«. Einige Messungen des Webverkehrs, die von Mitarbeitern von *Digital Equipment* an der amerikanischen Westküste durchgeführt wurden, haben dieses 1/n-Gesetz bestätigt: Das Web weist fraktale Eigenschaften auch dann auf, wenn wir das Muster nicht sehen können und wenn es kein hierarchisches System gibt, das solch eine Verteilung erzwingt.

Dies beantwortet die Frage nicht, ist aber interessant, weil es nahelegt, daß eine gewaltige Dynamik am Werk ist, um solche Ergebnisse zu produzieren. Ein faszinierendes Ergebnis erhielt Jon Kleinberg, ein Informatiker an der Cornell-Universität. Er fand heraus, daß wenn die Matrix des Webs wie ein System der Quantenmechanik analysiert wird, stabile Energiezustände mit Konzepten übereinstimmen, die unter Diskussion stehen. Das Web beginnt, auf seine eigene Weise eine übergreifende Struktur zu entwickeln. Vielleicht werden wir in der Lage sein, neue Maße für die Prüfung eines Fortschritts in der Gesellschaft, dessen Richtung wir für akzeptabel halten, zu entwickeln.

Die Analogie eines globalen Gehirns ist verlockend, weil sowohl das Web als auch das Gehirn eine immense Anzahl von Elementen beinhalten – Neuronen und Webseiten – und eine Mischung von Struktur und offensichtlicher Zufälligkeit. Ein Gehirn verfügt jedoch über Intelligenz, die sich auf einer ganz anderen als der neuronalen Ebene bildet. Von Arthur C. Clarke bis Douglas Hofstader haben Autoren über eine »entstehende Eigenschaft« nachgedacht, die sich aus der Masse der Menschheit und der Computer erheben wird.

Aber denken Sie daran, daß solch ein Phänomen seine eigene Agenda haben würde. Wir würden uns als Einzelperson darüber nicht bewußt sein, ganz zu schweigen davon, daß wir eine größere Kontrolle darüber ausüben als die Neuronen auf das Gehirn.

Ich erwarte, daß mit dem semantischen Web Eigenschaften entstehen werden, aber auf einer tieferen Ebene als der der Intelligenz. Es könnte eine spontane Ordnung oder Instabilität geben: Die Gesellschaft könnte zusammenbrechen, genau so, wie der Aktienmarkt im Oktober 1989 durch den automatischen Computerhandel zusammenbrach. Die Agenda des Handels – in jeder Branche Geld zu verdienen – hat sich nicht verändert, aber die Dynamik schon. Es wurden so immense Aktienpakete mit einer solchen Geschwindigkeit gehandelt, daß das gesamte System instabil wurde.

Um die Stabilität zu gewährleisten, benötigt jedes komplexe elektronische System, um »Dampf« abzulassen, einen Mechanismus, mit dem sich Verzögerungen einbauen lassen, um zu verhindern, daß das System zu stark ausschlägt. Solche Mechanismen wurden inzwischen in den Aktienhandel eingebaut. Wir sind vielleicht auch in der Lage, sie in das semantische Web von Computern einzubauen, die zusammenarbeiten. Aber wie läßt sich dies beim Netz der zusammenarbeitenden Menschen realisieren? Bereits jetzt sind die Aufmerksamkeit der Leute, die Verfolgung von Verbindungen und der Geldfluß untrennbar miteinander verbunden.

Ich setze deshalb meine Hoffnungen nicht auf eine Ordnung, die sich spontan aus dem Chaos entwickeln wird. Ich habe das Gefühl, daß es unsere Pflicht ist, unsere besten Ideen zu verwenden, um schrittweise und bewußt eine neue Gesellschaft einzuführen, und das wird auch am meisten Spaß machen. Wir lernen langsam, den Wert von dezentralen, verteilten Systemen und von gegenseitigem Respekt und von Toleranz zu schätzen. Ob man dies nun auf die Evolution oder den bevorzugten Geist zurückführt, das Schöne ist, daß wir als Menschen so geartet sind, die meiste Befriedigung daraus zu beziehen, das »Richtige« zu tun. Meine Hoffnung und mein Vertrauen stammen zum Teil von der wiederholt bewiesenen Beobachtung, daß Menschen anscheinend so geartet sind, daß sie mit anderen Teilen eines größeren Systems zusammenarbeiten. Eine Person, die vollständig nach innen gekehrt ist und die ihre gesamte Zeit allein verbringt, ist jemand, der Probleme damit hat, ausgewogene Entscheidungen zu treffen, und jemand, der sehr unglücklich ist. Jemand, der vollständig nach außen gekehrt ist und sich Sorgen um seine Umwelt und internationale Diplomatie macht, hat ebenfalls Probleme damit, ausgewogene Entscheidungen zu treffen und ist ebenfalls unglücklich. Es scheint, als würde die Zufriedenheit einer Person davon abhängen, eine Balance zwischen Verbindungen auf unterschiedlichen Ebenen zu halten. Wir scheinen über das notwendige Wissen zu verfügen, um Bestandteil einer Fraktalgesellschaft zu sein.

Wenn wir es schaffen, im Hyperspace eine Struktur zu produzieren, die uns eine harmonische Zusammenarbeit erlaubt, würde dies zu einer Metamorphose führen. Auch wenn dies, wie ich hoffe, schrittweise geschehen wird, würde es in einer immensen Neustrukturierung der Gesellschaft resultieren. Eine Gesellschaft, die durch Interaktivität und die Gruppenintuition weiterkommen könnte, anstatt durch den Grundmechanismus des Konflikts, wäre eine wesentliche Veränderung.

Wenn wir den Grundstein richtig legen und neue Wege der Interaktion im neuen Web ausprobieren, werden wir vielleicht auf vollständig neue finanzielle, ethische, kulturelle und Regierungsstrukturen stoßen, zu denen wir wahlweise gehören können, anstatt die Strukturen übernehmen zu müssen, unter denen wir zufällig leben. Die Strukturen, die am besten funktionieren, würden schrittweise in der ganzen Welt immer wichtiger werden, und demokratische Systeme würden vielleicht andere Formen annehmen.

Bei der Zusammenarbeit geht es darum, ein gemeinsames Verständnis zu finden, dieses aber nicht als absolut zu bezeichnen. Gemeinsames Verständnis kann im Gesamtbild häufig gegensätzlich wirken.

Wir verwenden sehr viel Zeit darauf, Bedeutungen genau zu bestimmen und dafür zu kämpfen, daß andere unsere Vorstellungen akzeptieren. Es handelt sich schließlich um einen lebenslangen Prozeß, Verbindungen zu allen von uns genutzten Konzepten herzustellen. Mein Physiklehrer, Professor John Moffat, hatte das ehrfurchtgebietende Talent, daß, wenn ich ihm ein Problem brachte, das ich mit einer seltsamen Technik und mit Symbolen, die sich von den üblichen unterschieden, falsch gelöst hatte, er nicht nur meinen seltsamen Schlußfolgerungen folgte, um festzustellen, warum es schieflief, sondern auch meine seltsamen Anmerkungen verwendete, um die korrekte Antwort zu erklären. Zu dieser großartigen Leistung gehört die Fähigkeit, die Welt mit meinen Definitionen zu betrachten, diese mit seinen eigenen zu vergleichen und dann sein Wissen und seine Erfahrung in meine Sprache zu übersetzen. Es war eine mathematische Version der Kunst, zuzuhören. Diese Art von Leistung ist immer erforderlich, wenn eine Gruppe zusammentrifft. Und diese harte Arbeit muß auch von den Arbeitsgruppen des Konsortiums geleistet werden. Auch wenn dies häufig keinen großen Spaß macht, ist es das eigentlich Bemerkenswerte an unserer Arbeit.

Wir müssen damit rechnen, daß die »absolute« Wahrheit, mit der wir uns innerhalb unserer Gruppe so wohl gefühlt haben, plötzlich herausgefordert wird, wenn wir auf eine andere Gruppe treffen. Die menschliche Kommunikation verbessert sich nur dann, wenn wir Unterschiede tolerieren können, während wir mit einem »teilweisen« Verständnis arbeiten.

Das neue Web muß die Möglichkeit bieten, über Grenzen hinweg zu lernen. Es muß mich bei der Reorganisation der Verknüpfungen in meinem Gehirn unterstützen, damit ich die Verknüpfungen anderer Personen verstehen kann. Es muß mir die Möglichkeit bieten, die bereits bestehenden Strukturen beizubehalten und sie mit neuen in Beziehung zu setzen. In der Zwischenzeit müssen wir Menschen lernen, die Diskussionen und Herausforderungen, die notwendiger Bestandteil dieses Prozesses sind, als Kommunikation und nicht als Streit zu betrachten. Wenn uns dies nicht gelingt, werden wir herausfinden müssen, ob eine Struktur kaputt ist oder ob wir einfach nicht intelligent genug sind, um die Strukturen zu verbinden.

Die Parallelen zwischen technischem Design und Sozialprinzipien haben sich in der Geschichte des Webs wiederholt. Ungefähr ein Jahr, nachdem ich am LCS angekommen war, um das Konsortium zu starten, stießen meine Frau und ich auf *Unitarian Universalism.* Wir liefen mehr oder weniger zufällig in eine Kirche der *Unitarian Unversalist*, und wir hatten das Gefühl, frische Luft zu atmen. Einige Grundphilosophien dieser Gemeinschaft passen sehr gut zu dem Glauben, in dem ich aufgezogen wurde, und dem Ziel, das ich vor Augen hatte, als ich das Web erschuf. Manchmal werde ich sogar gefragt, ob ich das Web auf der Basis dieser Prinzipien erschaffen hätte. Selbstverständlich hatte *Unitarian Universalism* keinen Einfluß auf das Web. Aber das hätte durchaus sein können, weil ich das Web auf der Grundlage von universellen Prinzipien aufgebaut habe.

Ich schätze an *Universal Unitarism*, daß es keine religiösen Rangabzeichen, keine Wunder und keinen Pomp und Prunk gibt. In gewisser Weise ist die Vereinigung minimalistisch. Unitarier akzeptieren die nützlichen Teile der Philosophien anderer Religionen wie dem Christentum, dem Judaismus, dem Hinduismus, dem Buddhismus und anderer Weltreligionen und hüllen diese in eine einheitliche Religion, aber in einer Umgebung, in der Menschen denken, diskutieren, sich streiten und immer versuchen, die Meinungsunterschiede und unterschiedlichen Vorstellungen zu verstehen.

Ich vermute, daß viele »U-Uism« nicht als Religion klassifizieren würden, weil es kein Dogma gibt und unterschiedliche Glaubensrichtungen toleriert werden. U-Uism besteht den Test für unabhängige Erfindungen, den ich auf technische Entwicklungen anwende: Wenn jemand anders dasselbe unabhängig entwickelt hätte, sollten die beiden Systeme zusammenarbeiten, ohne daß jemand entscheiden müßte, welches der beiden »zentral« ist. Für mich, der ich die Akzeptanz und die Gemeinschaft des Internets genossen habe, paßt die Unitarian-Kirche hervorragend. Es werden Beziehungen unter Gleichgestellten gefördert, wo immer das möglich ist. Dies ähnelt der Unterstützung von Hypertextverknüpfungen im *WorldWideWeb*. In beiden Fällen dürfen sich dezentralisierte Systeme entwickeln, gleichgültig, ob Computer- oder Wissenssysteme oder Systeme, die aus Menschen bestehen. Diejenigen, die das Internet und das Web aufgebaut haben, haben einen Sinn für das Individuum und den Wert eines Systems, in dem jedes Individuum seine Rolle mit einem festen Sinn für seine eigene Identität und für das Gemeinwohl spielen kann.

Im Internet gibt es Freiheit: Solange wir die Regeln akzeptieren, nach denen Pakete verschickt werden, können wir über diese alles mögliche an die unterschiedlichsten Orte versenden. Bei *Unitarian Universalism* gilt das gleiche: Wenn jemand den Grundlehrsatz und den gegenseitigen Respekt bei der gemeinsamen Arbeit hin zu einer größeren Vision akzeptiert, findet er eine immense Freiheit, da er seine eigenen Worte für seine Vision wählen kann, seine eigenen Riten, die ihm bei

der Konzentration seines Geistes helfen und seine eigenen Metaphern für Vertrauen und Hoffnung.
Als ich am CERN arbeitete, war ich sehr glücklich darüber, mich in einer Umgebung aufhalten zu dürfen, die *Unitarian Universalists* und Physiker gleichermaßen schätzen würden: eine des gegenseitigen Respekts und eine Umgebung, in der durch gemeinsame Anstrengung etwas Größeres aufgebaut wird, etwas, das die Mittel jeder einzelnen Person übersteigt – und zwar ohne ein riesiges bürokratisches System. Die Umgebung war komplex und reichhaltig. Beliebige Personen konnten zusammenkommen, um ihre Ansichten auszutauschen, und sogar irgendwie zusammenarbeiten. Dieses System produzierte eine seltsame und doch zugleich wunderbare Maschinerie, die mit Sorgfalt gepflegt werden mußte, aber auch Vorteile aus der Inspiration und Intuition der Einzelpersonen ziehen konnte. Dies war von Anfang an mein Ziel für das *WorldWideWeb* gewesen.

Die Hoffnung im Leben stammt von den Verbindungen zwischen Menschen auf der ganzen Welt. Wir glauben, daß wir durch die gemeinsame Arbeit an unseren persönlichen Zielen als Ganzes mehr Macht, Verständnis und Harmonie erhalten. Wir finden nicht, daß einzelne sich dem Ganzen unterwerfen müssen. Wir finden auch nicht, daß das Ganze einer wachsenden Macht einer Einzelperson unterworfen werden sollte. Aber wir haben vielleicht mehr Verständnis für den Kampf zwischen diesen beiden Extremen. Wir erwarten nicht, daß das System einmal perfekt sein wird.

Aber wir bekommen ein immer besseres Gefühl. Wir finden die Reise zunehmend spannender, aber wir erwarten nicht ihr Ende.
Sollten wir das Gefühl haben, daß wir immer intelligenter werden und die Natur immer stärker unter Kontrolle haben? Nein. Wir werden nur immer besser verbunden sein – verbunden zu einer besseren Form. Die Erfahrung, das Web durch die Anstrengungen von Tausenden an der Basis abheben gesehen zu haben, erfüllt mich mit immenser Hoffnung, daß, wenn wir den individuellen Willen haben, wir zusammen die Welt so gestalten können, wie wir sie uns wünschen.

Danksagung

Ein Buch zu schreiben, ist ein ziemlich umfangreiches Projekt. Ich hatte hin und wieder mit dem Gedanken gespielt, aber erst als Michael Dertouzos mich mit Mark Fischetti bekannt machte, ließ es sich realisieren. Ohne Mark hätte dieses Buch nur aus einer Idee und einigen Bits Webseiten bestanden. Ich bin Mark dankbar, daß er einen roten Faden durch meine unzusammenhängenden Gedanken gesponnen hat, und damit die Möglichkeit geschaffen hat, alles gut verständlich auszudrücken.

Mark und ich sind allen andern, die an diesem Projekt beteiligt waren, zu großem Dank verpflichtet: Michael für die Idee, das Buch zu machen und die Ermutigung dazu, Ike Williams für die Organisation, Liz Perle bei Harper, San Francisco, für ihre unermüdliches Beharren darauf, dass das Buch auch so wurde, wie es sein sollte. William Patrick spielte bei diesem Schritt eine wichtige Rolle, da er uns half, das Buch in eine Form zu bringen, mit der wir alle zufrieden sein konnten. Wir alle haben Lisa Zuniga und dem Produktionsteam zu danken, die aus den Bits ein Buch gemacht haben. Wenn man das Ganze nun als Buch sieht, liegt das daran, dass seitens der Koordination trotz meiner überzogenen Abgabetermine ein Wunder vollbracht wurde.

Viele derjenigen, die hier erwähnt werden, haben angesichts dessen, dass ich hartnäckig auf meine Vorstellungen von Arbeitsmethodik und Datentransfer beharrte, einen Schock erlitten. Beim nächsten Mal werden wir alles online machen!

Das Buch verdankt seine Existenz indirekt jedem, der dabei half, den Traum des Webs Realität werden zu lassen.

Wir bedauern, daß viele Fachleute in unserem Buch nicht zu Worte kamen, und wir von anderen nur einen Teil ihrer Publikationen in der Bibliographie angeben können. Alle Mitarbeiter des Konsortium-Teams W3C (auch die ehemaligen), die auf der www.w3.org-Site aufgeführt werden, sind unbezahlbar – es ist eine große Bereicherung, mit ihnen zusammenzuarbeiten.

Ich möchte gerne unabhängig von diesem Buch allen danken, die sich die Zeit genommen haben, das Web als Allgemeingut voranzubringen. Ein besonderer Dank gilt dem persönlichen Umfeld eines jeden unserer Helfer. In meinem Fall handelte es sich um die Manager Peggie Rimmer und Mike Sendall am CERN, deren Weisheit und Unterstützung für mich von unschätzbarem Wert waren. Das Gleiche gilt für meine Familie.

Sie mußte mir nicht nur bei der Enstehung des Buches beistehen, sondern mich auch in Krisenzeiten ertragen. Letztendlich sind es Menschen, die einem zeigen, daß es sich lohnt mit der Realität auseinanderzusezten. Das Web ist zwar nur ein kleiner Teil dieser Realität, aber immerhin ein bemerkenswerter.

Tim Berners-Lee
Cambridge, Massachusetts

Glossar

Hintergundinformationen und Referenzen zu diesem Buch finden Sie unter http://www.w3.org/People/Berners-Lee/Weaving.

ACSS (Audio Cascading Style Sheets): Eine Sprache, die dazu dient, einem Computer mitzuteilen, wie eine Webseite laut vorgelesen werden kann. Dies ist nun Bestandteil von CSS2.

Amaya: Ein Open Source-Webbrowser und -editor vom W3C, der dazu dient, Hi-Tech-Ideen im Webclient-Design voranzubringen.

Apache: Ein Open Source-Webserver, der ursprünglich entwickelt wurde, indem alle »Patches« (Fixes) für den NCSA-Webserver zu einem neuen Server verarbeitet wurden.

Browser: Ein Webclient, mit dem Menschen Informationen im Web lesen können.

Client: Jedes Programm, das den Dienst eines anderen Programms nutzt, wie z.B. ein Browser, ein Editor oder ein Robot für eine Suchmaschine, der Informationen im Web liest und schreibt.

CSS (Cascading Style Sheets): Eine W3C-Empfehlung. Eine Sprache zum Verfassen von Style Sheets (Dokumentvorlagen). Siehe hierzu auch *Style Sheet.*

Cyc: Ein Projekt zur Wissensrepräsentation, in dem versucht wurde, Fakten aus der realen Welt anhand einer Baumstruktur in maschinenlesbarer Form auszudrücken. (Nun ein Warenzeichen der Cycorp Inc.)

Digitale Signatur: Eine sehr hohe Zahl, die so erstellt wird, dass daraus ersichtlich wird, dass sie nur jemand mit einem geheimen Schlüssel und durch die Verarbeitung eines bestimmten Dokuments erstellen konnte. Sie kann zum selben Zweck wie eine handschriftliche Signatur auf einem Papierdokument verwendet werden und läßt sich mit der Kryptographie der öffentlichen Schlüssel realisieren. Das W3C beschäftigt sich mit der digitalen Signatur von XML-Dokumenten.

DOM (Document Object Model): In einem Computer sind Informationen häufig als eine Menge von »Objekten« organisiert. Bei der Übertragung werden die Informationen dann als »Dokument« gesendet. Das DOM ist eine W3C-Spezifikation, die Programmen eine allgemeine Vorgehensweise für den Zugriff auf ein Dokument als Menge von Objekten bietet.

Domänenname: Ein Name (wie »w3c.org«) eines Internetdienstanbieters, einer Website oder eines Computers etc. in einem hierarchischen System delegierter Autorität – dem Domäne-Name-System.

DTD: In SGML ist ein DTD ein Metadokument, das Informationen darüber enthält, wie ein Satz von SGML-Tags verwendet werden kann. In XML wird diese Rolle vom *Schema* übernommen. Manchmal auch als »Document Type Definition« bezeichnet. Siehe auch *Schema*.

Duboin Coder: Ein Satz von grundlegenden Metadateneigenschaften (wie der Titel etc.), um Webressourcen zu klassifizieren.

EBT (Electronic Book Technology): Ein Unternehmen, das von Andries Van Dam und anderen gegründet wurde, um Hypertextsysteme zu entwickeln.
EDI (Electronix Data Interchange): Ein Standard, der dem Web vorausging und zum elektronischen Austausch von Dokumenten in der Wirtschaft genutzt wurde.
Enquire: Ein Programm, das 1980 entwickelt wurde und nach dem viktorianischen Buch »Enquire Within upon Everything« benannt wurde.
Filtern: Die Festlegung von Kriterien, um eine Teilmenge von Daten aus einem Datenstrom auszuwählen. Die Filterung von Informationen ist im Alltag für jeden wichtig. Eltern von Kleinkindern sollten Informationen im Web z.B. filtern. Die Filterung durch andere, wie z.B. Internetdienstanbieter oder Regierungen, ist schlecht und entspricht einer Zensur.
GIF (Graphics Interchange Format): Ein Format, um Bilder pixelweise über das Net zu übertragen. Die GIF-Spezifikation wurde von CompuServe entwickelt und im Bereich der Public Domain-Software angeboten, aber Unisys war der Meinung, ein Patent auf die verwendete Komprimierungstechnologie zu haben.
GILC (Global Internet Liberty Campaign): Eine Gruppe, die lautstark für die individuellen Rechte im Net eintritt (und manchmal leider dazu neigt, das Kind mit dem Bade auszuschütten).
Grafiken: Zwei- oder dreidimensionale Bilder. In der Regel Fotos. Siehe auch GIF, PNG, SVG und VRML.
HTML (Hypertext Markup Language): Eine Computersprache für die Repräsentation von Inhalten auf ei-

ner Hypertextseite. Die Sprache, in der momentan die meisten Webseiten geschrieben sind.

HTTP (Hypertext Transfer Protocol): Ein Computerprotokoll für die Übertragung von Informationen im Net in einer Weise, die die Anforderungen eines globalen Hypertextsystems erfüllt. Bestandteil des ursprünglichen Webdesigns, in einer W3C-Aktivität weiterverfolgt und nun als HTTP 1.1 als Standard beim IETF vorgeschlagen.

Hypertext: Nichtsequentieller Text. Ted Nelsons Bezeichnung für ein Medium, das Links (Verknüpfungen) beinhaltet. Heutzutage beinhaltet Hypertext auch andere Medien als Text und wird manchmal als Hypermedia bezeichnet.

Information Space: Das abstrakte Konzept eines Raums, in dem alles über Netzwerke zugänglich ist: das Web.

INRIA (Institut National de Recherche en Informatique et Automatique): Das französische nationale Wissenschaftsinstitut für Informatik und Steuerung. Ko-Host vom W3C und verantwortlich für die Entwicklung von Amaya.

Internet: Ein globales Netzwerk der Netzwerke, über das Computer durch den Versand von Informationen in Form von Paketen kommunizieren können. Jedes Netzwerk besteht aus Computern, die über Kabel oder kabellose Verbindungen miteinander verbunden sind.

Internetdienstanbieter: siehe ISP.

Intranet: Ein Teil des Internets oder Teil des Webs, der in einem Unternehmen oder einer Organisation intern genutzt wird.

IP (Internet Protocol): Das Protokoll, das festlegt, wie Computer Pakete über das Internet versenden. Wurde von Vint Cerf und Bob Khan entwickelt. (IP könnte auch für *Intellectual Property* stehen (geistiges Eigentum); siehe auch *IPR*.)

IPR (Intellectual Property Rights): Entspricht dem deutschen Recht an geistigem Eigentum. Die Bedingungen, unter denen die Information, die von einer Partei erzeugt wurde, von einer anderen Partei geschätzt wird.

ISO (International Standards Organization): Eine internationale Gruppierung, die sich aus nationalen Standardisierungskörperschaften zusammensetzt.

ISP (Internet Service Provider): Zu Deutsch: Internetdienstanbieter. Eine Partei, die Zugriff auf das Internet bietet. Einige Benutzer haben eine Standleitung oder eine kabellose Verbindung zu ihrem ISP. Bei anderen muss sich der Computer beim ISP über Telefon einwählen und Internet-Pakete über die Telefonleitung senden und empfangen. Der ISP leitet die Pakete dann über das Internet weiter.

Java: Eine Programmiersprache, die (ursprünglich unter der Bezeichnung »Oak«) von James Gosling von Sun Microsystems entwickelt wurde. Das ursprüngliche Design war die Portierung und Nutzung in kleinen Geräten. Java fand dann jedoch als Sprache für kleine Anwendungen (»Applets«) Verbreitung, die in einem Webbrowser ausgeführt werden.

Jigsaw: Ein Open Source-Webserver, der sehr modular aufgebaut und in Java geschrieben ist. Stammt vom W3C und Freunden.

JPEG (Joint Photographic Experts Group): Diese Gruppe definierte ein Format für die Kodierung von Fotografien, das weniger Bytes beansprucht als die pixelorientierten Ansätze von GIF und PNG, wobei der Qualitätsverlust relativ gering ist. Das Format (JFIF) wird gelegentlich als JPEG bezeichnet.

Keio University: Eine japanische Universität in der Nähe von Tokyo. Ko-Host vom W3C.

Klickstrom: Informationen, die darüber aufgezeichnet werden, wo ein Webbebnutzer sich im Web aufhielt.

Knoten: Dasjenige, worauf Links verweisen. Im Web ist ein Knoten eine Webseite bzw. jede Ressource mit einem URI.

LCS (Laboratory for Computer Scient): Ein Institut am Massachusetts Institute of Technologiy (MIT). Ko-Host vom W3C.

LEAD (Live Early Adoption and Demonstration): Eine W3C-Richtlinie, nach der wir unsere eigene Suppe auslöffeln müssen, um festzustellen, wie sie verbessert werden kann.

libwww: Die Bibliothek (Sammlung) von WWW-bezogenen Programmmodulen, die von Anfang an im Web kostenlos verfügbar war.

Link: Ein Verweis von einem Dokument zu einem anderen (externer Link) oder von einer Stelle in einem Dokument zu einer anderen im selben Dokument (interner Link), der über einen Computer effizient verfolgt werden kann. Die Verbindungseinheit in Hypertext.

MARC-Datensatz: Ein Standard für maschinenlesbare Bibliothekskatalogkarten.

Meta: Ein Präfix, der anzeigt, dass etwas auf sich selbst angewendet wird. Ein Metameeting ist z.B. ein Meeting über ein Meeting.

Metadaten: Daten über Daten im Web, zu denen Autorschaft, Klassifikation, Nachträge, Richtlinien, IPR usw. gehören.

Micropayments: Technologie, die die Bezahlung für den Zugriff auf eine Website in kleinen Mengen beim Browsen ermöglicht.

MIT (Massachusetts Institute of Technology): Siehe LCS. Ko-Host vom W3C.

Mobile Geräte: Pager, Handys, Handheld Computers etc. Alle sind potentielle mobile Internet-Geräte und Webclients.

Mosaic: Ein Webbrowser, der von Marc Andreessen, Eric Bina und Kollegen beim NCSA entwickelt wurde.

NCSA (National Center for Supercomputing Applications): Ein Zentrum an der University of Illinois in Urbana-Champaign, dessen Softwareentwicklungsgruppe Mosaic erzeugt hat.

Nelson, Ted: Hat den Begriff *Hypertext* geprägt, Guru und Visionär.

Net: Kurzform für Internet.

NeXT: Firmenname für das Unternehmen, das von Steve Jobs gegründet wurde und einer der Computer, der dort hergestellt wurde und Novitäten wie den Mach-Kernel, Unix, NeXTStep, Objective-C, Drag&Drop-Anwendungsentwicklung, optische Festplatten und Prozessoren für digitale Signale integrierte. Die Entwicklungsplattform, die ich für den ersten Webclient benutzte.

NNTP (Network News Transfer Protocol): Ein Protokoll, das definiert, wie Nachrichten zwischen Computern versendet werden. Jeder Computer übergibt einen Artikel an alle Nachbarn, die ihn noch nicht haben.

Open Source: Software, deren Quellcode frei zugänglich ist und von jedem verändert werden darf. Der W3C-Beispielcode ist Open Source-Software. Ein Warenzeichen der opensource.org.

Paket: Eine Einheit, in die Informationen für die Übertragung über das Internet aufgeteilt werden.

Partial Understanding: Die Fähigkeit, einen Teil des Imports eines Dokuments zu verstehen, das mehrere Vokabulare benutzt, aber nicht das gesamte Dokument.

PGP (Pretty Good Privacy): Ein E-Mail-Sicherheitssystem, das die Kryptographie mit öffentlichen Schlüsseln nutzt und auf der Philosophie basiert, dass Individuen wählen können, wem sie für welchen Zweck trauen – das »Web of Trust«.

PICS (Platform for Internet Content Selection): Die Technologie des W3C, die Eltern die Möglichkeit bietet, die für ihre Kinder zugänglichen Inhalte auf der Basis eines offenkundigen Satzes von Kriterien festzulegen, im Gegensatz zur Zensur durch die Regierung. Siehe auch *Filterung*.

PKC (Public Key Cryptography): Ein mathematisches System, auf dem ein Sicherheitssystem basiert, in dem kein Austausch von geheimen Schlüsseln erforderlich ist. Statt dessen haben die Benutzer einen »privaten« Schlüssel, den nur sie kennen und einen »öffentlichen« Schlüssel, den jeder kennt.

PKI (Public Key Infrastructure): Eine Hierarchie von Zertifizierungsautoritäten, die es Einzelpersonen und Organisationen erlaubt, einander zu identifizieren, um elektronisch Handel zu treiben.

PNG (Portabe Network Graphics): Ein Format für die pixelweise Kodierung von Bildern und deren Versand über das Net. Eine Empfehlung des W3C. Ersetzt GIF.

Prinzip der minimalen Beschränkung: Die Idee, dass beim Design nur das definiert wird, was unbedingt erforderlich ist und andere Aspekte des Systems oder andere Systeme mit so wenig Beschränkungen wie möglich auskommen.

Protokoll: Eine Sprache und ein Regelwerk, die Computern die wohldefinierte Interaktion erlaubt. Beispiele sind FTP, HTTP und NNTP.

RDF (Resource Description Framework): Ein Framework für die Konstruktion logischer Sprachen, die im Semantic Web zusammenarbeiten können. Eine Möglichkeit, XML für andere Daten als nur für Dokumente einzusetzen.

Recht an geistigem Eigentum: siehe IPR.

RPC (Remote Procedure Call): Wenn ein Teil eines Programms einen anderen Teil aufruft, um Arbeit zu erledigen, wird dies als Prozeduraufruf (*Procedure Call*) bezeichnet. RPC besteht aus einem Satz von Werkzeugen, die die Erstellung eines Programms erlauben, dessen Bestandteile auf verschiedene Computer verteilt sind, ohne dass Sie sich darum kümmern müssen, wie die Kommunikation vor sich geht. Eine generische Technik, kein spezifisches Produkt.

RSA: Ein Verschlüsselungssystem mit öffentlichen

Schlüsseln, das von Ron Rivest, Adi Shamir und Leonard Adleman erfunden wurde. RDS-Algorithmen wurden patentiert und die Erfinder haben den Einsatz lizenziert.

Schema (pl. Schemata): Ein Dokument, das ein XML- oder ein RDF-Vokabular beschreibt.

Semantic Web: Das Web der Daten, die Bedeutung in dem Sinn haben, dass ein Computerprogramm so viel über die Bedeutung der Daten erfahren kann, dass es sie verarbeiten kann.

Server: Ein Programm, das einem anderen Programm namens *Client* einen Dienst (normalerweise Informationen) anbietet. Ein Webserver enthält Webseiten und erlaubt einem Clientprogramm, diese zu lesen und zu schreiben.

SGML (Standard Generalized Markup Language): Ein internationaler Standard bei den Markierungssprachen, eine Grundlage für HTML und ein Vorläufer von XML.

SMIL (Synchronized Multimedia Integration Language): Eine Sprache für die Erzeugung einer Multimediapräsentation, in der die räumlichen und zeitlichen Beziehungen zwischen den Komponenten angegeben werden. Eine W3C-Empfehlung.

Style Sheet: Ein Dokument, das einem Computerprogramm (wie einen Browser) beschreibt, wie sich die Markierung in einem Dokument in eine bestimmte Präsentation am Bildschirm oder im Ausdruck umwandeln lässt (wie Schriftart, Farbe, Abstände etc.) Siehe auch CSS, XSL und Trennung von Form und Inhalt.

SVG (Scalable Vector Graphics): Eine Sprache für die

Beschreibung von Zeichnungen in ihren geometrischen Grundformen, aus denen diese bestehen, so dass sie sich so gut wie möglich rendern lassen.

Tangle: Ein Programm, das ich schrieb, um mit dem Konzept von einer Information, die nur aus Verbindungen besteht, experimentieren zu können.

TCP (Transmission Control Protocol): Ein Computerprotokoll, das einem Computer erlaubt, einem anderen Computer einen kontinuierlichen Informationsstrom zu senden, indem die Informationen in Pakete aufgeteilt und am anderen Ende wieder zusammengesetzt werden. Pakete, die im Internet verloren gehen, werden dabei erneut gesendet. TCP verwendet für den Versand der Pakete IP. Dadurch hat sich der Begriff TCP/IP eingebürgert.

Trennung von Form und Inhalt: Das Prinzip, nach dem der Inhalt eines Dokuments und die Art und Weise, in der es präsentiert wird, getrennt sein sollten. Ein Element, das zu meiner Entscheidung beitrug, SGML zu benutzen und ein wichtiger Bestandteil für das Vorantreiben der Zugänglichkeit im Web.

URI (Universal Resource Identifier): Die Zeichenfolge (häufig beginnend mit *http:*), die benutzt wird, um Elemente im Web zu identifizieren.

URL (Uniform Resource Locator): Ein Begriff, der manchmal für bestimmte URIs verwendet wird, um zu kennzeichnen, dass sie sich vielleicht ändern könnten.

Viola: Eine interpretierte Computersprache (wie Java), die von Pei Wei an der University of Berkeley entwickelt wurde. Auch ein Webbrowser, der mit Viola programmiert wurde.

Virtual Hypertext: Hypertext, der mit einem Programm von seinem URI erzeugt wird, und nicht durch Bezugnahme auf eine gespeicherte Datei.

VRML (Virtual Reality Modeling Language): Ein Konzept für 3D-Grafiken im Web, das von Dave Ragget als »Virtual Reality Markup Language« vorgeschlangen wurde und von Mark Pesce als Variante des Formats »Inventor« von Silicon Graphics implementiert wurde. Später vom VRML-Konsortium verwaltet, das nun das »Web 3D«-Konsortium ist.

W3C (World Wide Web Consortium): Eine neutrale Versammlung derjenigen, denen das Web wichtig ist, mit der Mission, die Ausschöpfung des vollen Potentials des Webs zu ermöglichen.

WAI (Web Accessibility Initiative): Eine Domäne des W3C, die versucht, die Benutzung des Webs auch für Menschen mit Behinderungen sicherzustellen.

WAIS (Wide Area Information Servers): Ein verteiltes Informationssystem, das von Brewster Kahle entwickelt wurde, während dieser bei Thinking Machines arbeitete. WAIS entsprach einem Web von Suchmaschinen, jedoch ohne Hypertext.

Web: Kurzform für World Wide Web.

World Wide Web (auch WWW genannt): Die Menge aller Informationen, die über Computer und Netzwerke zugänglich sind, wobei jede Informationseinheit durch einen URI identifiziert wird.

WorldWideWeb (ein Wort ohne Leerzeichen): Der Name des ersten Webclients. Ein Browser und Editor, der auf einem NeXT-Rechner lief.

X: Das X Windows-System, das von Bob Scheifler erfunden wurde. Eine Standardschnittstelle zwischen einem Programm und einem Bildschirm, das auf Unix-Systemen allgemein eingesetzt wurde. Anders als unter Microsofts Windows war es unter X von Anfang an möglich, ein Programm auf einem Computer auszuführen und auf einem anderen über das Internet anzuzeigen. Bob Scheifler leitete das X-Konsortium am MIT/LCS über mehrere Jahre, koppelte es dann ab und schloss es schließlich.

Xanadu: Das von Ted Nelson geplante globale Hypertextprojekt.

XML (Extensible Markup Language): Ein vereinfachter Nachfolger von SGML. W3Cs generische Sprache, um neue Markierungssprachen zu erzeugen. Markierungssprachen wie HTML dienen dazu, Dokumente mit einer verschachtelten, baumartigen Struktur zu repräsentieren. XML ist ein Produkt des W3C und Warenzeichen vom MIT.

XSL (Extensible Style Sheet Language): Eine Style Sheet-Sprache wie CSS, die jedoch die Transformation von Dokumenten erlaubt.

Zeilenmodus: Vor langer, langer Zeit sahen die Benutzer Computerprogramme nicht durch Fenster. Sie tippten Befehle über einen Terminal ein, und der Computer antwortete mit von Befehlen durchsetztem Text, der am Bildschirm ausgegeben oder auf einer Papierrolle ausgedruckt wurde, ähnlich wie in einer Chat-Sitzung. Wenn Sie schon einmal ein DOS-Fenster gesehen haben, haben Sie eine ungefähre Vorstellung davon, wie die Leute damals mit Computern kommunizierten, bevor das Drag & Drop aufkam. Der Zeilenmodus ist eine sehr ehrbare Weise, mit einem Computer zu kommunizieren.

Zeilenmodus-Browser: Ein Webclient, der mit dem Benutzer im Zeilenmodus kommuniziert und auf allen Arten von Computern ausgeführt werden könnte, auch denjenigen, die nicht mit Fenstern und Mäusen ausgestattet sind.

Zugänglichkeit: Die Kunst, sicherzustellen, dass Einrichtungen (wie z.B. Webzugang) den Leuten in so hohem Maße wie möglich zur Verfügung stehen, ob sie Einschränkungen irgendeiner Art unterliegen oder nicht.

Zugriffskontrolle: Die Möglichkeit, selektiv zu kontrollieren, wer auf Informationen zugreifen oder diese bearbeiten kann, die z.B. auf einem Webserver abgelegt sind.

Index